Beck-Rechtsberater

Arbeitslosengeld II
Hartz IV von A–Z

dtv

Beck-Rechtsberater

Arbeitslosengeld II

Hartz IV

von A–Z

Hilfe für Betroffene in über
300 Stichworten

Von Renate Kreitz, Rechtsanwältin und Fachanwältin
für Sozial- und Arbeitsrecht, Kiel
und Prof. Dr. Thomas Weiß, Rechtsanwalt und
Fachanwalt für Arbeitsrecht, Kiel, Lehrbeauftragter an
der Fachhochschule Kiel
Unter Mitwirkung von Dr. Stefan Botor, Rechtsanwalt,
Kiel
und Carsten Theden, Rechtsanwalt und Fachanwalt für
Sozialrecht, Schleswig

1. Auflage

Deutscher Taschenbuch Verlag

Im Internet:
dtv.de
beck.de

Originalausgabe
Deutscher Taschenbuch Verlag GmbH & Co. KG,
Friedrichstraße 1a, 80801 München

Druck und Bindung: Druckerei C. H. Beck, Nördlingen
(Adresse der Druckerei: Wilhelmstraße 9, 80801 München)
Satz: Fa. ottomedien, Darmstadt
Umschlaggestaltung: Design Concept Krön, Puchheim,
unter Verwendung eines Fotos von Fotolia
ISBN 978-3-423-50718-9 (dtv)
ISBN 978-3-406-60879-7 (C. H. Beck)
9 783406 608797

Vorwort

Wer Leistungen der Grundsicherung für Arbeitssuchende, allgemein Hartz IV oder ALG-II genannt, benötigt, muss sich gut auskennen. Die ursprünglich als Vereinfachung gedachte Zusammenführung von Sozial- und Arbeitslosenhilfe ist durch viele Veränderungen und Reformen kompliziert geworden und das Nebeneinander von verschiedenen Sozialleistungen erleichtert auch den Überblick nicht.

Um Leistungen nach dem Sozialgesetzbuch II (SGB II) zu erhalten, müssen zudem nicht wenige Regeln beachtet werden. Vorab haben wir deshalb eine kleine Übersicht erstellt, die zu den wichtigsten Stichworten führt, um zu wissen, was man tun muss und tun kann. Dieses Buch kann keine Beratung im Einzelfall ersetzen. Es sind stets viele Details zu beachten, die in einer solchen Übersicht nicht darstellbar sind. Bei vielen Stichworten gibt es Hinweise auf Fundstellen im Internet, wo man sich weiter informieren kann. Auch sind Rechtsgrundlagen und wichtige Gerichtsentscheidungen aufgeführt, auf die man sich beziehen kann.

Die Stichworte berücksichtigen die Reform zum 1. 4. 2011, die für Leistungsberechtigte (früher Hilfebedürftige genannt) sowohl von Vorteil als auch von Nachteil ist. Auch durch diese Reform sind nicht für alle hilfsbedürftigen Menschen die Jobcenter (früher Arbeitsgemeinschaften oder ARGE genannt) die ersten Ansprechpartner, sondern je nach Einzelfall können das auch andere Sozialleistungsträger, wie Krankenkassen oder die Agentur für Arbeit sein.

Die wichtigsten Änderungen der Reform von 2011 bei den Leistungen sind:

- Anhebung des **Regelbedarfes** von 359,00 € um 5,00 € auf 364,00 €
- Streichung der Beiträge zur Rentenversicherung bzw. **Altersvorsorge**
- Streichung des befristeten Zuschlags beim **Übergang von Arbeitslosengeld I auf Arbeitslosengeld II**

- **Einkommensanrechnung** beim Bezug von **Elterngeld**
- Wegfall des Abzugs der **Warmwasserpauschale** und Gewährung eines **Mehrbedarfes** bei dezentraler **Warmwasseraufbereitung**
- Einführung eines **Bildungs- und Teilhabepaketes** für Kinder und Jugendliche.

Kiel, im August 2011 *Die Verfasser*

Übersicht

Um die Grundlagen des SGB II zu verstehen, empfehlen wir vier Stichworte vorab zu lesen: →*Grundsicherung/Grundsicherungsträger;* →*Anspruch/Anspruchsvoraussetzungen;* →*Regelbedarf/Regelleistung;* →*Miete*

Die grundsätzlichen Voraussetzungen für Leistungen ergeben sich aus den folgenden Stichworten:

Wann bekomme ich Leistungen...?

(1) ... wenn ich die allgemeinen Voraussetzungen erfülle: →*Aufenthaltsort;* →*Altersgrenzen;* →*Hilfebedürftigkeit;* →*Erwerbsfähigkeit/Erwerbsunfähigkeit;* →*Einkommen/Einkommensanrechnung;* →*Vermögen/Vermögensanrechnung;* →*Hilfen zur Überwindung besonderer sozialer Schwierigkeiten;* →*Härtefall*

(2) ... zur Gruppe der Leistungsberechtigten zähle: →*Leistungsberechtigter;* →*Bedarfsgemeinschaft;* →*Eheähnliche Gemeinschaft;* →*Haushaltsgemeinschaft;* →*Wohngemeinschaft;* →*Temporäre Bedarfsgemeinschaft;* →*Alleinerziehende;* →*Kinder;* →*Jugendliche und junge Erwachsene (unter 25-jährige);* →*Selbstständigkeit;* →*Aufstocker;* →*Wohneigentum;* →*Obdachlose;* →*Ausländer (EU-Länder)*

(3) ... keine Ausschlussgründe vorliegen: →*Arbeitsunfähigkeit;* →*Erreichbarkeit;* →*Grundsicherung im Alter und bei Erwerbsminderung;* →*Rente;* →*Erwerbsminderungsrente;* →*Unterhalt;* →*Auszubildender;* →*Berufsausbildungsbeihilfe;* →*BAföG;* →*Studierende/Studium;* →*Meister-BAföG;* →*Asylbewerber;* →*Ausländer (Nicht-EU-Länder);* →*Stationäre Unterbringung;* →*Eigenheim/Eigentumswohnung*

Wie bekomme ich Leistungen...?

(1) ... wenn ich einen Antrag stelle: →*Antrag;* →*Leistungsbeginn;* →*Folgeantrag;* →*Änderungs-/Aktualisierungsantrag;* →*Überprüfungsantrag;* →*Vertretung*

(2) … wenn die zuständige Verwaltung diesen geprüft hat: →*Jobcenter;* →*Persönlicher Ansprechpartner;* →*Anhörung;* →*Meldepflicht;* →*Mitwirkungspflichten;* →*Hausbesuch*

(3) … wenn mir ein Bescheid zugestellt wird, der meinen Antrag ganz oder teilweise bewilligt: →*Bescheid;* →*Bewilligungszeitraum;* →*Vorschuss;* →*Abschlagszahlungen*

Was kann ich tun…?

(1) … wenn mein Antrag teilweise oder ganz abgelehnt wird: →*Fehlerhafter Bescheid (Verwaltungsakt);* →*Rechtsbehelfe;* →*Beratungshilfe*

(2) … wenn ich Widerspruch einlegen muss: →*Akteneinsicht;* → *Widerspruch/Widerspruchsverfahren;* →*Aufschiebende Wirkung;* → *Kosten des Verfahrens*

(3) … wenn ich auch dann noch keinen Erfolg hatte und vor Gericht gehen muss: →*Eilverfahren;* →*Klage;* →*Gerichtskosten;* → *Anwaltskosten;* →*Prozesskostenhilfe;* →*Herstellungsanspruch (sozialrechtlicher)*

Wo bekomme ich weitere Hilfe und an wen kann ich mich zur Unterstützung wenden? → *Beratung;* →*Rechtsberatung;* →*Schuldnerberatung;* →*Suchtberatung*

Stichwortverzeichnis

A

B

C

D

E

I

J

K

T

U

V

W

Z

Abkürzungsverzeichnis

a. A.	anderer Ansicht
a. a. O.	am angegebenen Ort
Abs.	Absatz, Absätze
a. F.	alte Fassung
AFBG	Aufstiegsfortbildungsförderungsgesetz
AFG	Arbeitsförderungsgesetz
Alg	Arbeitslosengeld
ALG-II	Arbeitslosengeld II
Alt.	Alternative
a.M.	anderer Meinung
Anm.	Anmerkung
ArbG	Arbeitgeber
ArbN	Arbeitnehmer
ARGE	Arbeitsgemeinschaft
Art.	Artikel
AsylbLG	Asylbewerberleistungsgesetz
AsylVfG	Asylverfahrensgesetz
BA	Bundesagentur für Arbeit
BAföG	Bundesausbildungsförderungsgesetz
BBiG	Berufsbildungsgesetz
BEEG	Bundeselterngeld- und Elternzeitgesetz
BEG	Bundesentschädigungsgesetz
BGB	Bürgerliches Gesetzbuch
BGBl.	Bundesgesetzblatt
BGH	Bundesgerichtshof
BKGG	Bundeskindergeldgesetz
BR-Drucks.	Bundesrats-Drucksache
BSG	Bundessozialgericht
BT-Drucks.	Bundestags-Drucksache
BUrlG	Bundesurlaubsgesetz
BVerfG	Bundesverfassungsgericht
BVerfGE	Entscheidungen des Bundesverfassungsgerichtes (Amtl. Sammlung)

BVG .... Bundesversorgungsgesetz
bzw. .... beziehungsweise
ders. .... derselbe
dgl. .... dergleichen
d. h. .... das heißt
EFZG .... Entgeltfortzahlungsgesetz
etc. .... et cetera
EU .... Europäische Union
EuGH .... Europäischer Gerichtshof
f. .... folgende Seite
ff. .... folgenden Seiten
gem .... gemäß
GG .... Grundgesetz
ggf. .... gegebenenfalls
GKV .... Gesetzliche Krankenversicherung
grds. .... grundsätzlich
GUV .... Gesetzliche Unfallversicherung
i. d. R. .... in der Regel
i. E. .... im Einzelnen
InsO .... Insolvenzordnung
i. S. d. .... im Sinne der/des
i. V. m. .... in Verbindung mit
KV .... Krankenversicherung
LSG .... Landessozialgericht
MdE .... Minderung der Erwerbsfähigkeit
MuSchG .... Mutterschutzgesetz
m. w. N. .... mit weiteren Nachweisen
Nr. .... Nummer
o. g. .... oben genannten
PC .... Personal Computer
Rspr. .... Rechtsprechung
RSV .... Regelsatz-Verordnung
s. .... siehe
S. .... Seite
SG .... Sozialgericht
SGB I .... Sozialgesetzbuch – Allgemeiner Teil

SGB II .... Sozialgesetzbuch – Grundsicherung für Arbeitssuchende
SGB III .... Sozialgesetzbuch – Arbeitsförderung
SGB IV .... Sozialgesetzbuch – Gemeinsame Vorschriften für die Sozialversicherung
SGB V .... Sozialgesetzbuch – Gesetzliche Krankenversicherung
SGB VI .... Sozialgesetzbuch – Gesetzliche Rentenversicherung
SGB VII .... Sozialgesetzbuch – Gesetzliche Unfallversicherung
SGB VIII .... Sozialgesetzbuch – Kinder- und Jugendhilfe
SGB IX .... Sozialgesetzbuch – Rehabilitation und Teilhabe behinderter Menschen
SGB X .... Sozialgesetzbuch – Sozialverwaltungsverfahren und Sozialdatenschutz
SGB XI .... Sozialgesetzbuch – Soziale Pflegeversicherung
SGB XII .... Sozialgesetzbuch – Sozialhilfe
SGG .... Sozialgerichtsgesetz
sog. .... so genannte
st. Rspr. .... ständige Rechtsprechung
u. a. .... unter anderem
VA .... Verwaltungsakt
vgl. .... vergleiche
VO .... Verordnung
WoGG .... Wohngeldgesetz
z. B. .... zum Beispiel
z. T. .... zum Teil

A

▶ Abfindung

Eine Abfindung ist eine Einmalzahlung, die ein Arbeitgeber einem Arbeitnehmer als Entschädigung für den Verlust seines Arbeitsplatzes zahlt, meist im Falle einer Kündigung durch den Arbeitgeber. Wird die Abfindung vor dem Antrag auf Leistungen nach dem SGB II ausgezahlt, zählt sie zum Vermögen.

Kommt die Abfindung erst zur Auszahlung, wenn der Leistungsberechtigte bereits ALG-II beantragt hat oder schon bekommt, ist dies nicht mehr so einfach. Es könnte sich dann um Einkommen des Leistungsberechtigten handeln. Einkommen ist alles, was einem während des ALG-II-Bezuges als Wert „zufließt". Vermögen ist das, was man vorher schon hatte.

Dabei kommt es nicht darauf an, ab wann man Anspruch auf die Abfindung hat.

Das Bundessozialgericht hat entschieden, dass es sich bei der Zahlung einer Abfindung, die während des ALG-II-Bezuges an den Leistungsberechtigten ausgezahlt wird, um Einkommen handelt, auch wenn der Anspruch auf die Abfindung schon vorher bestanden hat. Sie wird dann als Einkommen und nicht wie Vermögen auf das ALG-II angerechnet. Das heißt für den Leistungsberechtigten, dass er weniger oder nichts von der Abfindungszahlung hat.

BEISPIEL: Stellt ein Leistungsberechtigter am 23. 6. einen Antrag auf ALG-II, so gilt der Antrag zum 1. 6. als gestellt. Hat der Leistungsberechtigte am 10. 6. die Abfindung ausgezahlt erhalten, dann gilt sie nach den Neuerungen vom 1. 4. 2011 als Einkommen und wird als solches angerechnet. Wäre sie vor dem 1. 6. ausgezahlt worden, gehört sie zum Vermögen, was besser ist, weil dafür die (günstigeren) Vermögensfreibeträge gelten.

Angerechnet wird die Abfindung, die in einer Summe gezahlt wird, beim Einkommen als sog. einmalige Einnahme. Sie ist in dem Monat zu berücksichtigen, in dem sie zufließt, spätestens ab dem Folgemonat. Ist die Abfindungssumme höher als der Bedarf zum Lebensunterhalt nach dem SGB II für diesen Monat, so wird das Geld nicht nur in diesem, sondern gleichmäßig auf die folgenden sechs Monate verteilt und angerechnet.

Ist die Abfindung so hoch, dass der Bedarf für sechs Monate gedeckt ist, entfällt der Anspruch auf ALG-II für diesen Zeitraum. Der Teil der Abfindung, der nach sechs Monaten noch übrig ist, gilt anschließend als Vermögen und wird nur noch angerechnet, wenn die Vermögensfreibeträge überschritten sind.

BEISPIEL: Der ALG-II-Bedarf, einschließlich Unterkunft und Heizung, liegt bei 700,00 €. Der Leistungsberechtigte erhält eine Abfindung in Höhe von 2.400,00 € netto. Da dies den Bedarf für einen Monat übersteigt, wird die Abfindung auf sechs Monate verteilt und es werden monatlich 400,00 € (abzüglich etwaiger Freibeträge/Pauschalen) angerechnet.
Beträgt die Abfindung stattdessen 5.000,00 € netto, werden für die ersten sechs Monate jeweils 700,00 € (der monatliche ALG-II-Bedarf), also insgesamt 4.200,00 € „verbraucht" und nur der Restbetrag von 800,00 € wird dem Vermögen zugerechnet.

Tipp:

Man sollte daher generell darauf achten, nicht nur Abfindungen, sondern alle Forderungen, die man gegen Dritte hat, „einzutreiben", bevor man Leistungen nach dem SGB II beantragt. Sie werden dann als

Vermögen und nicht als Einkommen berücksichtigt, was in der Regel günstiger ist. Denn, wie dargestellt, ist der Zeitpunkt entscheidend, in dem die Abfindung als Geldsumme ausgezahlt wird.

Hinweis:

Durch die Neuregelungen ab dem 1. 4. 2011 muss man noch mehr aufpassen. Jetzt wirkt nämlich ein Antrag auf ALG-II in dem Monat in dem er gestellt wird, auf den 1. des Monats zurück.

Rechtsgrundlage:
§§ 11, 37 Abs. 2 SGB II; §§ 1a, 9, 10 Kündigungsschutzgesetz (KSchG)

Gerichtsentscheidungen:
www.bundessozialgericht.de:
Bundessozialgericht, Urteil vom 18. 2. 2010, Az. B 14 86/08 R
Bundessozialgericht, Urteil vom 28. 10. 2009, Az. B 14 AS 64/08 R
Bundessozialgericht, Urteil vom 3. 3. 2009, Az. B 4 AS 47/08 R

Weitere Hinweise: →*Einkommen/Einkommensanrechnung*; →*Vermögen/Vermögensanrechnung*; →*Einmaleinnahmen*

▶ Abschlagszahlungen

Abschlagszahlungen sind Bestandteile der Miete, die für eine Mietwohnung zu zahlen sind. Die Abschlagszahlungen werden meist im Voraus und in Form einer Pauschale an den Vermieter gezahlt.

Die Abschlagszahlungen für Neben- und Betriebskosten werden im Rahmen der Leistungen für Unterkunft und Heizung vom Jobcenter übernommen, soweit sie angemessen sind.

Zu beachten ist, dass die Abschlagszahlungen für Strom als sog. Energiekosten vom Jobcenter nicht im Rahmen der Leistungen für Unterkunft und Heizung übernommen werden, sondern vom Leistungsberechtigten aus der sog. Regelleistung zu erbringen sind.

Tipp:

Nach den Änderungen zum 1. 4. 2011 werden nunmehr die Kosten für eine dezentrale Warmwasserbereitung zusätzlich übernommen. Dies ist der Fall, wenn die Warmwasserbereitung in der Wohnung z. B. über einen strombetriebenen Boiler erfolgt. Früher musste der

Leistungsberechtigte die Kosten dafür selbst aufbringen. Nach der Neuregelung erhält der Leistungsberechtigte hierfür jetzt einen Mehrbedarf.

Ein Leistungsberechtigter kann beim Jobcenter beantragen, dass das Jobcenter im Rahmen der Leistungen für Unterkunft und Heizung die Miete und die Abschlagszahlungen direkt an den Vermieter erbringt. Auch sollte man versuchen, mit dem Jobcenter und dem Energieversorger eine Vereinbarung zu treffen, dass die Abschlagszahlungen direkt an den Versorger gezahlt werden. So verhindert man, dass in der Zukunft Rückforderungen seitens des Jobcenters auf einen zukommen.

Dies bietet sich aber nur an, wenn das Jobcenter die gesamten Kosten übernimmt. Sonst kann es zu einer sehr unübersichtlichen Zahlungsweise kommen, gerade bei einem Leistungsberechtigten, der neben einem schwankenden, geringen Einkommen ALG-II bezieht.

Rechtsgrundlage:

§ 22 SGB II

Weitere Hinweise: →*Miete;* →*Betriebskosten;* →*Heizkosten;* →*Regelbedarf/Regelleistung;* →*Warmwasserpauschale*

▶ Akteneinsicht

Jedes Jobcenter legt für jeden Leistungsberechtigten oder jede Bedarfsgemeinschaft einen Aktenordner an, eine sog. Leistungsakte. Diese Leistungsakte trägt ein Aktenzeichen, z. B. 13102BG23413. In dieser Leistungsakte wird alles ab Antragstellung abgeheftet und aufbewahrt.

Grundsätzlich hat ein Leistungsberechtigter Anspruch darauf, Einsicht in die Akten des Jobcenters zu nehmen. Der Anspruch besteht bei Vorliegen eines rechtlichen Interesses. Das ist immer dann gegeben, wenn die Akteneinsicht zur Geltendmachung oder Verteidigung der Interessen erforderlich erscheint. Das jeweilige Jobcenter muss die Akten vorlegen, ist aber nicht zu Erläuterungen oder Auskünften verpflichtet. Der Leistungsberechtigte hat jedoch Anspruch auf Ablichtungen, die in der Regel kostenpflichtig sind. In Entwürfe muss kein Einblick gewährt werden. Das Recht zur Akteneinsicht beginnt mit Einleitung des Verfahrens und endet mit dessen Abschluss. Ergänzend gibt es einen Anspruch auf Auskunft über gespeicherten Daten.

Die Akteneinsicht muss beantragt werden. Sie wird meist in den Räumlichkeiten des Jobcenters nach Terminvereinbarung gewährt. Wird man von einem Rechtsanwalt vertreten, kann die Leistungsakte auch zur Einsichtnahme an diesen übersandt werden.

Ausnahmen vom Akteneinsichtsrecht bestehen,

- wenn die Akten Daten über gesundheitliche Verhältnisse enthalten und zu befürchten ist, dass der Antragsteller Schaden nimmt, wenn er diese liest. In diesem Fall soll der Akteninhalt ggf. durch einen Arzt vermittelt werden
- wenn berechtige Interessen Beteiligter oder Dritter tangiert werden. Es handelt sich dabei meist um Geheimhaltungsinteressen. In solchen Fällen kommt aber keine gänzliche Versagung der Akteneinsicht in Betracht, sondern nur eine Entfernung der geheimhaltungsbedürftigen Teile.

Über den Antrag auf Akteneinsicht entscheidet das Jobcenter durch Verwaltungsakt (Bescheid), der nicht selbstständig angefochten werden kann, sondern nur mit der Entscheidung in der Sache, also z. B. über den Antrag auf ALG-II.

Tipp:

Akteneinsicht sollte spätestens im Widerspruchsverfahren immer genommen werden, weil dies in vielen Fällen erforderlich ist, um das Verfahren effektiv zu betreiben. Sollte ein Jobcenter die Akteneinsicht verweigern, so sollte man zur Wahrung seiner Rechte auf jeden Fall gegen einen ALG-II Bescheid Widerspruch einlegen und anschließend gegen den Widerspruchsbescheid Klage vor dem jeweils zuständigen Sozialgericht erheben. Die Sozialgerichte gewähren stets Akteneinsicht.

Rechtsgrundlage:
§ 120 SGG; §§ 25, 83 SGB X

Gerichtsentscheidungen:
www.sozialgerichtsbarkeit.de:
Bundessozialgericht, Urteil vom 15. 11. 2007, Az. B 3 KR 13/07 R

Weitere Hinweise: →*Überprüfungsantrag;* →*Widerspruch/Widerspruchsverfahren;* →*Neufeststellung/Überprüfungsbescheid;* →*Kosten des Verfahrens;* →*Beratungshilfe*

► Alleinerziehende

Als alleinerziehend im Sinne des SGB II gelten Leistungsberechtigte, die mit einem minderjährigen Kind allein – ohne Ehe- bzw. Lebenspartner – zusammen wohnen und erwerbsfähig sind, also einer Arbeit nachgehen können.

Alleinerziehende erhalten über die Regelleistungen hinaus einen Mehrbedarf/Mehraufwendungen anerkannt. Sie bekommen also mehr Geld je nach dem wie viele Kinder mit ihnen zusammenleben und wie alt die Kinder sind. Das ergibt dann:

Anzahl der Kinder und Kindesalter	Mehrbedarf in %	Mehrbedarf in €	Erhöhter (Gesamt-) Bedarf
1 Kind unter 7 Jahren	36 % des Regelbedarfs nach § 20 Abs. 2 SGB II	131,04 €	495,04 € (364,00 + 131,04)
2 oder 3 Kinder, nicht älter als 16 Jahre	36 % des Regelbedarfs nach § 20 Abs. 2 SGB II	131,04 €	495,04 €
mehr als 3 minderjährige Kinder	12 % des Regelbedarfs nach § 20 Abs. 2 SGB II, aber höchstens 60 %	43,68 € pro Kind, höchstens für 5 Kinder	538,72 € bis zu 582,40 €

Tipp:

Alleinerziehende Leistungsberechtigte, die über eigenes Einkommen verfügen und zusätzlich ALG-II erhalten, können auch noch einen Antrag auf Wohngeld und einen Antrag auf Kindergeldzuschlag stellen. Das Kindergeld kann dann höher als üblich sein, wenn das erhöhte Kindergeld zusammen mit Wohngeld und dem Einkommen den Lebensbedarf der Familie decken. Dann entfällt der Bedarf für ALG-II.

Alleinerziehende Leistungsberechtigte, die kein ALG-II beziehen, können trotzdem bei einem Jobcenter Anträge auf Sonderbedarf oder Mehrbedarf stellen. Dies können z. B. Leistungen in Form von Zuschüssen für Erstausstattungen, die Kostenübernahme für Schulausflüge, Schülerbeförderung, Mittagsverpflegung usw. sein.

Rechtsgrundlage:

§§ 20 Abs. 2, 21 Abs. 3, 24, 28 SGB II

Weitere Hinweise: →*Kindergeld;* →*Kinderzuschlag;* →*Wohngeld;* →*Mehrbedarf/Mehraufwendungen;* →*Erstausstattung;* →*Bildungsgutscheine/Teilhabegutscheine;* →*Unterhalt;* →*Härtefall*

► Altersgrenzen

Nicht jede Person kann ALG-II beziehen. Zu den allgemeinen Anspruchsvoraussetzungen gehört auch das Lebensalter.

Man muss mindestens 15 Jahre alt sein, um ALG-II zu erhalten. Jüngere Kinder bekommen kein ALG-II, sondern ggf. Sozialgeld – ebenfalls nach dem SGB II – unter der Voraussetzung, dass sie mit einem erwerbsfähigen Leistungsberechtigten in einer Bedarfsgemeinschaft leben.

ALG-II kann längstens bis zu dem Zeitpunkt beansprucht werden, in dem das Eintrittsalter für die Regelaltersrente erreicht wird. Dies ist bei Personen, die vor dem 1. 1. 1947 geboren sind, die Vollendung des 65. Lebensjahres. Die Altersgrenzen für das Ende des Leistungsbezuges werden für spätere Jahrgänge – angepasst an die Verschiebung des Beginns der gesetzlichen Altersrente – bis auf die Vollendung des 67. Lebensjahres für die Menschen, die ab 1964 geboren sind, angehoben.

Tipp:

Man kann die persönliche Altersgrenze in § 7 a SGB II nachlesen oder bei der Rentenversicherung erfragen.

Leistungsberechtigte, die das 63. Lebensjahr vollendet und einen Anspruch auf die gesetzliche Altersrente haben, können vom Jobcenter angehalten werden, die Altersrente vorzeitig in Anspruch zu nehmen, selbst wenn dies zu Abschlägen, also weniger Rente, führt. Dies folgt aus der Regelung des SGB II, dass ein Leistungsberechtigter alles tun muss, um seine Hilfebedürftigkeit zu beseitigen oder zu vermindern. Dazu gehört dann auch der Bezug vorzeitiger Altersrente.

Allerdings gibt es Leistungsberechtigte, die diesen Antrag nicht stellen müssen. Dies sind zum einen Leistungsberechtigte, die vor dem

1. 1. 2008 das 58. Lebensjahr vollendet hatten und bereits davor ALG-II bezogen haben und beziehen.

Zum anderen handelt es sich um Personen,

- die noch Anspruch auf Arbeitslosengeld I haben oder
- bei denen nur noch wenige Monate bis zur Altersrente fehlen (im Sinne einer Unbilligkeit) oder
- die mindestens eine Halbtagsbeschäftigung ausüben oder
- diese in nächster Zukunft (wenige Monate) aufnehmen.

Sie alle können nicht zum vorzeitigen Renteneintritt gezwungen werden.

Rechtsgrundlage:
§§ 7 Abs. 1 Nr. 1, 7 a, 65 Abs. 4 SGB II; Unbilligkeitsverordnung

Gerichtsentscheidungen:
www.sozialgerichtsbarkeit.de:
Sächsisches Landessozialgericht, Beschluss vom 3. 11. 2010, Az. L 7 AS 677/10 B ER

Weitere Hinweise: →*Anspruch/Anspruchsvoraussetzungen;* →*Sozialgeld;* →*Bedarfsgemeinschaft;* →*Kinder;* →*Rente;* →*Grundsicherung im Alter und bei Erwerbsminderung*

▶ Altersrente

→*Rente*

▶ Altersvorsorge

Arbeitnehmer zahlen in die gesetzliche Rentenversicherung ein, um nach dem Erreichen der Altersgrenze von zurzeit maximal 67 Jahren die gesetzliche Altersrente zu beziehen. Daneben zahlen mittlerweile viele Arbeitnehmer in private Altersvorsorgeprodukte Beiträge ein.

Leistungsberechtigte unterlagen bis Ende 2010 der Pflicht zur Rentenversicherung. Der monatliche Beitrag wurde durch die Leistungsträger erbracht und betrug 40,00 € im Monat. Zum 1. 1. 2011 ist diese Pflicht entfallen. Die Jobcenter erbringen keine Zahlungen mehr für einen Leistungsberechtigten in die gesetzliche Rentenversicherung. Leistungsberechtigte erwerben also durch die Inanspruchnahme von ALG-II keine Rentenanwartschaften mehr.

Auch Beiträge zu einer privaten Altersvorsorge werden von den Jobcentern grundsätzlich nicht übernommen.

Tipp:

Beiträge zu bestimmten privaten Altersvorsorgeverträgen (z. B. Riester-Rente) können im Rahmen der Einkommensanrechnung bei Leistungsberechtigten, die über Einkünfte verfügen (Aufstocker) einkommensmindernd berücksichtigt werden.

Ersparnisse zur privaten Altersvorsorge sind zwar Bestandteile des Vermögens. Das Sparguthaben muss aber nicht vorrangig zum Lebensunterhalt eingesetzt werden, wenn es sich in angemessenen Rahmen hält und sichergestellt ist, dass es nicht vorzeitig verwendet werden kann.

Rechtsgrundlage:
§§ 11 b, 12 SGB II

Weitere Hinweise: *→Vermögen/Vermögensanrechnung; →Riester-Rente; →Lebensversicherung; →Eigenheim/Eigentumswohnung; →Rente; →Aufstocker; →Einkommen/Einkommensanrechnung; →Erwerbstätigenfreibeträge*

▶ Amtsarzt

Das Jobcenter kann eine ärztliche Untersuchung zur Ermittlung der Erwerbsfähigkeit oder zur Feststellung eines krankheits- oder behinderungsbedingten Mehrbedarfes verlangen. Hierzu kann es die Hilfe des amtsärztlichen Dienstes in Anspruch nehmen, der Teil der Gesundheitsämter ist und bei der Erfüllung öffentlicher Aufgaben im Auftrag von Behörden mitwirkt.

Hinweis:

Die Verweigerung einer ärztlichen Untersuchung kann vom Jobcenter als Verletzung einer Mitwirkungspflicht bewertet werden.

Rechtsgrundlagen:
§ 32 Abs. 1 Satz 1 SGB II

Weitere Hinweise: *→Ärztliche Untersuchung; →Erwerbsfähigkeit/Erwerbsunfähigkeit; →Krankheit; →Arbeitsunfähigkeit; →Mitwirkungspflichten; →Meldepflicht*

Änderung/Aktualisierung von Bescheiden

→*Aufhebungsbescheid (Aufhebung eines Verwaltungsaktes);* →*Neufeststellung/Überprüfungsbescheid;* →*Änderungs-/Aktualisierungsantrag*

Änderungs- /Aktualisierungsantrag

Das Jobcenter bewilligt in seinem Bewilligungsbescheid einem Leistungsberechtigten ALG-II für einen Zeitraum von sechs bis zwölf Monaten im Voraus. Änderungen, die in den persönlichen oder wirtschaftlichen Verhältnissen eintreten und von Einfluss auf die Leistungen nach dem SGB II sein können, hat der Leistungsberechtigte von sich aus mitzuteilen. Dies sind seine Mitwirkungspflichten.

Haben sich Voraussetzungen bei einem Leistungsberechtigten geändert, muss ein Änderungs-/Aktualisierungsantrag gestellt werden. Dann wird der Bewilligungsbescheid abgeändert und zwar in Form eines Aufhebungs- und Änderungsbescheids.

Tipp:

Es empfiehlt sich, dem Leistungsträger stets alle Änderungen mitzuteilen und zwar schriftlich. Diese Mitteilung sollte mit einem eigenen, formlosen Schreiben geschehen, das als Änderungs- und Aktualisierungsantrag bezeichnet werden kann. Die Leistungsträger halten für diesen Fall nämlich keine Formulare vor. Auf einer Kopie sollte das Jobcenter den Eingang und den Zeitpunkt des Erhalts zu Beweiszwecken bestätigen.

Rechtsgrundlage:
§§ 44–51 SGB II

Weitere Hinweise: →*Aufhebungsbescheid (Aufhebung eines Verwaltungsaktes);* →*Mitwirkungspflichten;* →*Neufeststellung/Überprüfungsbescheid*

Anfechtungsklage

→*Klage;* →*Aufschiebende Wirkung*

Angemessenheit der Unterkunftskosten

→*Miete*

Anhörung

Bevor das Jobcenter eine Entscheidung trifft, die die Rechtsstellung eines Antragstellers oder Leistungsberechtigten nachteilig verändert, muss es ihn anhören.

Die Anhörung hat den Sinn, Fehler bei der Sachverhaltsaufklärung zu vermeiden und vor Überraschungsentscheidungen zu schützen. Der Anspruch auf Anhörung besteht in Verfahren, die auf Erlass eines Verwaltungsaktes (Bescheid) gerichtet sind. Der Anspruch auf Anhörung bzw. die Pflicht zur Anhörung besteht auch im Widerspruchsverfahren. Eine bestimmte Form ist nicht vorgeschrieben und auch keine Frist. Dem Antragsteller/Leistungsberechtigten sind bei der Anhörung alle entscheidungserheblichen Umstände mitzu teilen, damit er sich dazu äußern kann. Dazu zählen Tatsachen, Ermittlungsergebnisse, Ergebnisse von Beweisaufnahmen usw.

Eine Anhörung kann jedoch auch ausnahmsweise unterbleiben, wenn u. a.

- eine sofortige Entscheidung erforderlich ist (Gefahr in Verzug oder öffentliches Interesse)
- bei Durchführung der Anhörung Verjährung oder anderweitige Verfristung droht
- von tatsächlichen Angaben des Betroffenen nicht zu seinem Nachteil abgewichen wird
- einkommensabhängige Leistungen an geänderte Verhältnisse angepasst werden sollen.

Die Verletzung von Anhörungspflichten ist ein Verfahrensfehler, der zur Rechtswidrigkeit des Bescheids bzw. Verwaltungsaktes führen kann. Er kann dann vom Antragsteller/Leistungsberechtigten angefochten werden und ist aufzuheben, soweit die Anhörung nicht nachgeholt wird. Dies ist allerdings selbst im Gerichtsverfahren noch möglich (bis zur sog. letzten Tatsacheninstanz eines sozialgerichtlichen Verfahrens, also in der Regel die Berufung/Beschwerde vor dem Landessozialgericht), es sei denn, die Anhörung ist vorsätzlich und rechtsmissbräuchlich unterblieben.

Hinweis:

Auch wenn nur von Anhörung die Rede ist, hat das Jobcenter die Pflicht zur genauen Erklärung und es muss (später) im Bescheid in einer sog. Rechtsmittelbelehrung auf die Möglichkeit hinweisen, wie man sich gegen die (negativen) Maßnahmen wehren kann.

Tipp:

Bei Verletzung von Anhörungspflichten kann dem Leistungsberechtigen ein Schadensersatzanspruch und ggf. ein sozialrechtlicher Herstellungsanspruch zustehen.

Rechtsgrundlage:
§ 24 SGB X

Gerichtsentscheidungen:
www.sozialgerichtsbarkeit.de:
Bundessozialgericht, Urteil vom 9. 11. 2010, Az. B 4 AS 37/09 R

Weitere Hinweise: →*Fehlerhafter Bescheid (Verwaltungsakt)*; →*Rücknahmebescheid (Rücknahme eines Verwaltungsaktes)*; →*Aufhebungsbescheid (Aufhebung eines Verwaltungsaktes)*; →*Rückforderung/-zahlung von Leistungen*; →*Neufeststellung/Überprüfungsbescheid*; →*Herstellungsanspruch (sozialrechtlicher)*; →*Beratungshilfe*

▶ Anrechnung (von anderen Einkünften)

→*Subsidiaritätsprinzip*; →*Einkommen/Einkommensanrechnung*; →*Vermögen/Vermögensanrechnung*; →*Erwerbstätigenfreibeträge*

▶ Anrechnung (von anderen Sozialleistungen)

Leistungen nach dem SGB II sind nachrangig und werden nur erbracht, soweit der Hilfebedürftige seinen Bedarf nicht anderweitig decken kann. Zur Bedarfsdeckung gehören auch andere Sozialleistungen. Diese können angerechnet werden.

Sie werden in dem Monat angerechnet, in dem sie zufließen, Einmalzahlungen spätestens ab dem Folgemonat.

Aber nicht alle anderen oder weiteren Sozialleistungen werden angerechnet. Sozialleistungen kann man ohne Anrechnung behalten, wenn das ausdrücklich im Gesetz geregelt ist oder wenn die Leistungen einem anderen Zweck dienen (z. B. Blindengeld, Pflegegeld, Hilfen in besonderen Lebenslagen nach dem SGB XII).

Rechtsgrundlage:

§ 11 a Abs. 3 SGB II

Weitere Hinweise: *→Einkommen/Einkommensanrechnung; →Pflegegeld; →Erwerbsminderungsrente*

▶ Anspruch/Anspruchsvoraussetzungen

Auf Leistungen nach dem SGB II haben diejenigen Ansprüche, die die Voraussetzungen erfüllen. Das SGB II nennt sie Leistungsberechtigte.

Um leistungsberechtigt zu sein, muss man ein bestimmtes Alter und den gewöhnlichen Aufenthalt in der Bundesrepublik Deutschland haben. Das Mindestalter beträgt 15 Jahre. Das Höchstalter entspricht dem Eintrittsalter in die Regelaltersrente, das zwischen 65 Jahren (für Jahrgänge bis 1946) und 67 Jahren (für Jahrgänge ab 1964) liegt. Man kann die persönliche Altersgrenze in § 7 a SGB II nachlesen oder bei der Deutschen Rentenversicherung erfragen.

Des Weiteren muss man erwerbsfähig und hilfebedürftig sein.

Erwerbsfähig im Sinne des Gesetzes ist, wer nicht wegen Krankheit oder Behinderung auf absehbare Zeit außerstande ist, unter den üblichen Bedingungen des allgemeinen Arbeitsmarktes mindestens drei Stunden täglich zu arbeiten, also erwerbstätig zu sein.

Kann man nicht drei Stunden täglich arbeiten oder nicht zu sog. betriebsüblichen Bedingungen, ist man erwerbsunfähig.

Ausländer gelten nur dann als erwerbsfähig, wenn ihnen die Aufnahme einer Beschäftigung erlaubt ist oder erlaubt werden könnte.

Hilfebedürftig ist derjenige, der seinen Lebensunterhalt, seine Eingliederung in Arbeit und den Lebensunterhalt der mit ihm zusammenlebenden Menschen (in einer sog. Bedarfsgemeinschaft) nicht oder nicht ausreichend aus eigenen Kräften und Mitteln aufbringen kann.

Sind alle Voraussetzungen erfüllt, hat man grundsätzlich Anspruch auf ALG-II. Auch Personen, die mit erwerbsfähigen Hilfebedürftigen in einer sog. Bedarfsgemeinschaft leben, können einen Anspruch auf Leistungen nach dem SGB II haben.

Von diesen Grundsätzen gibt es dann wiederum Ausnahmen, wenn bestimmte Ausschlussgründe vorliegen, z. B. bei stationärer Unterbringung, weil man Auszubildender ist, usw.

Um die Leistungen zu erhalten, muss man zudem einen Antrag bei der zuständigen Behörde, dem Jobcenter, stellen. Dort werden die Voraussetzungen geprüft und eventuelle Ausschlussgründe festgestellt oder die gesetzlich vorgegebene Leistung berechnet und gewährt.

Rechtsgrundlage:
§§ 7 – 9, 44 a SGB II

Weitere Hinweise:
www.arbeitsagentur.de:
Veröffentlichungen/Weisungen/Arbeitslosengeld II/Fachliche Hinweise zu §§ 7 und 8 SGB II

→*Antrag;* →*Altersgrenzen;* →*Aufenthaltsort;* →*Erwerbsfähigkeit/Erwerbsunfähigkeit;* →*Hilfebedürftigkeit;* →*Regelbedarf/Regelleistung;* →*Bedarfsgemeinschaft*

► Anspruchsdauer

Die Anspruchsdauer ist die Zeit, in der ein Leistungsberechtigter Leistungen nach dem SGB II erhält, auch Bewilligungszeitraum genannt. ALG-II wird im Voraus geleistet. Der Bewilligungszeitraum kann zwischen sechs und zwölf Monaten betragen. Grundsätzlich werden Leistungen nur für die Zeit ab Antragstellung erbracht und nicht für die Vergangenheit.

Rechtzeitig bevor der Bewilligungszeitraum endet, sollte ein Antrag auf Weiterbewilligung (Folgeantrag) gestellt werden. Dazu gibt es vom Jobcenter eigene Formulare, die meist ca. 1 Monat vor Ende der Leistungen dem Leistungsberechtigten zugeschickt werden.

Tipp:

Ein Leistungsberechtigter sollte sich nicht allein darauf verlassen. Spätestens einen Monat vor Ablauf sollte man sich selbst um die Unterlagen kümmern (z. B. anrufen, beim Jobcenter Unterlagen abholen, aus dem Internet herunterladen).

Wenn man die Unterlagen nicht oder zu spät bekommt und seinen Folge- oder Weiterbewilligungsantrag erst unmittelbar vor oder sogar nach Ablauf des Bewilligungszeitraums stellt, muss man unter Umständen längere Zeit auf sein Geld warten. Die Jobcenter brauchen nämlich mitunter sehr lange für eine Bearbeitung und Auszahlung des ALG-II.

Rechtsgrundlage:
§ 41 Abs. 1 Satz 5 SGB II

Weitere Hinweise:
www.arbeitsagentur.de:
Formulare/Formulare für Bürgerinnen und Bürger/Arbeitslosengeld II
→*Antrag;* →*Bewilligungszeitraum;* →*Folgeantrag*

▶ Antrag

Um Leistungen nach dem SGB II zu erhalten, muss man einen Antrag stellen.

Ein Antrag ist das schriftliche Ersuchen an eine Behörde, in dem man zum Ausdruck bringt, eine bestimmte Leistung oder Leistungen erhalten zu wollen.

Durch den Antrag wird auch bestimmt, ab wann ein Anspruch entsteht.

Grundsätzlich werden Leistungen nur für die Zeit ab Antragstellung erbracht und nicht für die Vergangenheit. Gibt man den Antrag im Laufe eines Monats ab, wirkt dieser auf den Ersten des Monats zurück, in dem der Antrag gestellt wird.

Der Antrag ist beim zuständigen Jobcenter zu stellen. Eine unzuständige Behörde muss einen Antrag jedoch unverzüglich an die zuständige weiterleiten. Als Antragszeitpunkt gilt der Zeitpunkt des Eingangs bei der unzuständigen Behörde.

Hinweis:

Ein Antrag ist zwar an keine Form gebunden. Das heißt er kann auch mündlich gestellt werden. Allerdings ist es zulässig, für die Sachverhaltsermittlung das Ausfüllen von Vordrucken vorzusehen. Das wird in den Jobcentern auch gemacht. Bei bzw. zusammen mit der Antragstellung werden umfangreiche Informationen verlangt. Das aktuelle Antragsformular erhält man beim Jobcenter oder noch einfacher im Internet auf der Homepage der Bundesagentur für Arbeit www.arbeitsagentur.de unter der Rubrik „Formulare für Bürgerinnen und Bürger" – „ALG-II".

Der Antrag ist in deutscher Sprache zu stellen, weil die Amtssprache deutsch ist. Soweit Anträge in ausländischer Sprache eingehen, kann das Jobcenter innerhalb einer angemessenen Frist die Vorlage einer Übersetzung verlangen. Die Anträge gelten aber ab Eingang des (nicht verständlichen) Antrages als gestellt.

Die Vordrucke sind vollständig und vor allem wahrheitsgemäß auszufüllen. Die Angaben werden nämlich kontrolliert. Es findet ein zum Teil automatisierter Datenabgleich mit anderen Behörden statt. So erfährt das Jobcenter z. B. von etwaigen Freistellungsaufträgen, Zinseinkünften im Ausland, Kontenstammdaten, geringfügigen Beschäftigungen, angemeldeten Fahrzeugen usw. Falsche Angaben können zu erheblichen Konsequenzen führen und sogar strafbar sein.

Hinweis:

Wenn der Antrag zu spät gestellt wird, ist dies regelmäßig nicht mehr heilbar. Insbesondere kommt eine sog. Wiedereinsetzung in den vorherigen Stand nicht in Betracht.

Tipp:

Auch wenn ein Jobcenter von einem Leistungsberechtigten verlangt, erst einmal bei einer anderen Behörde einen Antrag zu stellen, sollte darauf bestanden werden, dass der Antrag auf ALG-II entgegen genommen wird (mit Eingangsstempel). Denn sollte sich im Nachhinein herausstellen, dass doch nur ein Anspruch auf ALG-II besteht bzw. bestand, gibt es unkompliziert ALG-II vom ersten Tag an, ggf. als Nachzahlung.

Generell sollte man eher einen Antrag zu viel als einen zu wenig stellen und dies eher früher als später. Denn der Antrag hat anspruchsbegründende Wirkung.

Tipp:

Vor Antragstellung sollte man darauf achten, seine offenen Forderungen „einzutreiben" und zu erhalten. Denn nach Einreichen des Antrages gelten Zahlungen nicht als Teil des Vermögens, sondern zählen zum Einkommen. Für das Vermögen gibt es höhere Freibeträge; Einkommen wird auf das ALG-II angerechnet.

Für die Geltendmachung eines Sonderbedarfs oder Mehrbedarfs oder eines Bedarfs zur Bildung und Teilhabe verlangt das Gesetz die Stellung gesonderter Anträge.

Auf eine Besonderheit sei noch hingewiesen:

ALG-II kann ausnahmsweise auch rückwirkend beantragt und gewährt werden, wenn zuvor andere Sozialleistungen – vergeblich – beantragt wurden. Es sollen Rechtsnachteile vermieden werden, die dadurch verursacht werden, dass ein Antragsteller darauf vertraut, Sozialleistungen von einem anderen Sozialleistungsträger zu erhalten. Voraussetzungen sind, dass

- eine Sozialleistung beantragt wurde
- deshalb der Antrag auf ALG-II nicht gestellt wurde
- die beantragte Leistung bindend abgelehnt wird oder erstattet werden muss
- der Antrag auf ALG-II anschließend nachgeholt wird
- und zwar unverzüglich nach Ablauf des Monats, in der die erste Leistung bindend abgelehnt wurde.

Dann kann ALG-II bis zu einem Jahr rückwirkend gewährt werden.

BEISPIEL: A beantragt, nachdem er arbeitslos geworden ist, ab 1. 4. zunächst Arbeitslosengeld I. Dieses wird am 15. 5. versagt, weil A zuvor nicht lange genug beschäftigt war. Am 20. 5. stellt er daraufhin einen Antrag auf ALG-II. Eigentlich würde dieses erst ab 1. 5 gezahlt werden. § 28 SGB X ermöglicht jedoch eine Leistungsbezug rückwirkend ab 1. 4.

Rechtsgrundlage:
§ 60 SGB I; §§ 18, 19, 28 SGB X; §§ 37, 40 Abs. 5, 52 SGB II; § 93 AO

Gerichtsentscheidungen:
www.sozialgerichtsbarkeit.de:
Landessozialgericht Nordrhein-Westfahlen, Entscheidung vom 17. 4. 2008, Az. L 9 AS 69/07

Weitere Hinweise:
www.arbeitsagentur.de:
Formulare/Formulare für Bürgerinnen und Bürger/Arbeitslosengeld II/Ausfüllhinweise zum Hauptantrag

→*Bescheid;* →*Änderungs-/Aktualisierungsantrag;* →*Folgeantrag;* →*Leistungsbeginn;* →*Überprüfungsantrag;* →*Vertretung*

▶ Anwaltskosten

Benötigt man Rechtsberatung oder Unterstützung, z. B. im Widerspruchsverfahren oder bei einer Klage gegen das Jobcenter, kann man sich an einen Rechtsanwalt wenden.

Rechtsanwälte kosten allerdings Geld. Die Höhe der Gebühren ist im Rechtsanwaltsvergütungsgesetz (RVG) geregelt. Dieses gibt in sozialrechtlichen Angelegenheiten allerdings nur den Rahmen vor. Die konkrete Höhe ist abhängig von Aufwand und Bedeutung der Angelegenheit und wird vom Anwalt im Einzelfall festgesetzt.

Bei durchschnittlichen Angelegenheiten fallen für die anwaltliche Vertretung im Verwaltungs- (Antrags-) und/oder Widerspruchsverfahren z. B. folgende Gebühren an:

Verfahren/Tätigkeit	Betragsrahmen nach RVG	Gebühr bei durchschnittlicher Angelegenheit
Verwaltungsverfahren	40,00 € bis 520,00 €	240,00 €
Widerspruchsverfahren	40,00 € bis 520,00 €	240,00 €
Bei Tätigkeit des Anwaltes im vorangegangenen Verwaltungsverfahren	40,00 € bis 260,00 €	120,00 €
Ggf. Einigungsgebühr/Erledigungsgebühr	40,00 € bis 520,00 €	280,00 €

Hinzu kommen Auslagenpauschalen und Mehrwertsteuer und abhängig von den weiteren Umständen weitere Auslagen und ggf. Reisekosten. Für das gerichtliche Verfahren fallen weitere Gebühren an.

Ein Leistungsberechtigter wird von seinem ALG-II kaum einen Rechtsanwalt bezahlen können. Der effektive Rechtsschutz gehört jedoch für jeden Bürger in Deutschland zu seinen Rechten. Deshalb sieht die deutsche Rechtsordnung vor, dass in berechtigten Fällen anwaltliche Hilfe auf Kosten des Staates in Anspruch genommen werden kann.

Die Hilfe in außergerichtlichen Verfahren, also auch im Verwaltungs- und Widerspruchsverfahren, nennt man Beratungshilfe und in gerichtlichen Verfahren Prozesskostenhilfe.

Um Beratungs- oder Prozesskostenhilfe zu erhalten, muss man einen Antrag stellen. Den Antrag auf Beratungshilfe stellt man bei dem für den Wohnort zuständigen Amtsgericht in der Abteilung für Beratungshilfe.

Tipp:

Im Internet kann man über Suchmaschinen bei manchen Justizverwaltungen ein Antragsformular auf Beratungshilfe mit Erläuterungen herunterladen und ausdrucken.
Mit diesem Formular, ergänzt um eine Kopie des Bewilligungsbescheides für ALG-II und des Mietvertrages, kann man einen Antrag auf Beratungshilfe beim zuständigen Amtsgericht ganz einfach selbst stellen.

Von dem jeweiligen Amtsgericht erhält man bei Vorliegen der Voraussetzungen einen sog. Berechtigungsschein oder Beratungshilfeschein, mit dem der Antragsteller dann einen Rechtsanwalt seiner Wahl aufsuchen kann. Mittels dieses Beratungshilfescheins erhält der Rechtsanwalt seine Anwaltskosten aus der Staatskasse bezahlt.

Ein Leistungsberechtigter, der Beratungshilfe durch einen Rechtsanwalt sucht, kann auch direkt einen Rechtsanwalt aufsuchen und diesen bitten, mit ihm zusammen einen entsprechenden Antrag zu stellen.

Wer aber bereits einen Beratungshilfeschein hat und sich dann einen Termin bei einem Rechtsanwalt seiner Wahl holen möchte, wird leichter bzw. schneller einen Gesprächstermin bekommen.

Tipp:

In manchen Städten und/oder Landkreisen gibt es auch kommunale Beratungsstellen, bei denen man sich kostenlos oder gegen eine geringe Gebühr rechtlich beraten lassen kann.

Der Antrag auf Prozesskostenhilfe wird meist zusammen mit der Klage bei dem jeweiligen Gericht gestellt. Dies erledigt in der Regel der Anwalt.

Rechtsgrundlage:

Rechtsanwaltsvergütungsgesetz (RVG)

Weitere Hinweise: →*Beratungshilfe;* →*Prozesskostenhilfe;* →*Rechtsberatung;* →*Kosten des Verfahrens;* →*Gerichtskosten*

▶ Arbeitsangebote

Die Jobcenter sind verpflichtet, den Leistungsberechtigten in eine Erwerbstätigkeit zu vermitteln. Sie sollen dazu Arbeitsangebote, die auf dem Arbeitsmarkt zur Verfügung stehen, vermitteln. Für den Leistungsberechtigten stellt sich die Frage, ob er jedes Arbeitsangebot auch annehmen, bzw. sich auf ein solches vorstellen muss. Dies ist die Frage der sog. Zumutbarkeit.

Grundsätzlich ist dem Leistungsberechtigten zumutbar, jede Art von Arbeit anzunehmen. Es gibt nur wenige Ausnahmen. Sie können

- in der Person des Leistungsberechtigten liegen (fehlende körperliche, geistige, seelische Leistungsfähigkeit)
- in der Betreuung anderer Personen, wie z. B. Kinder (bis drei Jahre, danach nur, wenn sie nicht in einem Kindergarten oder durch eine Tagesmutter betreut werden können) oder pflegebedürftige Angehörige
- oder bei ähnlich schwerwiegenden Gründen (z. B. Lohnwucher, Verstoß gegen Arbeitsschutzbedingungen usw.) gegeben sein.

Sollte ein Leistungsberechtigter ein Arbeitsangebot ablehnen, drohen ihm Kürzungen von Leistungen, z. B. Kürzung des Regelbedarfes um 30 %. Lehnt der Leistungsberechtigte innerhalb eines Jahres ein weiteres Mal ein zumutbares Arbeitsangebot ab, so folgen weitere Sanktionen.

Rechtsgrundlage:
§§ 10, 31 SGB II

Weitere Hinweise: →*Arbeitsgelegenheiten;* →*Ein-Euro-Job;* →*Eingliederung (-maßnahmen/-leistungen/-zuschüsse);* →*Eingliederungsvereinbarung;* →*Kürzung von Leistungen*

▶ Arbeitsbeschaffungsmaßnahme (ABM)

Arbeitsbeschaffungsmaßnahmen (ABM) sind Maßnahmen zur Eingliederung in Arbeit auf dem sog. zweiten Arbeitsmarkt. Gefördert werden auf diese Weise durch die Agentur für Arbeit Träger von Arbeitsbeschaffungsmaßnahmen, die förderungsbedürftige Arbeitnehmer mit zusätzlichen und im öffentlichen Interesse liegenden Arbeiten beschäftigen. ABM-Maßnahmen stehen allerdings nur noch Arbeitslosen im Rechtskreis des SGB III zur Verfügung. Das SGB II kennt diese Leistungen seit 2009 nicht mehr.

Aber auch das Jobcenter hat die Möglichkeit, die Eingliederung von Personen über den „zweiten Arbeitsmarkt" zu fördern und zwar in Form von sog. Arbeitsgelegenheiten.

Rechtsgrundlage:
§§ 16, 16 d SGB II; §§ 260ff. SGB III

Weitere Hinweise: →*Arbeitsangebote;* →*Arbeitsgelegenheiten;* →*Ein-Euro-Job;* →*Eingliederung (-maßnahmen/-leistungen/-zuschüsse);* →*Eingliederungsvereinbarung*

▶ Arbeitsgelegenheiten

Arbeitsgelegenheiten sind Leistungen zur Eingliederung in Arbeit.

Die Jobcenter sollen zunächst die Arbeitsuchenden, also die Leistungsberechtigten, in den originären, ersten Arbeitsmarkt vermitteln. Ziel ist vorrangig, dass Leistungsberechtigte auf dem regulären Arbeitsmarkt wieder einen Arbeitsplatz finden, mit dem sie ihren Lebensunterhalt bestreiten können. Erst wenn dies nicht in absehbarer Zeit gelingt, sollen den Leistungsberechtigten Arbeitsgelegenheiten angeboten werden.

Es gibt zwei Formen der Arbeitsgelegenheiten, die Arbeitsgelegenheit mit Arbeitsvertrag und Arbeitsentgelt sowie die Arbeitsgelegenheit mit Mehraufwandsentschädigung.

Die Arbeitsgelegenheit mit Arbeitsvertrag ist ein sozialversicherungspflichtiges „normales" Arbeitsverhältnis, welches gefördert wird.

Die Arbeitsgelegenheit mit Mehraufwandsentschädigung ist kein „normales" Arbeitsverhältnis; es gibt dafür somit auch kein Arbeitsentgelt. Dieser Typ der Arbeitsgelegenheit wird inzwischen umgangssprachlich als Ein-Euro-Job bezeichnet und ist die häufigste Form. Eine solche Arbeitsgelegenheit muss

- im öffentlichen Interesse liegen
- sich auf zusätzliche Arbeiten beschränken
- zur Eingliederung in Arbeit geeignet und verhältnismäßig sein und
- von Trägern angeboten werden, die bestimmte Anforderungen erfüllen.

Praktisch bedeutet dies für einen Leistungsberechtigten, der einer Arbeitsgelegenheit nachgeht, dass er zusätzlich zum ALG-II eine Aufwandsentschädigung für die Aufwendungen, die er hat, um der Arbeitsgelegenheit nachzugehen, erhält.

Die Mehraufwandsentschädigung kann zwischen 1,00 € und 2,50 € pro Stunde liegen. Die Arbeitszeit kann bis zu 30 Stunden in der Woche betragen.

Meist wird einem Leistungsberechtigten eine solche Arbeitsgelegenheit für die Dauer von drei bis zwölf Monaten zugewiesen.

Bei einem Stundensatz von 1,00 € bis 2,50 € und einer wöchentlichen Stundenzahl von 30 Stunden, kann die Mehraufwandsentschädigung zwischen 130,00 und 325,00 € im Monat liegen. Sie wird auf das ALG-II nicht angerechnet.

Tipp:

Das Bundessozialgericht hat mit Urteil vom 13. 4. 2011 entschieden, dass ein Leistungsberechtigter einen Anspruch auf Entschädigung hat, sofern die Arbeitsgelegenheit nicht eine „zusätzliche" Tätigkeit ist, also von anderen Beschäftigten in „normalen" Arbeitsverhältnissen ausgeübt wird. Um das herauszufinden kann man sich an den Personalrat oder Betriebsrat der Einrichtung wenden, die nicht nur das Insiderwissen sondern auch den Überblick über die Tarifverträge haben, in denen die „normalen" Tätigkeiten mit ihren Entgeltgruppen aufgeführt sind.

Rechtsgrundlage:
§§ 16, 16 d SGB II
Gerichtsentscheidungen:
www.bundessozialgericht.de:
Bundessozialgericht, Urteil vom 13. 4. 2011, Az. B 14 AS 98/10 R (Terminsbericht)
www.sozialgerichtsbarkeit.de:
Bundessozialgericht, Urteil vom 16. 12. 2008, Az. B 4 AS 60/07 R
Weitere Hinweise: →*Arbeitsangebote*; →*Ein-Euro-Job*; →*Eingliederung (-maßnahmen/-leistungen/-zuschüsse)*; →*Eingliederungsvereinbarung*

▶ Arbeitslosengeld I / ALG-II

Die Sozialleistungen in Deutschland sind gesetzlich vor allem im Sozialgesetzbuch (SGB) geregelt. Das Sozialgesetzbuch besteht zurzeit aus insgesamt zwölf Teilen (SGB I bis SGB XII).

Das Sozialgesetzbuch kennt das Arbeitslosengeld I, geregelt im SGB III, und das ALG-II (Arbeitslosengeld II), geregelt im SGB II.

ALG-II ist aus den sog. Hartz-Reformen hervorgegangen, in deren Rahmen die „alte" Sozialhilfe und die „alte" Arbeitslosenhilfe zum ALG-II – auch „Hartz IV" genannt – zusammengelegt wurden.

Während Arbeitslosengeld I eine beitragsfinanzierte Lohnersatzleistung ist, die für den Fall der Arbeitslosigkeit vermögensunabhängig gewährt wird, handelt es sich beim ALG-II um eine steuerfinanzierte Sozialleistung, die nur erbracht wird, wenn und soweit man selber kein ausreichendes Einkommen und Vermögen hat, um seinen Lebensunterhalt zu decken.

Die Höhe des Arbeitslosengeldes I ist abhängig vom Verdienst und beträgt ca. 60 % des früheren Nettoeinkommens. Die Höhe des ALG-II hängt hingegen nicht von dem ab, was man hatte, sondern von dem, was man braucht. Dies sind in der Regel die allgemeinen

Lebensunterhalts- (Regelbedarf/Regelleistungen), die Unterkunftskosten und die Beiträge zur Krankenversicherung.

Früher bekam man zu Beginn des ALG-II-Bezuges, wenn man zuvor Arbeitslosengeld I bezogen hatte, für einen Zeitraum von zwei Jahren noch einen Aufstockungsbetrag, der den Übergang von Arbeitslosengeld I zu ALG-II abmildern sollte. Dieser befristete Zuschlag ist aber mit den Reformen zum 1. 4. 2011 abgeschafft worden.

Wohnt ein Empfänger von ALG-II mit seiner Familie oder anderen zusammen, bilden sie zusammen eine Bedarfsgemeinschaft. Deren Mitglieder haben dann ebenfalls Anspruch auf ALG-II oder Sozialgeld.

Rechtsgrundlage:
Sozialgesetzbuch (SGB) II; Sozialgesetzbuch (SGB) III

Weitere Hinweise: →*Anspruch/Anspruchsvoraussetzungen*; →*Bedarfsgemeinschaft*; →*Sozialgeld*

▶ Arbeitsunfähigkeit

Die Leistungen nach dem SGB II werden vom Gesetzgeber Grundsicherung für Arbeitssuchende genannt. Daraus lässt sich schon die maßgebliche Voraussetzung für einen Bezug von ALG-II ableiten, nämlich, dass man dem Arbeitsmarkt zur Verfügung stehen muss. Voraussetzung hierfür ist, dass man überhaupt in der Lage ist, zu arbeiten.

Kann man vorübergehend aus gesundheitlichen Gründen keiner Beschäftigung nachgehen, spricht man von Arbeitsunfähigkeit. Arbeitsunfähigkeit hat keine Auswirkungen auf den Leistungsbezug beim ALG-II.

Hinweis:

ALG-II-Bezieher müssen dem Jobcenter ihre Arbeitsunfähigkeit unverzüglich anzeigen und vor Ablauf des dritten Kalendertages nach Eintritt der Arbeitsunfähigkeit eine Arbeitsunfähigkeitsbescheinigung vorlegen.
Die Pflicht trifft Kinder unter 15 Jahren, die Sozialgeld beziehen, nicht.

Wenn man allerdings dauerhaft bzw. gar nicht mehr arbeiten kann, kann das dazu führen, dass man vom Bezug des ALG-II ausgeschlossen wird. Das SGB II spricht dabei dann aber nicht von Arbeitsunfähigkeit, sondern von Erwerbsunfähigkeit.

Erwerbsfähig ist, wer nicht wegen Krankheit oder Behinderung auf absehbare Zeit außerstande ist, unter den üblichen Bedingungen des allgemeinen Arbeitsmarktes mindestens drei Stunden täglich zu arbeiten.

Fehlt es an einer Erwerbsfähigkeit, bekommt man kein ALG-II, sondern andere Leistungen, wie z. B. Erwerbsminderungsrente oder Grundsicherung im Alter und bei Erwerbsminderung nach dem SGB XII. Bis zur Klärung der Erwerbsfähigkeit bzw. Erwerbsunfähigkeit sind Leistungen nach dem SGB II aber diesen anderen Leistungen gegenüber vorrangig.

Zur Klärung der Arbeits-/Erwerbsunfähigkeit muss sich ein Antragsteller ggf. ärztlich untersuchen lassen.

Rechtsgrundlage:

§§ 8, 44 a Abs. 1 Satz 2, 37 Abs. 1 SGB II; § 21 SGB XII

Weitere Hinweise: →*Erwerbsfähigkeit/Erwerbsunfähigkeit;* →*Erwerbsminderungsrente;* →*Grundsicherung im Alter und bei Erwerbsminderung;* →*Ärztliche Untersuchung;* →*Krankheit*

▶ Ärztliche Untersuchung

Eine ärztliche Untersuchung kann auf einen Antragsteller/Leistungsberechtigten zukommen, wenn die Erwerbsfähigkeit, die eine wesentliche Voraussetzung für das ALG-II ist, zweifelhaft ist. Ebenso können ärztliche Untersuchungen zur Feststellung eines krankheits- oder behinderungsbedingten Mehrbedarfes erforderlich werden.

Ein Antragsteller/Leistungsberechtigter ist generell zur Mitwirkung gegenüber dem Jobcenter verpflichtet. Das gilt auch für die Klärung von Zweifeln über den Gesundheitszustand, insbesondere dann, wenn es um die Feststellung der Erwerbsfähigkeit geht. Ein erster Schritt dazu ist z. B. die Entbindung der behandelnden Ärzte von ihrer Schweigepflicht.

Antragsteller/Leistungsberechtigte haben keinen Anspruch, nur von einem bestimmten Arzt untersucht zu werden. Besteht ein Antragsteller/Leistungsberechtiger auf die Untersuchung durch einen bestimmten Arzt, so kann dies bereits die Verletzung von Mitwirkungspflichten bedeuten und Sanktionen nach sich ziehen. Eine Sanktion kann dann durchaus so lange andauern bis die Mitwirkung, also die Untersuchung, nachgeholt worden ist. Eine Sanktion kann sogar zum vollständigen Entzug des ALG-II führen.

Tipp:

Eine Sanktion wegen der Verweigerung einer ärztlichen Untersuchung als Verletzung von Mitwirkungspflichten ist nur rechtswirksam, wenn das Jobcenter den Antragsteller/Leistungsberechtigten zuvor über die Rechtsfolge ausdrücklich mit Sanktionsandrohung belehrt hat.

Rechtsgrundlage:
§§ 32, 44 a SGB II; §§ 60 ff. SGB I
Gerichtsentscheidungen:
www.sozialgerichtsbarkeit.de:
Bundessozialgericht, Urteil vom 17. 2. 2004, Az. B 1 KR 4/02 R
Landessozialgericht Baden-Württemberg, Urteil vom 8. 4.2009, Az. L 7 AS 304/10 ER (Sanktion)

Weitere Hinweise: →*Meldepflicht*; →*Mitwirkungspflicht*; →*Amtsarzt*

▶ Asylbewerber

Asylbewerber sind Personen aus fremden Ländern, die in ihrem Heimat- oder Ursprungsland politisch oder aus sonstigen Gründen verfolgt werden und deshalb in Deutschland nach Aufnahme und Schutz (Asyl) suchen.

Für sie, Ausländer mit Duldung oder mit Aufenthaltserlaubnis aus humanitären Gründen, gilt das Asylbewerberleistungsgesetz. Sie erhalten Leistungen nach dem Asylbewerberleistungsgesetz und sind von Leistungen nach dem SGB II ausgeschlossen. Das gilt auch für diejenigen, die mit Leistungsberechtigten nach dem SGB II in Bedarfsgemeinschaften leben.

Ansprüche auf Leistungen nach dem SGB II können allerdings diejenigen geltend machen, die bestimmte Aufenthaltsrechte haben

(z. B. gem. § 25 Abs. 3 AufenthG wegen Krankheit) oder mit/wegen einer sog. Bleiberechtsregelung (§ 23 Abs. 1 AufenthG).

Rechtsgrundlage:
§ 7 Abs. 1 Satz Nr. 3 SGB II; § 1 Asylbewerberleistungsgesetz (AsylbLG)

Weitere Hinweise:
www. asyl.net
→*Ausländer (Nicht-EU-Länder)*

▶ Attestkosten

In sozialrechtlichen Angelegenheiten gilt der Amtsermittlungsgrundsatz. Das bedeutet, die für die Leistung maßgebenden Umstände sind vom Jobcenter zu ermitteln. Der Antragsteller/Leistungsberechtigte ist seinerseits zur Mitwirkung verpflichtet. Er muss sich z. B. ärztlich untersuchen lassen.

Das gesamte sozialrechtliche Verfahren ist dabei für ihn kostenfrei.

Daraus folgt, dass das Jobcenter relevante medizinische Aspekte, wie z. B. das Vorliegen von Erwerbsfähigkeit, das Vorliegen und den Umfang von krankheitsbedingtem Mehrbedarf für Ernährung, das Vorliegen einer Schwangerschaft oder die Überprüfung, ob Arbeitsunfähigkeit tatsächlich gegeben ist, von sich aus ermitteln muss und zwar auf seine Kosten. Für den Leistungsberechtigten bleibt es bei der Kostenfreiheit.

Tipp:

Wenn das Jobcenter dazu auffordert, sich ärztlich untersuchen zu lassen oder Atteste beizubringen, sollte man vorab mit dem persönlichen Ansprechpartner klären, ob und welche Kosten übernommen werden oder zumindest vorsorglich einen Antrag auf Aufwendungsersatz und ggf. sogar auf einen Vorschuss stellen und zwar bevor die Kosten anfallen.

Rechtsgrundlage:
§§ 20, 64 SGB X; § 65 a SGB I

Weitere Hinweise: →*Kosten des Verfahrens*; →*Ärztliche Untersuchung*

▶ Aufenthaltsort

Der gewöhnliche Aufenthaltsort ist wichtig für die Frage, ob man überhaupt Leistungen nach dem SGB II beziehen kann. Die gibt es nämlich nur, wenn der gewöhnliche Aufenthaltsort eines Antragstellers/Leistungsberechtigten in der Bundesrepublik Deutschland ist. Darüber hinaus richtet sich auch die Zuständigkeit des Jobcenters nach dem gewöhnlichen Aufenthaltsort.

Für die Bestimmung des gewöhnlichen Aufenthaltsortes kommt es nicht darauf an, wo man gemeldet ist. Vielmehr bedarf es zur Feststellung des gewöhnlichen Aufenthaltsortes einer vorausschauenden Betrachtungsweise. Dabei ist zu prüfen, ob die tatsächlichen Gegebenheiten und die Gesamtumstände auf ein längeres Verweilen an einem bestimmten Ort oder in einem Gebiet schließen lassen. Nicht nur vorübergehend ist das Verweilen, wenn es auf Dauer oder zumindest auf nicht absehbare Zeit angelegt ist.

Man braucht sich aber natürlich nicht ständig an dem Ort aufzuhalten.

Es ist auch nicht nötig, eine eigene Wohnung zu haben. Deshalb können auch Wohnungs-/Obdachlose Leistungen nach dem SGB II erhalten. Man muss aber für das örtlich zuständige Jobcenter erreichbar sein.

Rechtsgrundlage:

§§ 7 Abs. 4 a, 36 SGB II; Erreichbarkeits-Anordnung

Weitere Hinweise: *→Erreichbarkeit; →Ortsabwesenheit; →Hausbesuch; →Obdachlose*

▶ Aufhebungsbescheid (Aufhebung eines Verwaltungsaktes)

Wenn Bescheide (Verwaltungsakte) erlassen worden sind, sind sie für die Beteiligten verbindlich. Das gilt vor allem auch für das Jobcenter, das sich an seine Entscheidung halten muss. Wenn es diese im Nachhinein ändern will, geht dies nur unter bestimmten im Gesetz genannten Voraussetzungen.

ALG-II wird in der Regel vom Jobcenter im Voraus per Bewilligungsbescheid für einen Zeitraum von sechs bis zwölf Monaten bewilligt. Dies stellt einen Verwaltungsakt mit Dauerwirkung dar. Verwaltungsakte mit Dauerwirkung sind solche, die immer wiederkehrende Leistungen zusprechen, z. B. die ALG-II-Bewilligung für mehrere Monate, oder Feststellungen mit Wirkung für die Zukunft treffen, z. B. Festsetzung des Behinderungsgrades auf 50.

Sie können aber im Nachhinein unrichtig werden, wenn sich die Verhältnisse ändern, und müssen dann angepasst werden.

Im Bereich des ALG-II sind typische Beispiele der Bezug von (höherem) Einkommen bei Aufstockern, der Auszug eines Mitglieds der Bedarfsgemeinschaft, die Erhöhung der Miete usw.

Vor allem wenn Leistungsberechtigte über ein monatlich schwankendes Einkommen verfügen, folgt deshalb auf einen Bewilligungsbescheid oft ein Aufhebungsbescheid. Das ist auch nicht zu vermeiden. Denn die monatlichen Leistungen nach dem SGB II werden im Voraus gezahlt. Gehälter bzw. Einkommen werden typischerweise aber zum Ende des Monats gezahlt. Deshalb wird das Einkommen vom Jobcenter zunächst in zu erwartender durchschnittlicher Höhe angesetzt. Der Leistungsberechtigte muss dann für jeden Monat im Nachhinein Gehaltsabrechnungen vorlegen. Das Jobcenter rechnet anschließend jeden einzelnen, vergangenen Monat nach. Daraus ergibt sich, ob bisher zu viel oder zu wenig bewilligt und ausgezahlt wurde.

Sollte das Jobcenter der Ansicht sein, es habe in der Vergangenheit zu viel ALG-II bewilligt und gezahlt, kann es den überzahlten Betrag nicht einfach zurückfordern. Es kann auch nicht bei zu geringer Bewilligung und Leistung einfach nachzahlen. Denn der Bewilligungsbescheid ist ja noch gültig. Deshalb muss erst der alte Bewilligungsbescheid weg bzw. korrigiert, also aufgehoben werden.

Grundsätzlich gilt dabei, dass bei einer wesentlichen Veränderung der tatsächlichen oder rechtlichen Verhältnisse, die für die Leistung maßgebend sind, der Verwaltungsakt aber nur für die Zukunft aufgehoben bzw. abgeändert werden kann. Das dient dem Schutz von Leistungsberechtigten und der Rechtssicherheit.

Es gibt aber auch Fälle, in denen eine Aufhebung für die Vergangenheit – ab Änderung der Verhältnisse – möglich ist. Hierzu zählen:

- Änderungen zu Gunsten des Betroffenen
- Verletzung von Mitteilungspflichten durch den Betroffenen
- nachträglich erzieltes Einkommen oder Vermögen sowie
- Kenntnis oder grob fahrlässige Unkenntnis des Betroffenen vom nachträglichen vollständigen oder teilweisen Wegfall oder Ruhen des Anspruches.

Stellt sich also im Laufe des Bezuges von ALG-II heraus, dass sich die für die Entscheidung maßgebenden Umstände geändert haben, so kann und wird das Jobcenter den Bescheid – ggf. rückwirkend ab Änderung der Verhältnisse – durch gesonderten Bescheid, dem sog. Aufhebungsbescheid, aufheben. Erst anschließend kann etwaig überzahltes ALG-II zurückgefordert oder zu geringes nachgezahlt werden.

Hinweis:

Für die Änderung gibt es aber Fristen. Besonders bedeutsam ist, dass eine rückwirkende Aufhebung und Änderung, die den Betroffenen belastet (z. B. durch Rückzahlung), nur innerhalb eines Jahres möglich ist, nach dem das Jobcenter von den Umständen, die zur Änderung berechtigen, Kenntnis erhalten hat.

Tipp:

Achten Sie auf diese Frist. Sie wird manchmal vom Jobcenter versäumt. Um herauszufinden, wie lange das Jobcenter schon Kenntnis hat, sollte Akteneinsicht genommen werden.

Rechtsgrundlage:

§ 48 SGB X; § 40 Abs. 2 Nr. 3 SGB II; § 330 Abs. 3 SGB III

Weitere Hinweise: *→Bescheid; →Änderungs-/Aktualisierungsantrag; →Rückforderung/-zahlung von Leistungen; →Rücknahmebescheid (Rücknahme eines Verwaltungsaktes); →Neufeststellung/Überprüfungsbescheid; →Akteneinsicht*

▶ Aufrechnung

Sollte ein Jobcenter an einen Leistungsberechtigten für einen zurückliegenden Zeitraum zu viel Geld gezahlt haben, so kann es, anstatt die überzahlte Summe gesondert zurückzufordern, seine Forderung mit künftigen Ansprüchen des Leistungsberechtigten auf ALG-II verrechnen. Man nennt das Aufrechnung. Der Leistungsberechtigte erhält in diesem Fall während der Verrechung bzw. Aufrechnung nur noch gekürztes ALG-II ausgezahlt.

BEISPIEL: Der Anspruch des Leistungsberechtigten auf die Regelleistung und Unterkunftskosten beläuft sich auf 630,00 €. Das Jobcenter hat insgesamt 364,00 € zuviel gezahlt. Es hat dann eine sog. Erstattungsforderung und rechnet in Höhe von 36,40 € monatlich auf. Der Leistungsberechtigte bekommt dann für die nächsten zehn Monate nur noch 593,60 € monatlich ausgezahlt.

Aufrechnen kann das Jobcenter auch mit anderen Ansprüchen, z. B. mit sog. Ersatzansprüchen oder mit Ansprüchen auf Rückzahlung eines gewährten Darlehens.

Abgezogen (aufgerechnet) werden können 10 % bzw. 30 % des maßgebenden Regelbedarfs. Liegt der Fehler beim Jobcenter, hat sich also der Leistungsberechtigte rechtmäßig verhalten, dann werden in der Regel 10 % verrechnet.

In Fällen unberechtigter Leistungen, die auf rechtswidrigem oder sozialwidrigem Verhalten des Leistungsberechtigten beruhen, z. B. wenn er falsche oder verspätete Angaben gemacht hat oder wusste bzw. wissen musste, dass ihm zuviel ALG-II ausgezahlt worden ist (was von den Jobcentern häufig unterstellt wird), kann gleich um 30 % des Regelbedarfs gekürzt werden.

Kommt es zu mehreren Aufrechnungen, darf die Kürzung des Regelbedarfs insgesamt 30 % nicht überschreiten.

Vor einer Erstattung/Rückforderung und einer Aufrechnung muss man vom Jobcenter die Gelegenheit erhalten, sich zu dem Sachverhalt im Rahmen einer Anhörung zu äußeren. Erst dann gibt es einen Aufhebungs- und Erstattungsbescheid oder Rückforderungsbescheid. Auch die Aufrechnung ist schriftlich (durch Bescheid bzw. Verwaltungsakt) zu erklären.

Ist die Feststellung der Pflicht zur Rückzahlung bestandskräftig, kann längstens für einen Zeitraum von drei Jahren nach Ablauf des

Monats, der der Bestandskraft folgt, mit der Forderung aufgerechnet werden (gilt nicht für Darlehen).

BEISPIEL: Das Jobcenter stellt am 3. 5. 2011 fest, dass der Leistungsberechtigte 1.350,00 € überzahltes ALG-II erstatten muss. Den Bescheid erhält der Leistungsberechtigte am 4. 5. 2011. Er legt keinen Widerspruch ein, so dass der Bescheid am 5. 6. 2011 bestandskräftig wird. Der Folgemonat läuft am 31. 7. 2011 ab. Bis zur Dauer von drei Jahren im Anschluss, also bis zum 31. 7. 2014, kann mit der Erstattungsforderung aufgerechnet werden.
Der Zeitraum kann sich noch verlängern um Zeiten, in denen die Aufrechnung nicht vollzogen werden kann.

Tipp:

ALG-II wird für Bewilligungsabschnitte von sechs bis zwölf Monaten gewährt. Für jeden einzelnen Bewilligungsabschnitt muss die Aufrechnung erneut erklärt werden, sonst ist sie rechtswidrig.

Hinweis:

Wird gegen den Aufrechnungs-/Rückforderungsbescheid Widerspruch eingelegt, hat dieser eine aufschiebende Wirkung, das heißt bis zum rechtskräftigen Abschluss des Verfahrens (also ggf. auch des Klageverfahrens), darf die Aufrechnung bzw. Rückforderung nicht vollzogen werden.

Rechtsgrundlage:

§§ 43, 42 a Abs. 2 SGB II; § 51 SGB I; § 50 SGB X

Weitere Hinweise: →*Rückforderung/-zahlung von Leistungen;* →*Anhörung;* →*Widerspruch/Widerspruchsverfahren;* →*Aufschiebende Wirkung*

▶ Aufschiebende Wirkung

Widerspruch und Anfechtungsklage haben aufschiebende Wirkung. Das bedeutet, die Folgen eines Verwaltungsaktes (Bescheides) treten nicht sofort ein, sondern erst nach Ende des (Widerspruchs- und ggf. Klage-) Verfahrens.

BEISPIEL: Das Jobcenter verlangt von Herrn M. die Erstattung von 300,00 € überzahltes ALG-II. Gegen den Bescheid legt Herr M. Widerspruch ein. Der Widerspruch hat aufschiebende Wirkung. Das führt dazu, dass Herr M. das Geld zunächst nicht zurückzahlen muss, bis das Widerspruchs- und ggf. das sich anschließende Klageverfahren beendet ist.

Allerdings entfällt bei den meisten Entscheidungen des Jobcenters die aufschiebende Wirkung und sie wirken sofort. Das nennt man „sofortige Vollziehung". Das gilt vor allem für Entscheidungen, mit denen Leistungen vom Jobcenter aufgehoben, zurückgenommen, widerrufen oder herabgesetzt werden; aber nicht für die Bescheide, mit denen die Erstattung von Leistungen verlangt wird.

Rechtsgrundlage:
§ 86 a SGG; § 39 SGB II

Gerichtsentscheidungen:
www.sozialgerichtsbarkeit.de:
Landessozialgericht Sachsen-Anhalt, Beschluss vom 29. 4. 2010, Az. L 5 AS 209/10 B ER.

Weitere Hinweise:
www.bundestag.de:
Dokumente/Drucksachen/BT-Drucks. 16/10810, S. 50 zu Nr. 14

→*Widerspruch/Widerspruchsverfahren;* →*Klage;* →*Rückforderung/-zahlung von Leistungen;* →*Aufrechnung*

▶ Aufstiegsfortbildungsförderung

→*Meister-BAföG*

▶ Aufstocker

Nicht nur Arbeitslose, sondern auch Personen, die eine Arbeit haben und Geld verdienen, können ALG-II beantragen und erhalten. Dies kommt immer dann in Betracht, wenn ihr Einkommen nicht reicht, um das sog. soziale Existenzminimum, d. h. ihren Bedarf, zu decken. Man spricht dann von Hilfebedürftigkeit.

Wenn Personen weniger verdienen, als sie (und die Mitglieder der Bedarfsgemeinschaft) zum Leben brauchen, z. B. weil sie nur einen sog. Mini-Job in Höhe von 400,00 € ausüben, kommen ergänzend Leistungen nach dem SGB II in Betracht. Die Differenz zwischen dem Bedarf und dem anrechenbaren Einkommen wird dann „aufstockend“ als ALG-II zum vorhandenen eigenen Einkommen gezahlt. Daher nennt man solche Leistungsbezieher „Aufstocker“.

Tipp:

Aufstocker sollten prüfen, ob sie mittels Wohngeld und ggf. Kindergeld mit Kinderzuschlag nicht genug zum Leben haben und so den Bezug von ALG-II vermeiden können. Diese Leistungen sollten deshalb beantragt werden.

Rechtsgrundlage:
§§ 7, 9, 11 – 12 SGB II

Weitere Hinweise: →*Wohngeld;* →*Kinderzuschlag;* →*Einkommen/Einkommensanrechnung;* →*Erwerbstätigenfreibeträge;* →*Mini-Job;* →*Geringfügige Beschäftigung*

▶ Aushilfsbeschäftigung (-tätigkeit)

Als Aushilfstätigkeiten bezeichnet man Arbeitsverhältnisse, die in der Regel vorübergehend und/oder unregelmäßig anfallen. Meist erfordern sie keine spezifische Ausbildung und keine lange Einarbeitungszeit. Häufig werden sie im Rahmen sog. geringfügiger Beschäftigungsverhältnisse (sog. 400,00 €- oder Mini-Jobs) geleistet. Arbeitsrechtlich gelten für Aushilfen in Deutschland keine nennenswerten Besonderheiten.

Leistungsberechtigte können und müssen neben dem Bezug von ALG-II auch eine Aushilfsbeschäftigung annehmen, weil sie verpflichtet sind, alles zu tun, um die Hilfebedürftigkeit zu überwinden oder zu vermindern.

Das Einkommen aus der Aushilfsbeschäftigung wird unter Berücksichtigung etwaiger Abzugs- und Freibeträge auf das ALG-II angerechnet.

Rechtsgrundlage:
§§ 2, 11, 11 a, 11 b SGB II; Arbeitslosengeld II- Verordnung

Weitere Hinweise: →*Aufstocker;* →*Geringfügige Beschäftigung;* →*Mini-Job;* →*Einkommen/Einkommensanrechnung*

▶ Auskunftsrechte

→*Beratung;* →*Akteneinsicht;* →*Informationsfreiheitsgesetz*

▶ Ausländer (EU-Länder)

Jeder EU-Bürger kann sich in den Mitgliedsstaaten der Europäischen Union frei bewegen und hat das Recht sich dort zum Zwecke der Arbeitssuche, der Ausübung einer selbstständigen oder unselbstständigen Tätigkeit oder aus anderen zulässigen Gründen aufzuhalten.

EU-Bürger haben Anspruch auf ALG-II in Deutschland, wenn sie die Leistungsvoraussetzungen erfüllen, d. h. erwerbsfähig und hilfebedürftig sind, ihren gewöhnlichen Aufenthalt in der Bundesrepublik Deutschland haben und nicht von Leistungen der Grundsicherung für Arbeitsuchende ausgeschlossen sind. Ausgeschlossen sind danach Ausländer,

- die weder in der Bundesrepublik Deutschland Arbeitnehmer oder Selbstständige noch aufgrund des § 2 Abs. 3 des FreizügG/EU freizügigkeitsberechtigt sind, und ihre Familienangehörigen für die ersten drei Monate ihres Aufenthalts
- deren Aufenthaltsrecht sich allein aus dem Zweck der Arbeitsuche ergibt, und ihre Familienangehörigen
- sowie diejenigen, die nach § 1 des Asylbewerberleistungsgesetzes (AsylbLG) Ansprüche haben.

Tipp:

Das Bundessozialgericht hat mit Urteil vom 19. 10. 2010 entschieden, dass Ausländer, die ihr Aufenthaltsrecht allein aus dem Zweck der Arbeitssuche herleiten nicht von Leistungen des ALG-II ausgeschlossen sind, wenn sie einem Staat angehören, der das Europäische Fürsorgeabkommen von 1953 unterzeichnet hat.
Dies sind die Länder: Frankreich, Belgien, Dänemark, Estland, Griechenland, Irland, Island, Italien, Luxemburg, Malta, Niederlande, Norwegen, Portugal, Schweden, Spanien, Türkei und Großbritannien.
Nach dem Fürsorgeabkommen sind diese Länder verpflichtet, den Staatsangehörigen der anderen Vertragsstaaten, die sich in irgendeinem Teil ihres Gebietes, auf das dieses Abkommen Anwendung fin-

det, erlaubt aufhalten und nicht über ausreichende Mittel verfügen, in gleicher Weise wie die eigenen Staatsangehörigen und unter den gleichen Bedingungen die Leistungen der sozialen und Gesundheitsfürsorge zu gewähren, die nach der in diesem Teil ihres Gebietes geltenden Gesetzgebung vorgesehen sind.
Bei diesem Abkommen handelt es sich um unmittelbar geltendes Bundesrecht.

Da Touristen und Saisonarbeiter nicht ihren gewöhnlichen Aufenthaltsort in Deutschland haben, haben sie keine Ansprüche auf ALG-II. Für ausländische Studierende gilt das Gleiche wie für deutsche; sie haben also eventuell Anspruch auf Mehrbedarf (z. B. wegen Schwangerschaft) oder auf Darlehen im Härtefall.

Rechtsgrundlage:
§§ 7, 8 SGB II

Gerichtsentscheidungen:
www.sozialgerichtsbarkeit.de:
Bundessozialgericht, Urteil vom 19. 10. 2010, Az. B 14 AS 23/10 R

Weitere Hinweise:
www.cdu-fraktion.berlin.de:
Initiativen/Kleine-Anfragen/Gesundheit/Auswirkungen-des-Europaeischen-Fuer
sorgeabkommens-auf-das-Land-Berlin
→*Anspruch/Anspruchsvoraussetzungen*; →*Aufenthaltsort*; →*Asylbewerber*; →*Studierende/Studium*

▶ Ausländer (Nicht-EU-Länder)

Ausländer können einen Anspruch auf ALG-II haben, wenn sie, genauso wie Deutsche, die Anspruchsvoraussetzungen erfüllen und ihren Lebensmittelpunkt in Deutschland haben.

Wichtig ist, dass ihnen der Zugang zum Arbeitsmarkt durch ihren Aufenthaltstitel gewährt wird, erlaubt ist oder erlaubt werden könnte.

Ist die Aufnahme einer Beschäftigung nicht erlaubt und kann sie auch nicht erlaubt werden, gelten die Ausländer als nicht erwerbsfähig.

Darüber hinaus ist in folgenden Fällen ein Leistungsbezug ausgeschlossen:

- bei Ausländern und ihren Familienangehörigen in den ersten drei Monaten ihres Aufenthalts in Deutschland
- für Ausländer, die allein zum Zweck der Arbeitssuche ein Aufenthaltsrecht haben, sowie für ihre Familienangehörigen. Es handelt sich dabei allerdings in erster Linie um EU-Bürger, denn fast ausschließlich sie sind allein zum Zweck der Arbeitssuche berechtigt, sich in Deutschland aufzuhalten (§ 2 Abs. 2 Ziffer 1 Freizügigkeitsgesetz/EU)
- Asylbewerber, Ausländer mit Duldung oder mit Aufenthaltserlaubnis aus humanitären Gründen. Sie erhalten Leistungen nach § 1 des Asylbewerberleistungsgesetzes. Diese Ansprüche sind vorrangig gegenüber den Ansprüchen nach dem SGB II.

Während auch Touristen generell keinen Anspruch auf ALG-II haben, gilt für ausländische Studierende das Gleiche wie für deutsche Studierende (z. B. eventuell Anspruch auf Mehrbedarf wegen Schwangerschaft oder auf Darlehen im Härtefall).

Tipp:

Das Bundessozialgericht hat mit Urteil vom 19. 10. 2010 entschieden, dass Ausländer, die den Staaten angehören, die das Europäische Fürsorgeabkommen unterzeichnet haben, z. B. Island, abweichend vom SGB II auch dann Anspruch auf ALG-II haben, wenn sie sich allein zum Zweck der Arbeitsuche in Deutschland aufhalten. Nach diesem Abkommen haben die unterzeichnenden Staaten Staatsangehörige der anderen Staaten nämlich genauso zu behandeln wie ihre eigenen Staatsbürger, d. h. sie müssen die gleichen Sozialleistungen erbringen.

Rechtsgrundlage:
§§ 7 Abs. 1 Satz 2, 8 SGB II

Gerichtsentscheidungen:
www.sozialgerichtsbarkeit.de:
Bundessozialgericht, Urteil vom 19. 10. 2010, Az. B 14 AS 23/10 R.

Weitere Hinweise:
www.arbeitsagentur.de:
Veröffentlichungen/Weisungen/Arbeitslosengeld II/Fachliche Hinweise zu § 7 SGB II

→*Ausländer (EU-Länder)*; →*Asylbewerber*

▶ Auszubildende

Auszubildende erhalten in der Regel eine Ausbildungsvergütung. Reicht diese nicht aus, um den Lebensunterhalt zu bestreiten, sind sie ergänzend auf staatliche Hilfen angewiesen.

Ausbildungsförderung leistet der Staat zum einen nach dem Bundesausbildungsförderungsgesetz (BAföG) zum anderen nach dem SGB III, in Form der Berufsausbildungsbeihilfe (BAB) oder des Ausbildungsgeldes. Der Unterschied liegt darin, dass nach dem BAföG schulische Ausbildungen („Schüler") gefördert werden und nach dem SGB III betriebliche oder überbetriebliche Ausbildungen im sog. dualen System.

Berufsausbildungsbeihilfe nach dem SGB III wird für Berufsausbildungen gezahlt und für berufsvorbereitende Maßnahmen, einschließlich der Vorbereitung auf den Hauptschulabschluss. Voraussetzung für den Bezug ist, dass man eine Ausbildung absolviert, die dem Grunde nach förderfähig ist. Dies sind z. B. Ausbildungen nach dem Berufsbildungsgesetz, der Handwerksordnung oder dem Altenpflegegesetz.

Weiter müssen die persönlichen Voraussetzungen gegeben sein. Berufsausbildungsbeihilfe erhält u. a. nur, wer nicht bei seinen Eltern wohnt oder wohnen müsste. Letzteres sind Auszubildende unter 18 Jahren, die ihre Ausbildungsstätte von der Wohnung der Eltern aus in zumutbarer Zeit (in der Regel zwei Stunden täglich für Hin- und Rückweg) erreichen können, es sei denn sie sind verheiratet, haben ein Kind oder das Wohnen bei den Eltern ist aus schwerwiegenden sozialen Gründen (z. B. Drogensucht oder psychische Erkrankung eines Elternteils) nicht zumutbar.

Berufsausbildungsbeihilfe wird in Höhe von derzeit 348,00 € für den allgemeinen Bedarf geleistet. Hinzu kommen 149,00 € bis zu 224,00 € Wohnkosten. Des Weiteren bekommt man Geld für Fahrtkosten, Ausbildungskosten, ggf. die Kosten einer freiwilligen Kranken- und Pflegeversicherung und, wenn der Auszubildende betreuungsbedürftige Kinder hat, bis zu 130,00 € Kinderbetreuungskosten je Kind. Bei Maßnahmen der Berufsvorbereitung gelten etwas abweichende Sätze (siehe unten). Die Zahlung ist abhängig vom

Einkommen des Auszubildenden seines Ehegatten oder Lebenspartners und seiner Eltern.

Hinweis:

Ansprüche nach dem SGB II bestehen daneben nur noch eingeschränkt. Dies gilt selbst dann, wenn die Auszubildenden tatsächlich keine Leistungen der Berufsausbildungsbeihilfe erhalten.
Auszubildende können nur noch

- Mehrbedarfe für werdende Mütter, für Alleinerziehende, für medizinisch erforderliche kostenaufwendige Ernährung sowie im Fall eines unabweisbaren, laufenden, nicht nur einmaligen besonderen Bedarfs
- eine Erstausstattung für Bekleidung und bei Schwangerschaft und Geburt
- sowie einen Wohnkostenzuschuss erhalten.

Zudem können Mietschulden übernommen werden, wenn dies erforderlich ist.

Tipp:

In besonderen Härtefällen können auch ausbildungsbedingte Unterhaltsleistungen zur Deckung des Regelbedarfs, des Bedarfs für Unterkunft und Heizung und notwendige Beiträge zur Kranken und Pflegeversicherung vom Jobcenter gewährt werden; dies dann allerdings nur darlehensweise.

Für den Monat der Aufnahme der Ausbildung kann man ebenfalls ein Darlehen bekommen, weil BAB in der Regel nicht sofort gezahlt wird. Dadurch sollen Finanzierungslücken vermieden werden.

Etwaige Darlehen müssen erst nach Abschluss der Ausbildung zurückgezahlt werden.

Diese Leistungen nach dem SGB II stellen nach der gesetzlichen Regelung kein ALG-II dar. Das führt dazu, dass selbst bei laufenden Leistungen (z. B. wegen Mehrbedarf) keine Versicherungspflicht in der gesetzlichen Krankenkasse entsteht und damit kein Versicherungsschutz.

Personen, die sich in einer berufsvorbereitenden Maßnahme befinden, bekommen in Abweichung zu den vorstehenden Ausführungen auch dann Berufsausbildungsbeihilfe, wenn sie zu Hause wohnen. Dies dann aber nur in geringer Höhe (216,00 €). Sie haben in diesem Fall neben dem Anspruch auf Berufsausbildungsbeihilfe Anspruch auf ALG-II und nicht nur auf die sonstigen o. g. Leistungen des SGB II, weil ihr Existenzminimum sonst nicht gedeckt wäre.

ALG-II können auch diejenigen Auszubildenden beanspruchen, deren Ausbildung nicht vom Grundsatz her förderfähig ist. Das sind z. B. Auszubildende, die bei ihren Eltern wohnen, oder unter 18-jährige, die bei ihren Eltern wohnen müssten. Sie haben nämlich vom Grundsatz her schon keinen Anspruch auf Berufsausbildungsbeihilfe.

Rechtsgrundlage:
§§ 7 Abs. 5 und 6, 27 SGB II

Weitere Hinweise: →*Wohnkostenzuschuss;* →*Mehrbedarf/Mehraufwendungen;* →*Erstausstattung;* →*Miete;* →*Schulden*

▶ Auto

Leistungsberechtigte dürfen ein angemessenes Auto bzw. Kraftfahrzeug besitzen. Dies gilt für jede erwerbsfähige Person der Bedarfsgemeinschaft. Die Rechtsprechung sieht ein Kraftfahrzeug mit einem Wert von bis zu 7.500,00 € als angemessen und damit als geschütztes Vermögen an.

BEISPIEL: Ehegatten bilden eine Bedarfsgemeinschaft, wenn sie zusammen leben. Jeder von ihnen darf daher ein Auto im Wert von bis zu 7.500,00 € besitzen, ohne dass dies Auswirkungen auf den ALG-II Anspruch hat.

Tipp:

Soweit ein Leistungsberechtigter eine anerkannte Schwerbehinderung hat oder ein teureres Auto z. B. aus orthopädischen Gründen angeschafft werden musste, kann für ihn auch ein teureres Auto als angemessen angesehen werden. Dies sollte man mit einem ärztlichen Attest dokumentieren.

Rechtsgrundlage:
§ 12 Abs. 3 Nr. 2 SGB II

Gerichtsentscheidungen:
www.sozialgerichtsbarkeit.de:
Bundessozialgericht, Urteil vom 6. 9. 2007, Az. B 14/7b AS 66/06

Weitere Hinweise: →*Vermögen/Vermögensanrechnung;* →*Bedarfsgemeinschaft*

B

▶ BAföG

BAföG ist die Kurzform für Bundesausbildungsförderungsgesetz. Mit diesem Gesetz sollen Leistungen der Ausbildungsförderung die Chancengleichheit für einkommensschwache Familien ermöglichen. Während BAföG Leistungen an Schüler und Studierende gewährt werden („schulische" Ausbildung) erhalten Auszubildende in den betrieblichen oder überbetrieblichen Ausbildungen andere Leistungen, etwa die Berufsausbildungsbeihilfe (BAB).

BAföG können Studenten und Schüler (ab der 10. Klasse) beim Besuch bestimmter Ausbildungsstätten, wie z. B. Hochschulen, Fachhochschulen, Berufsfachschulen, allgemeinbildende Schulen usw. erhalten. Dazu müssen sie unter anderem ihren Bedarf nicht mit eigenen Vermögen und Einkommen, den ihrer Eltern oder ggf. Ehegatten decken können, erwarten lassen, dass sie durch ihre Leistungen den Abschluss schaffen und in der Regel Deutsche sein (Ansprüche kann es auch für in Deutschland lebende Ausländer geben).

Die Leistungen werden als Zuschuss und/oder als Darlehen erbracht.

BAföG-Empfänger erhalten im Grundsatz keine oder nur sehr eingeschränkt Leistungen nach dem SGB II, doch gibt es Ausnahmen, z. B. für Schüler, die zu Hause wohnen und nur einen gekürzten Anspruch auf BAföG-Leistungen haben.

Daneben gibt es das sog Meister-BAföG, eine Leistung nach dem Aufstiegsfortbildungsförderungsgesetz (AFBG), die dazu dient, Teilnehmer bei Maßnahmen der beruflichen Aufstiegsfortbildung finanziell zu unterstützen. Die hat außer dem Namen nichts mit dem BAföG zu tun.

Rechtsgrundlage:
Bundesausbildungsförderungsgesetz; Aufstiegsförderungsgesetz

Weitere Hinweise: →*Schüler*; →*Studierende/Studium*; →*Kinderbetreuungszuschlag*; →*Meister-BAföG*

▶ Bedarf/Bedürftigkeit

→*Hilfebedürftigkeit*

▶ Bedarfsgemeinschaft

Leben zwei oder mehrere Personen in einem Haushalt zusammen und benötigt einer oder mehrere ALG-II so kann die Personengemeinschaft eine Bedarfsgemeinschaft sein. Bei dem Zusammenleben von Menschen, die eine persönliche Nähe zueinander haben (z. B. Ehe- oder Lebenspartner, Verwandte) geht der Gesetzgeber davon aus, dass sie sich auch materiell und finanziell unterstützen.

Das ist anders als bei einer Wohngemeinschaft, also wenn Menschen nur in einer Wohnung zusammen wohnen. Eine Bedarfsgemeinschaft ist auch noch intensiver im Zusammenleben als eine Haushaltsgemeinschaft, in der die Mitglieder einer Wohngemeinschaft nicht nur zusammen wohnen, sondern einen gemeinsamen Haushalt führen, sozusagen „aus einem Topf wirtschaften".

Leben eng zueinanderstehende Menschen, die einander in der Regel auch unmittelbar unterhaltspflichtig sind, miteinander, wird anders als bei den Mitgliedern von Wohn- und Haushaltsgemeinschaften erwartet, dass sie füreinander einstehen.

Folgende Personen bilden eine Bedarfsgemeinschaft:

Mitglieder der Bedarfsgemeinschaft	Hinweis
Der/die erwerbsfähige Hilfebedürftige	
Partner des/der erwerbsfähigen Hilfebedürftigen:	
Der nicht dauernd getrennt lebende Ehegatte	Dauerndes Getrenntleben wird nicht bereits bei räumlicher Entfernung oder Trennung angenommen, sondern erst dann, wenn der Wille zur gemeinsamen Wirtschafts- und Lebensführung aufgegeben wird.
Der nicht dauernd getrennt lebende Lebenspartner	Unter Lebenspartner im Sinne des Gesetzes versteht man nur gleichgeschlechtliche Lebenspartner nach dem Lebenspartnerschaftsgesetz.
Der nicht-eheliche Lebensgefährte	Eine nicht-eheliche Lebensgemeinschaft ist gegeben, wenn man gemeinsam in einem Haushalt zusammenlebt und anzunehmen ist, dass ein wechselseitiger Wille besteht, Verantwortung für einander zu tragen und füreinander einzustehen. Für letzteres gibt es eine gesetzliche Vermutung, wenn die Partner – länger als ein Jahr zusammen leben – mit einem gemeinsamen Kind zusammen leben – Kinder oder Angehörige im Haushalt versorgen oder – befugt sind, über das Einkommen und Vermögen des anderen zu verfügen. Dabei kommt es nicht darauf an, ob es gleichgeschlechtliche Partner sind oder nicht!
Kinder, – die dem Haushalt angehören – und unverheiratet sind – wenn sie das 25. Lebensjahr noch nicht vollendet haben – soweit sie Leistungen zur Sicherung des Lebensunterhaltes nicht aus eigenem Einkommen oder Vermögen beschaffen können.	Wenn unverheiratete Kinder unter 25 Jahren eigenes Einkommen haben und ihren eigenen Bedarf decken können, gehören sie nicht mehr zur Bedarfsgemeinschaft.
Eltern eines im Haushalt lebenden unverheirateten erwerbsfähigen Kindes unter 25 Jahren sowie deren Partner	Hier wird die Bedarfsgemeinschaft über das erwerbsfähige Kind unter 25 Jahren vermittelt.

Bei den Mitgliedern der Bedarfsgemeinschaft wird vom Gesetzgeber angenommen, dass ihre Ausgaben nicht so hoch sind, wie die alleinstehender Menschen. Deshalb ist der monatliche pauschalierte Regelbedarf geringer.

Außerdem wird in der Bedarfsgemeinschaft im Normalfall der gesamte Bedarf der Gemeinschaft gemeinsam ermittelt und das Einkommen der Mitglieder der Bedarfsgemeinschaft gleichmäßig auf alle verteilt.

BEISPIEL: Ehemann und Ehefrau haben jeweils einen Bedarf in Höhe von 600,00 €. Der Gesamtbedarf der Bedarfsgemeinschaft liegt mithin bei 1.200,00 €. Der Ehemann hat ein bereinigtes Einkommen in Höhe von 1.000,00 € monatlich. Dieses Geld muss er für alle Mitglieder der Bedarfsgemeinschaft gleichmäßig einsetzen. Das führt zum Ergebnis, dass er und seine Frau jeweils noch einen Hilfebedarf in Höhe von 100,00 € monatlich haben und in dieser Höhe Leistungen erhalten.

Von diesem Prinzip der gleichmäßigen Verteilung des Einkommens auf alle Mitglieder der Bedarfsgemeinschaft wird bei Kindern eine Ausnahme gemacht. Kinder gehören nur zur Bedarfsgemeinschaft, soweit sie ihren Bedarf nicht aus eigenen Mitteln decken können.

BEISPIEL: Haben die beiden Ehegatten im obigen Bespiel noch ein Kind mit einem Bedarf von insgesamt 400,00 €, das über eigene Einkünfte in Höhe von 200,00 € verfügt, so ist der Bedarf des Kindes zunächst um seine eigenen Einkünfte zu vermindern. Der Gesamtbedarf der Gemeinschaft beträgt daher

Bedarf Vater	600,00 €
Bedarf Mutter	600,00 €
Kind (Bedarf 400,00 – Einkommen 200,00) Restbedarf:	200,00 €
Gesamtbedarf	1.400,00 €

Das Einkommen des Vaters in Höhe von 1.000,00 € müsste gleichmäßig auf den Bedarf aller verteilt werden, so dass bei Vater und Mutter jeweils 428,57 € Einkommen anzurechnen sind und beim Kind 142,86 €. Der ungedeckte Bedarf der Eltern beträgt daher je 171,43 € und des Kindes 57,14 €. In dieser Höhe erhalten sie Arbeitslosengeld II bzw. Sozialgeld.

Wenn im Beispiel das Kind über eigene Einkünfte in Höhe von 600,00 € verfügen sollte, ist sein Bedarf vollständig gedeckt. Es fällt in diesem Fall aus der Bedarfsgemeinschaft heraus. Das überschießende Einkommen des Kindes könnte dann nur bei den Eltern über die Regelung zur Haushaltsgemeinschaft anrechnet werden.

Weitere Besonderheiten bei der Einkommenszuordnung gibt es für das Kindergeld und den Kinderzuschlag.

Hinweis:

Mitarbeiter des Jobcenters können (auch ohne Voranmeldung) von Leistungsberechtigten Zutritt zur Wohnung verlangen, um festzustellen, ob eine Bedarfsgemeinschaft verschwiegen wird. Außerdem wird das Jobcenter bei zusammenlebenden Personen verlangen, dass alle ihre Vermögens- und Einkommensverhältnisse offenlegen.
Verweigert ein Leistungsberechtigter den Zutritt zur Wohnung oder die Offenlegung der Vermögens- und Einkommensverhältnisse des „Mitbewohners“ so kann dies zur Streichung / Ablehnung des ALG-II führen. In einem solchen Fall bleibt meist nur die Einleitung eines Eilverfahrens vor dem Sozialgericht.

Rechtsgrundlage:

§ 7 Abs. 2 und Abs. 3 SGB II

Weitere Hinweise: →*Temporäre Bedarfsgemeinschaft;* →*Haushaltsgemeinschaft;* →*Wohngemeinschaft;* →*Hausbesuch;* →*Hilfebedürftigkeit;* →*Einkommen/Einkommensanrechnung;* →*Sozialgeld*

► Beerdigungs- / Bestattungskosten

Die erforderlichen Kosten einer Bestattung werden vom Sozialhilfeträger übernommen, wenn der Tote selbst mittellos ist und den hierzu Verpflichteten nicht zugemutet werden kann, die Kosten zu tragen. Dies gilt auch für Bezieher von ALG-II.

Verpflichtet die Kosten zu tragen, sind die Erben. Reicht die Erbschaft/der Nachlass nicht aus oder wurde das Erbe ausgeschlagen, sind die Unterhaltspflichtigen eintrittspflichtig.

Reicht das bereinigte Einkommen nicht aus, ist es ALG-II-Empfängern nicht zumutbar (und möglich) die Beerdigungskosten zu tragen. Dann übernimmt das Sozialamt die Kosten.

Hinweis:

Wenn Sozialämter die Bestattungskosten nur übernehmen wollen, wenn vor der Beerdigung ein Antrag gestellt wurde, ist das rechtswidrig.

Tipp:

Trotzdem sollte man nach Möglichkeit vorher den Antrag stellen. Aber Achtung: Nur die Verpflichteten haben Anspruch auf Übernahme der Kosten durch das Sozialamt.
Gibt es keine Verpflichteten, übernimmt das zuständige Ordnungsamt die Übernahme der Kosten und Durchführung der Bestattung, um die Bestattungsfristen sicherzustellen.

Hinweis:

Kosten für die Teilnahme an einer Beerdigung, z. B. Reisekosten, Trauerbekleidung und/oder aus Anlass einer Bestattung, z. B. Sarg-/Grabschmuck, Bewirtschaftungskosten, sind im Regelbedarf enthalten.

Werden Rücklagen für die eigene Bestattung gebildet, z. B. in einem Bestattungssparbuch, oder für die Grabpflege, z. B. durch einen Grabpflegevertrag, können diese als Härtefall gelten und werden dann nicht als Vermögen angerechnet.

Rechtsgrundlage:
§ 74 SGB XII; Bestattungsgesetze der Länder; § 12 Abs. 3 Nr. 6 SGB II; §§ 85, 87 Abs. 1 SGB XII

Gerichtsentscheidungen:
www.sozialgerichtsbarkeit.de:
Landessozialgericht Hamburg, Urteil vom 29. 9. 2006, Az. L 4 B 390/06 ER SO

Weitere Hinweise: →*Härtefall;* → *Vermögen/Vermögensanrechnung*

▶ Behinderung

Eine vorhandene körperliche, geistige oder seelische Behinderung kann in mehrfacher Hinsicht Bedeutung haben.

Zum einen prüft das Jobcenter gegebenenfalls, ob der Antragsteller überhaupt erwerbsfähig im Sinne des SGB II und damit anspruchsberechtigt ist. Zum anderen können Antragsteller mit einer Behinderung, die Leistungen z.B. nach § 33 SGB IX erhalten, Anspruch auf einen Mehrbedarf in Höhe von 35 % des maßgebenden Regelbedarfs haben und so erhöhtes ALG-II erhalten. Darüber hinaus kommt auch die Anerkennung eines sonstigen durch die Behinderung bedingten Mehrbedarfs in Betracht.

Rechtsgrundlage:
§ 21 Abs. 4, 5 und 6 SGB II

Weitere Hinweise: →*Erwerbsfähigkeit/Erwerbsunfähigkeit*; →*Krankheit*; →*Regelbedarf/Regelleistung*; →*Mehrbedarf/Mehraufwendungen*; →*Berufliche Rehabilitation*

▶ Beiträge (z. B. Gewerkschafts-, Vereinsbeitrag)

Beiträge zu Vereinen oder auch Gewerkschaften werden vom Jobcenter grundsätzlich nicht übernommen. Sie sind aus der pauschalierten Regelleistung zu erbringen.

Allenfalls im Fall des sog. aufstockenden Bezuges von ALG-II, können Beiträge zu Vereinigungen, die zur Erwerbstätigkeit in Bezug stehen, einkommensmindernd berücksichtigt werden.

Tipp:

Kinder unter 18 Jahren erhalten Gutscheine für Teilhabe am sozialen und kulturellen Leben in Höhe von 10,00 € monatlich. Diese können sie für Mitgliedsbeiträge für Kulturvereine, Sportvereine für privaten Musikunterricht, Eintrittsgelder für Museen, Theater usw. einsetzen.

Rechtsgrundlage:
§§ 11, 11 b, 28, 29 SGB II

Weitere Hinweise: →*Bildungsgutscheine/Teilhabegutscheine*; →*Aufstocker*

▶ Beratung

Den Jobcentern obliegt die Pflicht, die Antragsteller/Leistungsberechtigten zu beraten und zwar über ihre Rechte und Pflichten.

Aus einer fehlerhaften Beratung oder Auskunft kann im Wege des sozialrechtlichen Herstellungsanspruches eine Wiedergutmachung erfolgen.

Rechtsgrundlage:
§ 14 SGB I

Weitere Hinweise: →*Herstellungsanspruch (sozialrechtlicher)*; →*Akteineinsicht*

▶ Beratungshilfe

Die Kosten für eine außergerichtliche Beratung oder Tätigkeit durch einen Rechtsanwalt können vom Staat getragen werden, wenn eine anwaltliche Tätigkeit oder Beratung notwendig ist und der Hilfesuchende nicht über ausreichende Mittel verfügt, um einen Anwalt zu bezahlen. Die ist bei ALG-II-Leistungsbeziehern stets der Fall, es sei denn, sie verfügen über Vermögen.

Die anwaltliche Zuhilfenahme ist notwendig, wenn dem Hilfesuchenden keine andere zumutbare Möglichkeit der Hilfe zur Verfügung steht.

Beratungshilfe muss beantragt werden und zwar bei dem für den Wohnort bzw. gewöhnlichen Aufenthaltsort zuständigen Amtsgericht und dort in der Abteilung für Beratungshilfe. Den Antrag stellt man am besten selber, bevor man zum Anwalt geht.

Tipp:

Im Internet kann man über Suchmaschinen bei manchen Justizverwaltungen, z. B. Justiz Nordrhein-Westfalen, ein Antragsformular für Beratungshilfe nebst Erläuterungen herunterladen und ausdrucken. Dieses muss man ausfüllen und bei Gericht einreichen. Zum Nachweis der wirtschaftlichen Verhältnisse reicht meistens schon der ALG-II-Bewilligungsbescheid.

Man kann aber auch direkt zum Anwalt gehen und den Antrag über ihn stellen.

Ist der Antrag gestellt, prüft das Gericht die Voraussetzungen und bei deren Vorliegen bewilligt es die Beratungshilfe. Man bekommt in diesem Fall einen sog. „Berechtigungsschein“ oder „Beratungshilfeschein“, mit dem man einen Anwalt seiner Wahl aufsuchen kann.

Tipp:

Wer bereits einen Beratungshilfeschein hat, wird leichter bzw. schneller einen Gesprächstermin bei einem Anwalt bekommen.

Der Rechtsanwalt kann seine Gebühren im Fall der Beratungshilfebewilligung von der Staatskasse erhalten. Der Hilfesuchende muss sich gar nicht oder allenfalls mit einen geringen Betrag von bis zu 10,00 € an den Kosten beteiligen.

In manchen Städten, wie z. B. in Hamburg, gibt es allerdings öffentliche Rechtsberatungsstellen (ÖRA), die die Beratungshilfe leisten. Dieses Hilfsangebot muss man annehmen und bekommt daneben keine Bewilligung mehr für die Inanspruchnahme eines Rechtsanwalts bzw. einer Rechtsanwältin.

Rechtsgrundlage:
Beratungshilfegesetz

Weitere Hinweise: →*Anwaltskosten;* →*Rechtsberatung;* →*Kosten des Verfahrens;* →*Prozesskostenhilfe;* →*Gerichtskosten*

► Beratungskosten

→*Kosten des Verfahrens;* →*Beratungshilfe;* →*Anwaltskosten*

► Beratungsstellen

→*Rechtsberatung;* →*Schuldnerberatung;* →*Suchtberatung;* →*Beratung*

► Beratungstermine

Leistungsberechtigte werden in regelmäßigen zeitlichen Abständen vom Jobcenter zu Beratungsterminen eingeladen. Die Leistungsberechtigten müssen diesen Einladungen grundsätzlich Folge leisten. Die Nichtbeachtung einer Einladung kann zu einer Sanktion in Form der Absenkung bzw. Kürzung des ALG-II führen.

Rechtsgrundlage:
§§ 2, 32 SGB II

Weitere Hinweise: →*Kürzung von Leistungen;* →*Mitwirkungspflichten;* →*Meldepflicht*

▶ Berufliche Rehabilitation

Leistungen der beruflichen Rehabilitation werden erbracht, um die Erwerbsfähigkeit behinderter oder von Behinderung bedrohter Menschen entsprechend ihrer Leistungsfähigkeit zu erhalten, zu verbessern, herzustellen oder wiederherzustellen und ihre Teilhabe am Arbeitsleben möglichst auf Dauer zu sichern.

In Betracht kommen alle möglichen Hilfen, um behinderten Menschen eine angemessene und geeignete Beschäftigung zu verschaffen/sichern, z. B.

- Hilfen zur Erhaltung oder Erlangung eines Arbeitsplatzes
- vermittlungsunterstützende Leistungen
- Maßnahmen zur Berufsvorbereitung
- Maßnahmen der individuelle betrieblichen Qualifizierung
- berufliche Anpassung, Weiterbildung oder Ausbildung usw.

Leistungsträger sind vor allem die Rentenversicherung, die Bundesagentur für Arbeit, die gesetzlichen Unfallversicherungen oder der Träger der Sozialhilfe.

Die Leistungen können (teilweise) auch vom Jobcenter als Maßnahme der Eingliederung in Arbeit erbracht werden. Auch in diesen Fällen ist die Bundesagentur für Arbeit zuständiger Rehabilitationsträger. Sie soll das Jobcenter schriftlich über den Rehabilitationsbedarf und ihren Eingliederungsvorschlag unterrichten. Anschließend muss das Jobcenter unter Berücksichtigung des Eingliederungsvorschlages über die Leistungen zur beruflichen Teilhabe entscheiden, und zwar innerhalb von drei Wochen.

Rechtsgrundlage:
§§ 5, 6, 6 a, 33 ff. SGB IX (Rehabilitation und Teilhabe behinderter Menschen); § 16 Abs. 1 SGB II

Weitere Hinweise: →*Eingliederung (-maßnahmen/-leistungen/-zuschüsse)*; →*Eignungsfeststellung*

▶ Berufsausbildungsbeihilfe

Bei der Berufsausbildungsbeihilfe (BAB) handelt es sich um eine Arbeitsförderungsmaßnahme der Bundesagentur für Arbeit, die Auszubildende unter bestimmten Bedingungen beantragen können.

Die Berufsausbildungsbeihilfe wird in der Regel für die Dauer der beruflichen Ausbildung und berufsvorbereitender Bildungsmaßnahmen gezahlt. Die Leistung muss beantragt werden und wird für die Dauer der Ausbildung gezahlt, wenn der Lebensunterhalt und die ausbildungsrelevanten Kosten sonst nicht aufgebracht werden können.

Erhält man diese Förderung, sind Leistungen nach dem SGB II weitgehend ausgeschlossen. Eventuell kann der Auszubildende einen Zuschuss zu den Unterhaltskosten erhalten.

Rechtsgrundlage:

§§ 59 ff. SGB III; § 27 SGB II

Weitere Hinweise: →*Auszubildende*

▶ Berufsunfähigkeitsrente

→*Erwerbsminderungsrente*

▶ Beschäftigungszuschuss

Bei dem Beschäftigungszuschuss handelt es sich um einen Lohnkostenzuschuss für Arbeitgeber.

Der Zuschuss wird demjenigen gezahlt, der volljährige Arbeitslose einstellt, die mindestens ein Jahr arbeitslos waren und vom Jobcenter bereits sechs Monate nach einer Eingliederungsvereinbarung – vergeblich – betreut wurden und Eingliederungsleistungen (mit dem Ziel der Eingliederung in den allgemeinen Arbeitsmarkt) erhalten haben. Zusätzlich müssen in der Person des Arbeitslosen mindestens zwei weitere Vermittlungshemmnisse gegeben sein, wie z. B. das Lebensalter, die Herkunft, gesundheitliche Einschränkungen, geringe Qualifikation, Suchtprobleme, Obdachlosigkeit etc. Es bedarf zudem der Prognose, dass der ALG-II-Bezieher innerhalb von 24 Monaten ohne den Zuschuss keine Arbeit finden wird.

Der Zuschuss, der – abhängig von der Höhe der Minderleistung des Arbeitnehmers – bis zu 75 % des berücksichtigungsfähigen Arbeitsentgelts betragen kann, wird nur für solche Beschäftigungsverhältnisse gewährt, die versicherungspflichtig sind und ordentlich vergütet werden. Es soll sich um Vollzeitarbeit handeln, mindestens aber um die Hälfte einer vollen Stelle.

Zeitlich kann der Zuschuss zunächst einmal für eine Dauer von 24 Monaten gewährt werden. Befristete oder unbefristete Verlängerungen sind anschließend möglich.

Neben dem Beschäftigungszuschuss kann es noch Zuschüsse für sonstige Kosten geben, z. B. bis zu 200,00 € monatlich (bis zu zwölf Monaten) für die begleitenden Qualifizierungsmaßnahmen oder zum Aufbau der Beschäftigungsmöglichkeiten.

Rechtsgrundlage:
§ 16 e SGB II

Weitere Hinweise: →*Eingliederung (-maßnahmen/-leistungen/-zuschüsse);* →*Eingliederungsvereinbarung;* →*Arbeitsgelegenheiten*

▶ Bescheid

Leistungen nach dem SGB II bekommt man nicht schon dann, wenn die gesetzlichen Voraussetzungen erfüllt sind. Die Ansprüche müssen geltend gemacht werden (Antrag) und das Jobcenter muss darüber befinden. Der Antragsteller erhält dann einen Bescheid.

Aus juristischer Sicht ist ein Bescheid ein (schriftlicher) Verwaltungsakt. Hierunter versteht man generell jede Verfügung, Entscheidung oder andere hoheitliche Maßnahme, die eine Behörde zur Regelung eines Einzelfalles auf dem Gebiet des öffentlichen Rechts trifft und die auf unmittelbare Rechtswirkung nach außen gerichtet ist.

Für Verwaltungsakte gibt es keine bestimmte Form. Sie können mündlich, schriftlich, telefonisch oder in anderer Art und Weise ergehen, es sei denn Sondervorschriften verlangen die Schriftform.

Wird ein Verwaltungsakt mündlich oder elektronisch erlassen, muss er schriftlich bestätigt werden, wenn der Betroffene dies wünscht.

Im Bereich des SGB II, vor allem hinsichtlich der Zahlung von ALG-II, wird regelmäßig schriftlich verfahren.

Der Bescheid muss die erlassene Behörde – das Jobcenter – und den Adressaten erkennen lassen. Wichtig ist darüber hinaus, dass der Verwaltungsakt inhaltlich hinreichend bestimmt ist. Dies ist nur der Fall, wenn ersichtlich wird, welche Rechtsfolge der Bescheid regelt und aufgrund welchen Sachverhalts. Es reicht aber, wenn der Inhalt durch Auslegung zu ermitteln ist.

Ein Verwaltungsakt bzw. Bescheid besteht aus dem sog. Verfügungssatz und der Begründung.

BEISPIEL: Ein Verfügungssatz, nach dem ALG-II gezahlt wird, lautet etwa: „Es wird Arbeitslosengeld II in Höhe von 710,00 € pro Monat bewilligt."

In der schriftlichen Begründung muss das Jobcenter die wesentlichen rechtlichen Gründe mitteilen, die zu der getroffenen Entscheidung geführt haben, es sei denn sie sind bereits bekannt oder erkennbar oder einem Antrag wird stattgegeben.

Fehlt es an einer (hinreichenden) Begründung, ist der Bescheid bzw. Verwaltungsakt fehlerhaft. Dann kann man dagegen vorgehen.

Um zu wissen wie, muss der Bescheid auch noch eine sog. Rechtsbehelfsbelehrung enthalten, soweit der Betroffene durch den Verwaltungsakt beschwert ist (also seinem Antrag nicht oder nur teilweise stattgegeben wurde). Die Belehrung muss folgende Hinweise enthalten:

- Die Verwaltungsstelle oder das Gericht, bei dem der Rechtsbehelf einzulegen ist
- deren Sitz
- und die einzuhaltenden Fristen (in der Regel ein Monat).
- Der zur Verfügung stehende Rechtsbehelf muss zudem genau bezeichnet werden (z. B. Widerspruch oder Klage).

Tipp:

Fehlt es an der Rechtsbehelfsbelehrung oder ist diese unrichtig, läuft die Frist für den Rechtsbehelf nicht. Er kann dann bis zu einem Jahr und manchmal (z. B. im Fall sog. höherer Gewalt) sogar noch später eingelegt werden.

Ein Bescheid kann diverse Nebenbestimmungen enthalten, z. B. Befristungen, Bedingungen, Widerrufsvorbehalte, Auflagen oder Vorbehalte. Ist man damit nicht einverstanden, kann man sich auch nur gegen diese wehren.

Wirksam wird ein Bescheid/Verwaltungsakt mit seiner Bekanntgabe an den/die Beteiligten. Das kann durch einfachen Brief, Einschreiben, gegen Empfangsbekenntnis oder durch Zustellung erfolgen.

Für die Berechnung von Fristen, z. B. der Rechtsmittel- oder Rechtsbehelfsfrist, ist es wichtig zu wissen, dass ein Bescheid in dem Moment als zugegangen gilt, in dem er in den Machtbereich des Empfängers gelangt, so dass er den Inhalt zur Kenntnis nehmen kann.

Hinweis:

Vorsorglich regelt das SGB X eine sog. Bekanntgabefiktion. Danach gilt ein Bescheid, der durch die Post übermittelt wird, am dritten (Kalender-) Tag nach der Aufgabe bei der Post als bekannt gegeben, es sei denn, er geht tatsächlich nicht oder zu einem späteren Zeitpunkt zu.

Bei Zweifeln muss das Jobcenter den Zugang beweisen.

Der Verwaltungsakt bleibt solange wirksam, wie er nicht zurückgenommen, widerrufen, anderweitig aufgehoben oder durch Zeitablauf oder auf andere Weise erledigt ist. Nur dann, wenn ein Bescheid sehr schwerwiegende Fehler enthält, z. B. gegen die guten Sitten verstößt, oder schwere Formfehler hat, z. B. die erlassende Behörde nicht erkennen lässt, ist er von Anfang an unwirksam (nichtig).

Im Normalfall muss deshalb bei fehlerhaften Bescheiden dagegen vorgegangen werden. Denn auch diese binden das Jobcenter und den die Betroffenen. Dies gilt unabhängig von der materiellen Rechtslage, d. h. auch rechtswidrige Verwaltungsakte entfalten Bindungswirkung. Das hat zur Folge, dass sich die Rechtsbeziehungen des Betroffenen zum Sozialleistungsträger ausschließlich nach dem Bescheid richten, unabhängig von der tatsächlichen Rechtslage.

Wird ein Bescheid geändert, spricht man von einem Änderungsbescheid, bei Aufhebung von Aufhebungsbescheiden, usw.

Rechtsgrundlage:
§§ 31 – 39, 50 Abs. 3 Satz 1 SGB X; § 66 SGG

Weitere Hinweise: →*Fehlerhafter Bescheid (Verwaltungsakt)*; →*Widerspruch/Widerspruchsverfahren;* →*Aufhebungsbescheid (Aufhebung eines Verwaltungsaktes);* →*Rücknahmebescheid (Rücknahme eines Verwaltungsaktes);* →*Neufeststellung/Überprüfungsbescheid;* →*Rechtsbehelfe*

▶ Betriebskosten

Neben der Miete (= Nettokaltmiete) übernimmt das Jobcenter auch die Betriebs- bzw. Nebenkosten soweit bestimmte Höchstgrenzen nicht überschritten werden.

Hierunter werden die kalten Neben- oder Betriebskosten gemäß der Betriebskostenverordnung verstanden, die in Form von monatlichen Vorauszahlungen an den Vermieter zu leisten sind. Die Nettokaltmiete zusammen mit den kalten Neben- bzw. Betriebskosten bezeichnet man als Bruttokaltmiete.

Betriebs- oder Nebenkosten sind:

- die Kosten der Kaltwasserversorgung
- die Kosten der Entwässerung (Abwasser)
- die Kosten der Grundsteuer
- die Kosten für Fahrstühle
- die Kosten der Straßenreinigung und Müllabfuhr
- die Kosten der Schornsteinreinigung
- die Kosten der gemeinschaftlichen Treppenbeleuchtung
- die Kosten der Sach- und Haftpflichtversicherung
- die Kosten für einen Hauswart
- die Kosten für eine Gemeinschaftsantennenanlage
- die Kosten für Gartenpflege.

Von den kalten Betriebs- oder Nebenkosten zu unterscheiden sind die Heizkosten und sonstigen Mietnebenkosten, wie Warmwasser und Strom. Heizkosten werden extra gezahlt und für Warmwasser kann es eine Pauschale geben. Stromkosten sind im Regelsatz enthalten, werden also nicht zusätzlich bezahlt.

Keine Betriebs- oder Nebenkosten sind:

- Telefongebühren
- Internetkosten
- GEZ –Gebühren.

Diese Kosten muss der Leistungsberechtigte ebenfalls aus dem Regelsatz decken. Dies gilt generell auch für andere zusätzlich entstehende Kosten, z. B. W-LAN für den Computer.

Die Nebenkosten sind bei Erstantragstellung von der Behörde grundsätzlich in voller Höhe zu übernehmen, außer es liegen Anzeichen für unwirtschaftliches Verhalten vor. Hierbei kann man sich an dem jeweiligen landesspezifischen Betriebkostenspiegel orientieren. In der Regel fallen immer 1,00 – 1,30 €/m² Nebenkosten an. Auskünfte geben hierzu alle Mietervereine.

Sind die Betriebs- oder Nebenkosten zu hoch bzw. liegt die Kaltmiete zusammen mit den Vorauszahlungen für die Betriebs- oder Nebenkosten (= Bruttokaltmiete) über den Mietobergrenzen, so fordert das Jobcenter zur Kostensenkung auf. Nach einer angemessenen Übergangszeit von drei bis sechs Monaten wird die Bruttokaltmiete nur noch bis zur geltenden Mietobergrenze übernommen.

Rechtsgrundlage:
§ 22 SGB II

Gerichtsentscheidungen:
www.sozialgerichsbarkeit.de:
Bundessozialgericht, Urteil vom 19. 2. 2009, Az. B 4 AS 48/08 R
Bundessozialgericht, Urteil vom 22. 3. 2010, Az. B 4 AS 62/09 R

Weitere Hinweise:
www.tacheles-sozialhilfe.de:
Bundesweite Richtlinien/KdU-Richtlinien, KdU-Empfehlungen
→*Miete;* →*Heizkosten;* →*Kostensenkung;* →*Warmwasserpauschale;* →*Betriebskostennachzahlung/-guthaben*

▶ Betriebskostennachzahlung/-guthaben

Soweit die Gesamtmiete (Bruttokaltmiete, also Miete und Betriebs-/Nebenkosten) innerhalb einer bestimmten Grenze liegt, werden auch Betriebskostennachzahlungen bzw. Nachforderungen vom Jobcenter übernommen.

Liegt die Gesamtmiete nicht innerhalb der Mietobergrenzen werden die Nachforderungen nicht übernommen.

Sofern man in der Jahresabrechnung ein Betriebs- oder Nebenkostenguthaben hat, wird das Guthaben nach Gutschrift, wenn also der Vermieter zurückgezahlt hat, im nächsten Monat vom Jobcenter von dessen Zahlung für Miete und Betriebs-/Nebenkosten abgezogen.

Liegt die Miete über der Mietobergrenze und es wird ein Guthaben erwirtschaftet, so ist es zurzeit strittig, ob und wie das Guthaben angerechnet werden darf. Eventuell darf dieses dann nicht vom Jobcenter abgezogen werden.

Rechtsgrundlage:
§ 22 SGB II

Weitere Hinweise: →*Miete;* →*Betriebskosten;* →*Kostensenkung*

▶ Bewerbung/Bewerbungskosten

Leistungsberechtigte sind verpflichtet, sich der Arbeitsvermittlung zur Verfügung zu stellen und sich selbstständig um Beschäftigungsverhältnisse zu bemühen.

Hierfür fallen Bewerbungskosten an, z. B. durch das Anfertigen von Bildern, eines Bewerbungsschreibens oder den Postversand. Die Kosten müssen vom Leistungsberechtigten nicht aus der Regelleistung bezahlt werden.

Tipp:

Bewerbungen können daher nur bei Kostenübernahme verlangt werden.

Einem Leistungsberechtigten steht die Erstattung von Bewerbungskosten in einem angemessenen Rahmen zu. Diese werden in der Regel in tatsächlicher Höhe bis zu 260,00 € im Jahr übernommen.

Meist vereinbaren Leistungsberechtigte und Jobcenter in der sog. Eingliederungsvereinbarung, inwieweit und wie oft ein Leistungsberechtigter sich auf offene Arbeitsplätze bewerben soll und wie und in welcher Höhe die anfallenden Kosten erstattet werden.

Rechtsgrundlage:
§ 16 Abs. 1 Satz 1 SGB II i. V. m. § 45 Abs. 1 Satz 1 SGB III

Weitere Hinweise: →*Eingliederung (-maßnahmen/-leistungen/-zuschüsse)*; →*Eingliederungsvereinbarung;* →*Mitwirkungspflichten;* →*Fahrtkosten*

▶ Bewilligungszeitraum

Generell wird ALG-II immer für einen Zeitraum von sechs Monaten bewilligt. Der Bewilligungszeitraum kann aber auf bis zu zwölf Monaten verlängert werden, wenn davon auszugehen ist, dass sich die für die Bewilligung maßgebenden Umstände und Verhältnisse beim Leistungsberechtigten in dieser Zeit nicht verändern.

Rechtsgrundlage:
§ 41 Abs. 1 Satz 5 SGB II

Weitere Hinweise: →*Anspruchsdauer;* →*Bescheid;* →*Folgeantrag;* →*Aufhebungsbescheid (Aufhebung eines Verwaltungsaktes)*

▶ Bildungsgutscheine/Teilhabegutscheine

Seit dem 1. 1. 2011 gibt es im SGB II gesondert aufgeführte Bedarfe/ Leistungen zur Bildung und Teilhabe, die neben den Regelleistungen gewährt werden. Es handelt sich zum Teil um Geld-, zum Teil um Sachleistungen.

Der Bedarf wird vom Jobcenter übernommen, wenn kein Anspruch auf Kinderzuschuss oder Wohngeld besteht. In diesen Fällen werden die gleichen Leistungen nämlich vorrangig nach § 6 b Bundeskindergeldgesetz von einem anderen Leistungsträger erbracht.

Anspruchsberechtigt sind Kinder, Jugendliche und Erwachsene bis zum 25. Lebensjahr, die eine allgemein- oder berufsbildende Schule besuchen und keine Ausbildungsvergütung erhalten (Schülerinnen und Schüler).

Tipp:

Für Kinder, die eine Tageseinrichtung besuchen oder für die Kindertagespflege geleistet wird, gelten die Regelungen zum Teil entsprechend.

Im Einzelnen gibt es folgende Leistungen:

1. Lernförderung

Schüler bis 25 Jahre, die eine allgemeinbildende oder berufsbildende Schule besuchen, erhalten Gutscheine für Nachhilfe, sofern die Förderung geeignet und erforderlich ist.

Erforderlich ist die Förderung z. B, wenn die Klassenversetzung gefährdet ist und schon die kostenlosen Fördermöglichkeiten ausgenutzt wurden.

Die Erforderlichkeit soll von der Schule bescheinigt werden. Beim jeweiligen Jobcenter gibt es dafür Formulare, die von der Schule ausgefüllt werden sollen.

In der Bescheinigung müssen das jeweilige schlechte Fach, Angaben über die Erfolgsaussichten der Förderung und die Gefährdung des Klassenziels genannt werden. Ebenfalls ist anzugeben, wie lange die Förderung notwendig ist.

Vor Inanspruchnahme muss das Jobcenter gefragt werden, von wem und in welcher Höhe die Nachhilfe durchgeführt werden darf.

2. Mittagsverpflegung

Schüler unter 25 Jahren bei Besuch von allgemein- oder berufsbildenden Schule und Kinder in Kindertageseinrichtungen erhalten für die Mittagsverpflegung einen Zuschuss zu den Kosten.

Für jedes Mittagsessen in der Schule oder in der Kindertagesstätte muss ein Eigenanteil von 1 Euro direkt beim Anbieter bezahlt werden. Der Zuschuss muss für jedes Kind beantragt werden. Bei der Antragsstellung ist eine Anmeldung zur Mittagsverpflegung oder ein sonstiger Nachweis mitzubringen.

Der Nachweis muss den Namen des Kindes, den Namen der Schule oder der Kindertageseinrichtung, den Namen des Gastronoms sowie den Zeitraum enthalten, in dem das Kind angemeldet ist.

3. Schulausflüge

Für Schüler unter 25 Jahren bei Besuch von allgemein- oder berufsbildenden Schule und Kinder in Kindertageseinrichtungen werden die tatsächlichen Aufwendungen für Schulausflüge und mehrtägige Klassenfahrten im Rahmen der schulrechtlichen Bestimmungen übernommen. Die Kostenübernahme muss für jedes Kind vorher beantragt werden.

4. Schulbedarf

Schüler unter 25 Jahren bei Besuch von allgemein- oder berufsbildenden Schulen erhalten für den persönlichen Schulbedarf 70,00 € zum 1. 8. und 30,00 € zum 1. 2. eines Jahres. Mit persönlichem Schulbedarf sind z. B. Bleistifte, Hefte, Tinte gemeint. Das Geld wird bei Nachweis eines Schulbesuchs automatisch mit den Regelleistungen ausbezahlt.

5. Leistungen für soziale und kulturelle Teilhabe

Kinder unter 18 Jahren erhalten Gutscheine für Teilhabe am sozialen und kulturellen Leben in Höhe von 10,00 € monatlich. Diese können sie z. B. für Mitgliedsbeiträge für Kulturvereine, Sportvereine, privaten Musikunterricht, Eintrittsgelder für Museen, Theater usw. einsetzen.

Die Gutscheine müssen vor jedem Bewilligungszeitraum für jedes Kind beantragt werden.

6. Schülerbeförderung

Schülerinnen und Schüler, die die nächstgelegene weiterführende Schule besuchen, erhalten einen Zuschuss zu den Kosten für eine Schülerbeförderung, wenn sie auf den Bus oder Zug angewiesen sind, die Kostenübernahme der Schülerbeförderung erforderlich ist und die Kosten sonst niemand trägt.

So wird z. B eine Monatskarte für eine 10 km entfernte Schule übernommen, sofern die Gemeinde die Kosten nicht trägt. Dies wird meist erst ab dem Besuch der 10. Klasse sein.

Tipp:

Die vorstehenden Bildungsleistungen müssen mit Ausnahme der Leistungen unter Ziffer 4 stets gesondert beantragt werden.

Rechtsgrundlage:
§§ 28, 29 SGB III

Weitere Hinweise:
www.tacheles-sozialhilfe.de:
Bundesweite Richtlinien/Verwaltungsanweisungen zu Bildungs- und Teilhabeleistungen (§ 28 SGB II)
→Kinder; →Jugendliche und junge Erwachsene (unter 25-jährige); →Kinderzuschlag; →Wohngeld; →Anrechnung (von anderen Sozialleistungen)

▶ Bildungspaket

→Bildungsgutscheine/Teilhabegutscheine

▶ Brille

Brillen und Kontaktlinsen sind medizinische Hilfsmittel. Für die Anschaffung einer Brille sind in erster Linie die Krankenkassen zuständig. Sie übernehmen Kosten allerdings nur bei Kindern unter 18 Jahren und im Übrigen nur bei sehr schweren Sehfehlern. Daher muss man die Kosten für eine Brille oder auch für Kontaktlinsen in der Regel selber tragen.

Leistungsberechtigte sollen den Aufwand für Sehhilfen aus der Regelleistung decken. Ggf. kann das Jobcenter ein Darlehen gewähren. Ein Anspruch auf einen Zuschuss besteht regelmäßig nicht.

Tipp:

Das Sozialgericht Detmold hat am 11. 1. 2011 entschieden, dass ausnahmsweise auch eine Kostenübernahme als Zuschuss in Betracht kommt, wenn es sich um einen laufenden unabweisbaren Bedarf handelt und der Leistungsberechtigte ohnehin schon stark belastet ist.

Rechtsgrundlage:
§§ 20, 21 Abs. 6, 24 Abs. 1 SGB II

Gerichtsentscheidungen:
www.sozialgerichtsbarkeit.de:
Sozialgericht Detmold, Urteil vom 11. 1. 2011, Az. S 21 AS 926/10
Landessozialgericht Baden-Württemberg, Beschluss vom 25. 4. 2008, Az. L 7 AS 1477/08 ER-B
Sozialgericht Darmstadt, Urteil vom 26. 1. 2007, Az. S 19 AS 238/06

Weitere Hinweise:
→*Regelbedarf/Regelleistung;* →*Darlehen vom Jobcenter;* →*Härtefall*

▶ Bruttokaltmiete

→*Betriebskosten*; →*Miete*

▶ Bügeleisen

Das Jobcenter übernimmt im Rahmen der Erstausstattung die Kosten für die Gegenstände, die zu einer geordneten Haushaltsführung und für ein menschenwürdiges Leben notwendig sind. Ein Bügeleisen gehört dazu. Die Kosten für ein Bügeleisen sind jedoch meist in einer Hausratspauschale/Erstausstattung enthalten.

Spätere Ersatzbeschaffungen sind aus der Regelleistung zu decken.

Rechtsgrundlage:
§ 24 Abs. 3 SGB II

Gerichtsentscheidungen:
www.sozialgerichtsbarkeit.de:
Sozialgericht Berlin, Urteil vom 28. 1. 2010, Az. S 128 AS 28212/08

Weitere Hinweise:
→*Erstausstattung*

▶ Bußgeld

Bei Verstößen gegen Pflichten aus dem SGB II kann gegen Leistungsempfänger und sonstige Verpflichtete ein Bußgeld verhängt werden. Das gilt für folgende Fälle:

(1) Entgegen § 57 Satz 1 SGB II wird eine Auskunft nicht, nicht richtig, nicht vollständig oder nicht rechtzeitig erteilt.

(2) Entgegen § 58 Abs. 1 Satz 1 oder 3 SGB II wird Art oder Dauer der Erwerbstätigkeit oder die Höhe des Arbeitsentgelts oder der Vergütung nicht, nicht richtig, nicht vollständig oder nicht recht-

zeitig bescheinigt oder eine Bescheinigung nicht oder nicht rechtzeitig aushändigt.

(3) Entgegen § 58 Abs. 2 SGB II wird einen Vordruck nicht oder nicht rechtzeitig vorlegt.

(4) Entgegen § 60 Abs. 1, 2 Satz 1, Abs. 3 oder 4 Satz 1 SGB II oder als privater Träger entgegen § 61 Abs. 1 Satz 1 SGB II wird eine Auskunft nicht, nicht richtig, nicht vollständig oder nicht rechtzeitig erteilt.

(5) Entgegen § 60 Abs. 5 SGB II Einsicht nicht oder nicht rechtzeitig gewährt.

(6) Entgegen § 60 Abs. 1 Satz 1 Nr. 2 SGB I wird eine Änderung in den Verhältnissen, die für einen Anspruch auf eine laufende Leistung erheblich ist, nicht, nicht richtig, nicht vollständig oder nicht rechtzeitig mitteilt.

Die Höhe des Bußgeldes kann in dem Fall der Nr. 6 mit einer Geldbuße bis zu 5.000,00 €, in den übrigen Fällen mit einer Geldbuße bis zu 2.000,00 € geahndet werden.

Gegen die Festsetzung eines Bußgeldbescheides kann innerhalb von zwei Wochen Einspruch eingelegt werden. Hebt die Bußgeldbehörde den Bußgeldbescheid nicht auf, so kommt es zu einer strafrechtlichen Hauptverhandlung. In dieser kann die Höhe des Bußgeldes nach unten aber auch nach oben hin geändert werden.

Tipp:

Bei hohen Bußgeldern, die zu dem Schaden in keinem ausgewogenen Verhältnis stehen, lohnt sich meist ein Einspruch. Auch bei einer Flut von Aufhebungs- und Änderungsbescheiden und völliger Unübersichtlichkeit und bei Überschneidungen mit anderen Sozialleistungen wie z. B. Kinderzuschlag oder Wohngeld kann ein Einspruch helfen.

Rechtsgrundlage:
§ 63 SGB II

Weitere Hinweise: →*Mitwirkungspflichten;* →*Meldepflicht;* →*Kürzung von Leistungen;* →*Rechtsberatung*

C

▶ Computer/PC

Das Jobcenter übernimmt im Rahmen der Erstausstattung nur die Gegenstände, die zur Führung einer geordneten Haushalts und für ein menschenwürdiges Lebens notwendig sind. Ein Computer bzw. ein PC gehört nicht dazu.

Tipp:

Sofern ein Computer oder auch ein Laptop zur Aufrechterhaltung einer Erwerbstätigkeit oder für Schüler notwendig ist, kann er vom Jobcenter gewährt werden.

Rechtsgrundlage:
§ 24 Abs. 1 SGB II

Gerichtsentscheidungen:
www.sozialgerichtsbarkeit.de:
Landessozialgericht Nordrhein-Westfalen, Beschluss vom 23. 4. 2010, Az. L 6 AS 297/10 B
Sozialgericht Berlin, Beschluss vom 16. 10. 2007, Az. S 104 AS 25229/07 ER

Weitere Hinweise:
→Erstausstattung; →Regelbedarf/Regelleistung; →Darlehen vom Jobcenter; →Härtefall; →Eingliederung (-maßnahmen/-leistungen/-zuschüsse)

D

Darlehen vom Jobcenter

Ein Leistungsberechtigter kann neben dem Bezug der Grundsicherung für Arbeitssuchende in Sonderfällen ein Darlehen beantragen und erhalten. Dies ist z. B. der Fall, wenn ausnahmsweise ein Bedarf besteht,

- der eigentlich nicht vom Jobcenter übernommen wird (Schulden), die Nichtübernahme jedoch zu schweren Nachteilen führt
- wenn die Leistungsgewährung als Zuschuss unbillig wäre (Bildung von Vermögen auf Kosten des Staates)
- oder um vorübergehende Bedarfslagen oder Härtefälle zu überbrücken.

Es können danach in folgenden besonderen Situationen Darlehen gewährt werden (exemplarisch):

- Eigentümerdarlehen (Eigenheim) für Instandhaltung und Reparatur
- Mietkaution
- Leistungen zur Eingliederung von Selbstständigen
- wenn vorhandenes Vermögen nicht sofort verwertbar ist sowie
- für Auszubildende.

Darüber hinaus kommt die Gewährung eines Darlehens in Betracht, wenn man etwas benötigt, was eigentlich im Regelbedarf enthalten ist, aktuell aber kein Geld dafür hat. Voraussetzung ist, dass der Bedarf „unabweisbar“ ist, d. h. erforderlich und vor allem nicht aufschiebbar (z. B. Wintermantel im Winter).

Darlehen werden grundsätzlich nur erbracht, wenn die Bedarfsdeckung nicht durch andere Mittel, wie vor allem durch Einsatz des Vermögens oder Hilfen Dritter (z. B. Wohlfahrtsverbände), möglich ist. Dabei muss ein Leistungsberechtigter zuvor seine Reserven angreifen und den Grundfreibetrag (150,00 € pro Lebensjahr, mindestens 3.100,00 €) und den Freibetrag für Anschaffungen in Höhe von 750,00 € einsetzen.

Tipp:

Den Antrag auf ein Darlehen sollte man schriftlich und gesondert stellen und auf eine Entscheidung bestehen. Die Jobcenter haben nämlich grundsätzlich jeden Antrag eines Leistungsberechtigten (ermessensfehlerfrei) zu bearbeiten und zu bescheiden.

Die Tilgung eines gewährten Darlehens erfolgt bei Personen, die ALG-II erhalten, in Höhe von 10 % des für sie maßgebenden Regelbedarfs. Das Geld wird – soweit möglich – gleich vom laufenden ALG-II einbehalten, in dem das Jobcenter gegen diese Ansprüche aufrechnet.

Bei Ausscheiden aus dem Leistungsbezug ist der gesamte offene Rückzahlungsbetrag in einer Summe fällig, es sei denn, es handelte sich um ein Darlehen an Auszubildende. Sie brauchen es erst nach Ende der Ausbildung zurückzuzahlen. Besonderheiten gibt es auch, wenn Darlehen gewährt werden, um die Zeit bis zur Vermögensverwertung zu überbrücken oder im Fall einer Mietkaution. Die Verwertung des Vermögens oder Rückzahlung der Kaution führt zur sofortigen Fälligkeit des dann noch offenen Betrages.

Tipp:

Sollte das Darlehen zur Rückzahlung fällig sein, aber nicht (komplett) getilgt werden können, bleibt immer noch der Weg, eine Vereinbarung mit dem Jobcenter über die Rückführung zu treffen.

Rechtsgrundlage:
§§ 16 e Abs. 2, 22 Abs. 2 Satz 2, Abs. 6 Satz 3, 24 Abs. 4 und 5, 27 Abs. 4, 42 a SGB II

Weitere Hinweise: →*Härtefall*; →*Raten(-rück)zahlungen*

▶ Darlehen von Dritten

Leistungsberechtigte können auch von anderen Sozialleistungsträgern Darlehen bekommen oder von privaten, dritten Personen. Hier stellt sich immer die Frage, ob diese Darlehen als Einkommen auf das ALG-II anzurechnen sind.

Dies ist der Fall, wenn sie von anderen Sozialleistungsträgern zur Deckung des Lebensunterhaltes gewährt werden.

Darlehen, die von privaten, dritten Personen für einen bestimmten Zweck (z. B. Ausbildung, Führerschein) gewährt werden und mithin ausdrücklich einem anderen Zweck dienen, als der Deckung des Lebensunterhaltes, sind nicht als Einkommen anzurechnen.

Tipp:

Man sollte bei privaten Darlehen darauf achten, dass eine sog. Zweckbestimmung getroffen wird, die auch nachweisbar ist.

Weitere Hinweise: *→Anrechnung (von anderen Sozialleistungen); →Einkommen/Einkommensanrechnung*

▶ Diät

Es gibt Leistungsberechtigte, die sich aufgrund gesundheitlicher Beeinträchtigungen nach einem bestimmten Diätplan ernähren müssen. Die Ernährung nach einem medizinischen Diätplan kann teurer sein, als die normale Ernährung. Für diese Fälle sieht das SGB II in einem beschränkten Rahmen vor, dass Leistungsberechtigte mehr Leistungen, also mehr Geld, vom Jobcenter bekommen können. Sie erhalten einen sog. Mehrbedarf. Die Höhe ist abhängig vom Bedarf und je nach Erkrankung unterschiedlich.

Rechtsgrundlage:
§ 21 Abs. 5 SGB II

Weitere Hinweise: *→Mehrbedarf/Mehraufwendungen; →Amtsarzt; →Krankheit; →Härtefall*

E

▶ Ebay (Einkünfte)

Leistungsberechtigte, die bei Ebay Eigentumsgegenstände veräußern, erzielen dadurch Einkommen. Zu klären ist, ob die Bezahlung aus den Verkäufen als Einkommen auf den Bezug von ALG-II anzurechnen ist oder ob es sich um eine Vermögensumwandlung handelt.

Das Sozialrecht legt den Begriff des Einkommens dahingehend fest, dass alles Einkommen ist, was einem Leistungsberechtigten nach Antragstellung an Geldeswert zufließt.

Bei Verkäufen von privaten Gegenständen ist der Geldwert bereits vorhanden. Er wird nur umgeschichtet. Dadurch wird Vermögen aber nicht zum Einkommen, so dass keine Anrechnung erfolgt.

Es gibt allerdings Fälle, in denen ein reger Handel im Internet oder auch anderen Orts (Flohmarkt) betrieben wird. Hier stellt sich die Frage, ob dadurch nicht eine Erwerbstätigkeit vorliegt. Einkünfte aus Erwerbstätigkeit sind Einkommen und als solches auf das ALG-II anzurechnen. Allerdings ist nicht der Verkaufserlös als solcher anrechenbar, sondern es ist zunächst der Gewinn zu ermitteln (Einnahmen abzüglich Ausgaben). Zudem sind etwaige Absetz- oder Freibeträge in Abzug zu bringen.

Rechtsgrundlage:
§§ 11, 11 b SGB II; ALG-II-Verordnung

Gerichtsentscheidungen:
www.sozialgerichtsbarkeit.de:
Sozialgericht Wiesbaden, Beschluss vom 24. 4. 2006, Az. S 16 AS 79/06 ER

Weitere Hinweise: →*Einkommen/Einkommensanrechnung*

▶ Eheähnliche Gemeinschaft

Eine nicht-eheliche Lebensgemeinschaft oder eine eheähnliche Lebensgemeinschaft liegt vor, wenn zwei Personen gemeinsam in einem Haushalt zusammenleben und anzunehmen ist, dass ein wechselseitiger Wille gegeben ist, Verantwortung für einander zu tragen und füreinander einzustehen.

Für letzteres gibt es eine gesetzliche Vermutung, wenn die Partner

- länger als ein Jahr zusammen leben
- mit einem gemeinsamen Kind zusammen leben
- Kinder oder Angehörige im Haushalt versorgen oder
- befugt sind, über das Einkommen und Vermögen des anderen zu verfügen.

Bei einer eheähnlichen Gemeinschaft, ebenso bei einer Ehe oder Lebenspartnerschaft, wird für jeden Partner nur ein verminderter Regelbedarf von zurzeit 328,00 € bewilligt.

Die Partner müssen zudem ihr Einkommen und Vermögen für den jeweils anderen mit einsetzen.

Rechtsgrundlage:
§ 7 Abs. 3 und 3a SGB II

Weitere Hinweise: →*Bedarfsgemeinschaft*

▶ Eigenheim / Eigentumswohnung

Auch wer in einer Eigentumswohnung oder in einem Eigenheim wohnt, kann durchaus Leistungen nach dem SGB II erhalten. Neben den sonstigen Voraussetzungen wie Hilfebedürftigkeit oder nur ein geringes Barvermögen darf die Eigentumswohnung oder das eigene Haus mit Grundstück allerdings nicht zu groß sein, sonst kann das Jobcenter unter Umständen eine Verwertung von Eigenheim/Eigentumswohnung zur Vermeidung einer Hilfebedürftigkeit verlangen.

Im Zusammenhang mit Eigenheimen oder einer Eigentumswohnung sind regelmäßig nachstehende Aspekte von besonderem Interesse:

1. Vermögen

Zunächst stellt sich die Frage, ob die Immobilie verwertet und der Erlös zum Lebensunterhalt eingesetzt werden muss.

Dafür ist die Größe des Eigenheims/der Eigentumswohnung von Bedeutung:

Personen	Für Eigentumswohnungen gelten folgende Richtgrößen:	Für Eigenheime gelten größere Richtgrößen:
1 – 2	80 m² Wohnfläche	90 m² Wohnfläche
3	100 m² Wohnfläche	110 m² Wohnfläche
4	120 m² Wohnfläche	130 m² Wohnfläche
5	140 m² Wohnfläche	150 m² Wohnfläche

Im Einzelfall sind Abweichungen von diesen Richtwerten nach oben denkbar, beispielsweise wenn berufliche oder körperliche Bedürfnisse (z. B. bei Vorliegen einer Behinderung) eines Bewohners dies erfordern.

Aber nicht nur die Wohnung oder das Haus, sondern auch das Grundstück darf nicht unangemessen groß sein. Die zulässige Grundstückgröße bei eigenen Häusern regelt sich danach, ob das Grundstück in der Stadt liegt oder im ländlichen Raum. Innerhalb einer Stadt wird eine Grundstücksfläche von 500 m² akzeptiert. Im ländlichen Bereich sind es 800 m². In Ausnahmefällen können auch einmal größere Flächen zulässig sein.

Ist das Jobcenter der Ansicht, die Eigentumswohnung oder das Eigenheim sei zu groß, fordert das Jobcenter den Leitungsberechtigten auf, den Teil, der zu groß ist, zu verwerten.

BEISPIEL: Besitzt man ein Zweifamilienhaus, so kann erwartet werden, dass die eine Wohnung als Eigentumswohnung verkauft wird. Gleiches gilt für Doppelhaushälften.

Ist die Grundstückfläche außerhalb der Stadt größer als 800 m², so kann verlangt werden, dass der zu große Teil verkauft wird. Allerdings geht dies nur, wenn eine Teilung des Grundstücks rechtlich möglich und zulässig ist. Ist dies nicht der Fall, muss leider das ganze Grundstück samt Haus verwertet werden.

Tipp:

Ist die Eigentumswohnung oder das Eigenheim zu groß und kann es bzw. der größere unangemessene Teil zwar verwertet werden, dies nur nicht sofort, kann das Jobcenter ein Darlehen gewähren bis die Wohnung oder das Haus bzw. der unangemessene Teil verkauft oder beliehen werden kann.

Das Jobcenter kann nicht verlangen, dass der Leistungsberechtigte das Haus oder den größeren Teil zu einem Schleuderpreis verkauft. Feste Grenzen oder höchstgerichtliche Entscheidungen hierzu gibt es bisher nicht. Es ist aber anzunehmen, dass jedenfalls Erlöse unter 50 % des Verkehrswertes nicht akzeptiert werden müssen. Es muss in solchen Fällen weiter ALG-II als Darlehen erbracht werden.

Ist die Eigentumswohnung oder das Eigenheim überhaupt nicht verwertbar, weil z. B. das Haus in einem entlegenen Gebiet liegt, wo keiner hinziehen möchte, werden die Leistungen vom Jobcenter sogar als Zuschuss erbracht.

Tipp:

Werden für ein zu großes Haus zunächst Leistungen als Darlehen erbracht und dauert der Verkauf eine längerer Zeit, ohne dass sich ein Käufer zu einem angemessenen Preis findet, so kann das Darlehen auch später noch in einen Zuschuss umgewandelt werden. Wie lange sich der Verkauf hinziehen muss oder welcher Kaufpreis zumutbar ist, hängt dabei vom Einzelfall ab.

2. Kosten der Unterkunft

Fraglich ist auch, ob Kosten vom Jobcenter übernommen werden, die für das Eigenheim oder die Eigentumswohnung entstehen.

Genau wie bei Mietwohnungen werden die angemessen Kosten einer Eigentumswohnung und eines Eigenheims vom Jobcenter getragen.

Die Höhe der zu übernehmenden Kosten richtet sich genau wie bei Mietwohnungen nach der sogenannten Mietobergrenze des jeweiligen Ortes. Beträgt die Mietobergrenze z. B. für eine Person 400,00 € als Bruttokaltmiete müssen die Kosten grundsätzlich bis zu dieser Grenze getragen werden.

Bei Erstantragstellung gilt hier genau wie bei einer Mietwohnung, dass in der Regel für die ersten sechs Monate alle Kosten übernommen werden. Sind die Kosten zu hoch, erhält man eine Kostensenkungsaufforderung und nach Ablauf der Frist werden nur noch die Kosten bis zur Mietobergrenze getragen.

Zu den einzelnen Kosten ist auf folgendes hinzuweisen:

a) laufende Unterhaltungs- und Verwaltungskosten

Unproblematisch sind die laufenden Unterhaltungs- und Verwaltungskosten. Sie werden im o. g. Rahmen getragen.

Bei Eigentumswohnungen sind sie in der Regel in dem an die Verwaltung der Hauseigentümergemeinschaft gezahlten Wohn- oder Hausgeld enthalten, mit dem unter anderen die Kosten für Verwaltung, Hausmeister, Versicherungen und die Instandsetzungsrücklage bezahlt werden. Hinzu kommen die laufenden Nebenkosten wie Wasser, Abwasser, Grundsteuer, Müllabfuhr, Straßenreinigung, Kanalgebühren, Anliegerbeiträge usw. und die Heizkosten.

b) Finanzierungskosten

Bei Häusern und Wohnungen, die noch mit laufenden Krediten oder Hypotheken finanziert werden, werden die Zinsen im o. g. Rahmen ohne weiteres vom Jobcenter übernommen. Anders ist dies mit den Tilgungsbeträgen. Durch die Tilgung der Kredite wird beim Immobilienbesitzer nämlich Vermögen gebildet und es wird nicht als Aufgabe des Staates angesehen auf seine Kosten das Vermögen seiner Bürger zu vermehren.

Tipp:

In bestimmten Ausnahmefällen können gleichwohl die Tilgungsraten für die Anschaffung eines Eigenheimes oder einer Eigentumswohnung übernommen werden. Dies ist nach der Rechtsprechung des Bundessozialgerichts (Urteil vom 18. 6. 2008) der Fall, wenn ohne Übernahme der Tilgungsleistungen der Verlust des selbstgenutzten Wohneigentums droht.

c) Instandhaltungskosten

Dazu kommen dann noch die Instandhaltungskosten von Eigenheim und Eigentumswohnung, die nicht, wie bei Mietwohnungen, ein Vermieter bzw. Dritter trägt, sondern die der Eigentümer selber tragen muss

Grundsätzlich werden von den Jobcentern die notwendigen Reparaturen und Instandhaltungsmaßnahmen getragen bzw. die Kosten übernommen. Allerdings dürfen durch die Erhaltungsmaßnahmen keine nennenswerten Wertsteigerungen entstehen. Denn die Leistungen nach dem SGB II dienen nicht dazu, Vermögen zu schaffen.

Bei Eigentumswohnungen ist in der Regel in dem an die Hausverwaltung zu zahlenden Hausgeld eine pauschale Instandsetzungsrücklage enthalten. Sie wird vom Jobcenter laufend mitgezahlt und muss für notwendige Instandsetzungsarbeiten in Anspruch genommen werden.

Bei Eigentümern von Häusern dagegen werden jeweils die tatsächlichen Kosten der Reparaturen getragen, soweit diese nicht zu einer Verbesserung des Standards des selbstgenutzten Eigenheims führen und angemessen sind.

Tipp:

Es empfiehlt sich – je nach dem was repariert werden muss – bis zu drei Kostenvoranschläge einzuholen und diese mit dem Antrag auf Übernahme der Kosten vorzulegen. Das kann die Bearbeitungszeit verkürzen.

Ist das der Fall können Kosten für Reparaturen übernommen werden. Bei höheren Aufwendungen, z. B. für ein defektes Dach oder eine defekte Heizungsanlage, kann ein Darlehen bewilligt werden.

Rechtsgrundlage:
§§ 9 Abs. 4, 12, 22, SGB II

Gerichtsentscheidungen:
www.sozialgerichtsbarkeit.de:
Bundessozialgericht, Urteil vom 3. 3. 2009, Az. B 4 AS 38/08 R (Instandhaltungskosten)
Bundessozialgericht, Urteil vom 18. 6. 2008, Az. B 14/11b AS 67/06 R (Tilgungsleistungen)
Bundessozialgericht, Urteil vom 15. 4. 2008, Az. B 14/7b AS 34/06
Bundessozialgericht, Urteil vom 16. 5. 2007, Az. B 11b AS 37/06 R
Bundessozialgericht, Urteil vom 7. 11. 2006, Az. B 7b AS 18/06 R
Sächsisches Landessozialgericht, Urteil vom 26. 11. 2009, Az. L 7 AS 219/08 (Instandhaltungsrücklage)
Landessozialgericht Niedersachsen-Bremen, Beschluss vom 15. 1. 2008, Az. L 13 AS 207/07 ER

Weitere Hinweise:
www.tacheles-sozialhilfe.de:
Bundesweite Richtlinien/KdU-Richtlinien, KdU-Empfehlungen, Landesrechtliche Bestimmungen zur Angemessenheit von Unterkunftskosten
→*Vermögen/Vermögensanrechnung;* →*Grundstück;* →*Darlehen vom Jobcenter;* →*Miete;* →*Kostensenkung;* →*Renovierungskosten/Schönheitsreparaturen*

► Eigenheimzulage

Bei der Eigenheimzulage handelt es sich um eine staatliche Subvention, mit der die Anschaffung von privatem Wohneigentum gefördert werden sollte. Sie wurde mit dem Gesetz zur Abschaffung der Eigenheimzulage gestrichen.

Leistungsberechtigte, die ein Eigenheim besitzen und im Rahmen des auslaufenden Förderungszeitraumes die Eigenheimzulage noch erhalten, stehen vor der Frage, ob die Eigenheimzulage als Einkommen im Sinne des SGB II auf das ALG-II angerechnet wird.

Dies ist nicht der Fall, wenn sie zur Finanzierung einer Immobilie genutzt wird, die zum Schonvermögen zählt (selbstbewohnte Wohnung/Haus).

Führt die Eigenheimzulage allerdings zu einer Reduzierung der monatlichen Schuldzinsen, kann sich dies auf die Höhe der Kosten der Unterkunft auswirken und so zu einer Minderung des ALG- II-Anspruchs führen.

Rechtsgrundlage:
§ 11 SGB II; § 1 Abs. 1 Nr. 7 ALG-II-Verordnung

Gerichtsentscheidungen:
www.sozialgerichtsbarkeit.de:
Bundessozialgericht, Urteil vom 18. 2. 2010, Az. B 14 AS 74/08 R

Weitere Hinweise: →*Eigenheim/Eigentumswohnung*; →*Einkommen/Einkommensanrechnung*; →*Vermögen/Vermögensanrechnung*

▶ Eignungsfeststellung

Die Jobcenter sollen einen Leistungsberechtigten so schnell und so gut wie möglich wieder auf dem allgemeinen Arbeitsmarkt unterbringen bzw. in eine Arbeit vermitteln. Die Aussichten, dieses Ziel zu erreichen, sind zu einem wesentlichen Teil davon abhängig, welche beruflichen Tätigkeiten ein ALG-II-Bezieher (noch) verrichten kann. Um dies herauszufinden, gibt es das sog. Eignungsfeststellungsverfahren. Zugleich will das Jobcenter feststellen, ob und wie die Fähigkeiten des Leistungsberechtigten und damit die Aussichten auf dem Arbeitsmarkt ggf. verbessert werden können.

Rechtsgrundlage:
§ 16 SGB II; § 46 SGB III

Weitere Hinweise: →*Mitwirkungspflichten*; →*Eingliederungsvereinbarung*; →*Eingliederung (-maßnahmen/-leistungen/-zuschüsse)*

▶ Eilverfahren

Es dauert zum Teil sehr lange, zum Teil Monate bis Jahre, bis man seine Ansprüche gegenüber dem Jobcenter im Antrags-, Widerspruchs- und einem sich ggf. anschließenden gerichtlichen Verfahren durchsetzen kann. Soviel Zeit hat man häufig nicht. Dafür hält das Gesetz die Möglichkeit eines sog. Eilverfahrens bereit.

Es gibt zwei verschiedene Arten von Eilverfahren. Zum einen kann das Gericht in einem Eilverfahren darüber befinden, ob ein Bescheid (Verwaltungsakt) sofort vollziehbar ist oder ob Widerspruch und Klage aufschiebende Wirkdung haben. Es geht hier um die Frage, ob ein Verwaltungsakt bzw. Bescheid, der angegriffen wird, während des Überprüfungsverfahrens bereits Wirkung entfaltet und umgesetzt werden kann bzw. muss oder auch nicht.

BEISPIEL: Das Jobcenter ordnet an, dass ein Leistungsberechtigter an einem Bewerbungstraining teilnehmen soll. Gegen die Entscheidung legt der Betroffene Widerspruch ein. Wenn der Widerspruch aufschiebende Wirkung hat, muss der Leistungsberechtigte der Anordnung vor Abschluss des Widerspruchs- bzw. Klagverfahrens nicht nachkommen.

Zum anderen besteht die Möglichkeit im Hinblick auf den Streit- bzw. Regelungsgegenstand eine vorläufige Regelung zu treffen. Dies erreicht man mittels eines sog. „Antrages auf Erlass einer einstweiligen Anordnung".

Der Antrag auf Erlass einer einstweiligen Anordnung ist nur unter ganz strengen Voraussetzungen möglich, nämlich dass der Antragsteller durch eine Entscheidung des Jobcenters in eine existenzgefährdende Situation gelangt und ein Abwarten eines normalen Klageverfahrens nicht zumutbar ist (Anordnungsgrund). Daneben muss der Anspruch, den man verfolgt, mit einer gewissen Wahrscheinlichkeit bestehen (Anordnungsanspruch).

BEISPIEL: Der Antrag des Leistungsberechtigten auf ALG-II wird abgelehnt, weil der Leistungsberechtigte noch Anspruch auf Gehaltsnachzahlung gegen seinen ehemaligen Arbeitgeber hat. Das Geld bekommt der Leistungsberechtigte aber nicht ausgezahlt und hat daher keine Mittel zum Lebensunterhalt zur Verfügung. Ein Widerspruchs- und Klageverfahren würde Jahre dauern. Der Leistungsberechtigte muss jetzt versuchen, mittels einstweiliger Anordnung das Jobcenter verpflichten zu lassen, vorläufig ALG-II zu zahlen, ggf. in abgesenkter Höhe.

Eilverfahren dauern in der Regel nur wenige Wochen, notfalls auch nur Tage.

Zuständig für das Eilverfahren ist das Gericht, das auch für die Klage in der Hauptsache zuständig wäre. Man kann den Antrag selber stellen. Am besten lässt man sich in dem Verfahren aber von einer rechtskundigen Stelle, z. B. einem Rechtsanwalt oder einer Gewerkschaft, vertreten. Für das Verfahren kann Prozesskostenhilfe beantragt werden.

Tipp:

Es empfiehlt sich, nicht lange zu warten, um bei Bedarf ein Eilverfahren einzuleiten. Typische Anlässe hierfür könnten sein:

- Das Jobcenter bearbeitet den Antrag nicht (z. B. erhält man Wochen nach Antragstellung trotz Nachfrage weder Leistungen noch Antworten vom Jobcenter).
- Es besteht der Verdacht, hingehalten zu werden (Das Jobcenter gibt z. B. an, es seien Unterlagen verschwunden).
- Kürzungen des ALG-II über 10 % werden als Sanktion verhängt.
- Leistungen werden z. B. wegen Vorliegens einer vermuteten Bedarfsgemeinschaft oder fehlender Mitwirkung eingestellt.

Rechtsgrundlage:

§ 86 b SGG

Weitere Hinweise: →*Rechtsberatung*; →*Anwaltskosten;* →*Aufschiebende Wirkung;* →*Prozesskostenhilfe*

► Ein-Euro-Job

Ein sog. Ein-Euro-Job ist eine Arbeitsgelegenheit mit Mehraufwandsentschädigung.

Es handelt sich nicht um ein „normales" Arbeitsverhältnis und es gibt keinen Anspruch auf Lohn oder Gehalt, Urlaubsgeld, usw. und auf sog. innerbetriebliche Sozialleistungen, wie beim Arbeitnehmern.

Die Vorschriften über den Arbeitsschutz und das Bundesurlaubsgesetz gelten aber entsprechend. Es gibt Urlaubsansprüche (Mindesturlaub von zwei Werktagen pro Monat), allerdings ohne Urlaubsentgelt.

Einen Ein-Euro-Job erhält ein Leistungsberechtigter vom Jobcenter, und als eine Mehraufwandsentschädigung bekommt man 1,00 € bis 2,50 € pro Stunde. Ein Ein-Euro-Jobber soll maximal 30 Stunden pro Woche arbeiten.

Beim Ein-Euro-Job handelt es sich um eine Maßnahme der Eingliederung in Arbeit. Die Beschäftigung in einer solchen Arbeitsgelegenheit ist nur zulässig, wenn sie im öffentlichen Interesse liegt und „zusätzlich" erfolgt. Dadurch soll verhindert werden, dass Ein-Euro-Jobber auf „normalen" Arbeitsstellen eingesetzt werden und reguläre Arbeitsverhältnisse verdrängen.

Hinweis:

Das Bundessozialgericht hat mit Urteil vom 13. 4. 2011 entschieden, dass ein Leistungsberechtigter einen Anspruch auf Entschädigung hat, sofern die Arbeitsgelegenheit nicht eine „zusätzliche" Tätigkeit ist. Denn dann ist er (zumindest im Wesentlichen) wie ein vergleichbarer „normaler" Arbeitnehmer zu vergüten.

Tipp:

Ob es sich um eine „normale" und nicht „zusätzliche" Arbeit handelt, kann man mit Hilfe des Personal- oder Betriebsrates der Einrichtung herausfinden. Die Mitarbeitervertretung hat nicht nur die dazu notwendigen Kenntnisse über den Verwaltungs-/ und Betriebsablauf. Sie kennt sich auch in den Tarifverträgen aus, wo zum Zweck der Eingruppierung die „normalen" Tätigkeiten mit Entgeltgruppen beschrieben werden.

Rechtsgrundlage:

§ 16 d SGB II

Gerichtsentscheidungen:

www.bundessozialgericht.de:

Bundessozialgericht, Urteil vom 13. 4. 2011, Az. B 14 AS 98/10 R

Weitere Hinweise: →*Arbeitsgelegenheiten*; →*Eingliederung (-maßnahmen/-leistungen/-zuschüsse)*

▶ Eingliederung (-maßnahmen/-leistungen/-zuschüsse)

Eingliederungsleistungen sind Unterstützungen der Jobcenter, die einem Leistungsberechtigten den Einstieg in eine Berufstätigkeit leichter oder wieder möglich machen sollen.

Die Jobcenter können den Leistungsberechtigten unter gewissen Voraussetzungen Eingliederungsmaßnahmen/-leistungen gewähren, wobei der gesetzliche Katalog nicht abschließend ist. Es empfiehlt sich dafür daher immer einen gesonderten Antrag zu stellen.

Unter anderem gibt es folgende Eingliederungsleistungen:

(1) Kinderbetreuung, Pflege von Angehörigen

(2) Schuldnerberatung

(3) psychosoziale Betreuung

(4) Suchtberatung

(5) Unterstützung für Bewerbung und Vermittlung in Erwerbstätigkeit

(6) Trainingsmaßnahmen

(7) Maßnahmen zur Eignungsfeststellung

(8) Mobilitätshilfen
- Reisekostenbeihilfe zum Antritt
- Übergangsbeihilfe
- Beihilfe zum Kauf von Arbeitsmitteln
- Fahrtkostenbeihilfe Pendelfahrt
- Trennungskostenbeitrag
- Umzugskostenbeihilfe

(9) berufliche Weiterbildung
- Fortbildung
- Umschulung (bspw. Bildungsgutschein)

(10) Einstiegsgeld

(11) Darlehen und Zuschüsse zur Eingliederung von Selbstständigen (bis 5.000,00 €)

(12) Arbeitsgelegenheiten.

Zudem gibt es den Beschäftigungszuschuss für Arbeitgeber und noch evtl. weitere Zuschüsse.

Hinweis:

Ob ein Leistungsberechtigter auf Antrag hin die genannten Leistungen bekommt, liegt im Ermessen des Jobcenters bzw. des Sachbearbeiters. Einen Anspruch auf Eingliederungsleistungen gibt es leider nicht.

Tipp:

Das Jobcenter ist verpflichtet, über einen Antrag zu entscheiden und dabei sein Ermessen sachgerecht auszuüben. Andernfalls ist die Entscheidung angreifbar.

Tipp:

Das SGB II sieht ausdrücklich vor, dass Eingliederungsleistungen auch erbracht werden können, wenn diese Eingliederungsleistungen der Anbahnung oder Aufnahme einer Berufsausbildung dienen.

Die im Gesetz genannten Eingliederungsleistungen müssen nicht als abschließend betrachtet werden. Es kann sich lohnen, einen Antrag auch auf andere Unterstützungsleistungen zu stellen.

Rechtsgrundlage:
§§ 16, 16 b (Einstiegsgeld), 16 c (Eingliederungsdarlehen für Selbstständige), 16 d (Arbeitsgelegenheiten), 16 e (Arbeitgeberzuschuss) SGB II

Weitere Hinweise: *→Arbeitsgelegenheiten; →Beschäftigungszuschuss; →Eignungsfeststellung; →Einstiegsgeld; →Pflege von Angehörigen; →Psychosoziale Betreuung; →Schuldnerberatung; →Suchtberatung*

▶ Eingliederungsvereinbarung

Eine Eingliederungsvereinbarung ist ein Vertrag zwischen dem Leistungsberechtigten und dem Jobcenter. In diesem Vertrag wird festgelegt, wie der Leistungsberechtigte wieder in den Arbeitsmarkt integriert werden soll und welche Maßnahmen oder Fördermittel dafür eingesetzt werden sollen. Der Leistungsberechtigte hat allerdings keinen Anspruch auf den Abschluss einer Eingliederungsvereinbarung gegenüber dem Jobcenter.

Tipp:

Sofern Sie zu einem Termin zwecks Erörterung der beruflichen Perspektiven oder zum Gespräch über eine Teilnahme an einer Maßnahme geladen werden, bereiten sie sich vorher vor. Informieren Sie sich z. B. selber über mögliche Maßnahmen oder Fortbildungen. Machen Sie Ihrem Fallmanager einen möglichst konkreten Vorschlag, mit welchen Maßnahmen sie gefördert werden wollen. Ohne irgendeine konkrete Idee, wird Ihnen unter Umständen eine Maßnahme aufgedrängt, die für sie nicht passend ist.

Das Jobcenter kann einen Leistungsberechtigten nicht zum Abschluss einer Eingliederungsvereinbarung zwingen. Verweigert der Leistungsberechtigte seine Unterschrift, so kann das Jobcenter aber anstelle der

Eingliederungsvereinbarung einen entsprechenden Bescheid bzw. Verwaltungsakt erlassen. Dieser hat praktisch den gleichen Inhalt und löst die gleichen Pflichten für den Leistungsberechtigten aus.

Tipp:

Weil das Jobcenter letztlich nicht auf die Mitwirkung des Leistungsberechtigten bei der Festlegung der Eingliederungsziele und -maßnahmen angewiesen ist, löst die Weigerung, eine Eingliederungsvereinbarung zu unterzeichnen, auch keine Sanktionen aus.
Anders ist das allerdings, wenn man sich weigert, eine in der Eingliederungsvereinbarung oder im ersetzenden Bescheid festgelegte Pflicht zu erfüllen.

Will sich ein Leistungsberechtigter gegen den ersetzenden Bescheid bzw. Verwaltungsakt wehren, so kann er Widerspruch einlegen. Da dieser keine aufschiebende Wirkung hat, muss man ggf. noch ein Eilverfahren einleiten.

BEISPIEL: Das Jobcenter verpflichtet den Leistungsberechtigten in einem Bescheid, der die Eingliederungsvereinbarung ersetzt, an einem Bewerbungstraining, beginnend einen Monat nach Bekanntgabe des Verwaltungsaktes, teilzunehmen. Wenn der Leistungsberechtigte das nicht will, muss er gegen die Entscheidung Widerspruch einlegen. Über diesen wird vor dem Beginn der Maßnahme aber kaum entschieden werden. Da der Widerspruch keine aufschiebende Wirkung hat, muss der Leistungsberechtigte an der zwischenzeitlich stattfindenden Maßnahme trotz Widerspruchs teilnehmen, anderenfalls drohen ihm Sanktionen. Dies könnte er nur noch mit einem gerichtlichen Eilverfahren verhindern, das zum Ziel hätte, dass das Gericht die aufschiebende Wirkung des Widerspruchs anordnet.

Rechtsgrundlage:
§§ 15, 31 Abs. 1 SGB II; § 53 SGB X

Gerichtsentscheidungen:
www.sozialgerichtsbarkeit.de:
Bundessozialgericht, Urteil vom 22. 9. 2009, Az. B 4 AS 13/09
Sozialgericht Hamburg, Urteil vom 8. 5. 2007, Az. S 12 AS 820/07 ER

Weitere Hinweise: →*Mitwirkungspflichten;* →*Widerspruch/Widerspruchsverfahren;* →*Eilverfahren;* →*Rechtsberatung;* →*Kosten des Verfahrens*

▶ Einkommen/ Einkommensanrechnung

ALG-II erhält nur, wer seinen Lebensunterhalt (und den der Mitglieder der Bedarfsgemeinschaft) nicht aus eigenen Mitteln, vor allem eigenen Einkommen und Vermögen decken kann.

1. Einkommen

Das SGB II unterscheidet zwischen Einkommen und Vermögen anhand des sog. Zuflussprinzips. Danach ist alles, was dem Leistungsberechtigten vor der Antragstellung an Geld oder Geldwerten zugeflossen ist, Vermögen und alles, was er nach der Antragsstellung an Geldern oder Geldwerten bekommt, Einkommen. Mit Antragstellung ist der erste Antrag auf ALG-II gemeint, nicht etwaige Folge- oder Verlängerungsanträge.

Die Quelle der Einnahmen ist völlig unerheblich. Es kann sich um Einnahmen aus einer selbstständigen oder unselbstständigen Tätigkeit handeln, aus Vermietung und Verpachtung, aus Vermögen oder aufgrund von Schenkungen usw. Auch andere Sozialleistungen und selbst Darlehen können Einkommen im Sinne des SGB II darstellen.

Unerheblich ist auch, ob es sich um regelmäßige oder unregelmäßige, laufende oder einmalige Zahlungen handelt.

Allerdings gibt es nicht wenige Ausnahmen, die den Überblick erschweren.

Nicht als Einkommen zu berücksichtigen sind

- Leistungen nach dem SGB II (z. B. Einstiegsgeld, Mehraufwandsentschädigung)
- die Grundrente nach dem Bundesversorgungsgesetz und nach den Gesetzen, die eine entsprechende Anwendung des Bundesversorgungsgesetzes vorsehen
- die Renten oder Beihilfen, die nach dem Bundesentschädigungsgesetz für Schaden an Leben sowie an Körper oder Gesundheit erbracht werden, bis zur Höhe der vergleichbaren Grundrente nach dem Bundesversorgungsgesetz
- das sog. Schmerzensgeld nach § 253 Abs. 2 BGB.

Leistungen, die aufgrund öffentlich-rechtlicher Vorschriften zu einem ausdrücklich genannten Zweck erbracht werden, sind dann anzurechnen, wenn sie dem gleichen Zweck dienen wie das ALG-II, nämlich der Unterhaltssicherung.

Anrechnungsfrei sind daher nur Leistungen, die ausdrücklich anderen Zwecken dienen, z. B.

- die Wohnungsbauprämie
- die Arbeitnehmersparzulage
- das Wintermehraufwandsgeld (§ 175 a SGB III)
- die Entschädigung für Blutspender
- Schwerstbeschädigtenzulage (§ 31 Abs. 5 BVG)
- Leistungen der gesetzlichen Pflegeversicherung
- Arbeitsförderungsgeld in einer Werkstatt für Behinderte usw.

Das Pflegegeld als Erziehungshilfe nach dem Kinder- und Jugendhilfegesetz ist nur zum Teil anrechnungsfrei.

Zum Teil gibt es auch besondere gesetzlich Anordnungen zur Anrechenbarkeit bzw. Anrechnungsfreiheit. Danach sind z. B. Leistungen nach dem HIV-Hilfegesetz, Pflegegeld nach dem SGB XI, teilweise das Elterngeld (bis zu 300,00 €), nicht anrechenbar.

Besonderheiten bestehen auch beim Kinderzuschlag. Er ist als Einkommen dem jeweiligen Kind zuzurechnen. Gleiches gilt beim Kindergeld für zur Bedarfsgemeinschaft gehörende Kinder. Dies aber nur, soweit das Kind das Geld zur Sicherung des Lebensunterhalts benötigt.

Zuwendungen der freien Wohlfahrtspflege (z. B. Essens-, Bekleidungs- oder Möbelspenden, Spenden zu Weihnachten) sind dann als Einkommen zu berücksichtigen, wenn sie die Lage der Empfängerinnen und Empfänger so günstig beeinflussen, dass daneben Leistungen nach dem SGB II nicht gerechtfertigt wären.

Zuwendungen, die sonstige Dritte erbringen, ohne hierzu eine rechtliche oder sittliche Pflicht zu haben, sind wiederum nicht als Einkommen zu berücksichtigen, soweit

(1) ihre Berücksichtigung für die Leistungsberechtigten grob unbillig wäre oder

(2) sie die Lage der Leistungsberechtigten nicht so günstig beeinflussen, dass daneben Leistungen nach dem SGB II nicht gerechtfertigt wären.

Zu Nr. 1 gehören z. B. Soforthilfen bei Katastrophen, gesellschaftliche Preise zur Ehrung von Zivilcourage, öffentlich Mittel bei Alters- oder Ehejubiläum, Ehrenpreise für Lebensrettung, Spenden aus Tombolas für bedürftige Menschen, „Begrüßungsgelder" für Neugeborene. Obergrenze für die Berücksichtigungsfreiheit sollen die geltenden Vermögensfreibeträge sein.

Durch die Regelung in Nr. 2 sollen andere Zuwendungen, die üblich und auch gesellschaftlich akzeptiert sind, unberücksichtigt bleiben (z. B. Taschengeld von Verwandten).

Es gibt schließlich noch weitere anrechnungsfreie Einnahmen, die sich aus der ALG-II–Verordnung ergeben. Exemplarisch genannt seien

- nicht steuerpflichtige Einnahmen einer Pflegeperson für Leistungen der Grundpflege und der hauswirtschaftlichen Versorgung
- die Eigenheimzulage, soweit sie nachweislich zur Finanzierung einer nicht als Vermögen zu berücksichtigenden Immobilie verwendet wird
- Einnahmen aus Erwerbstätigkeit von Kindern, die das 15. Lebensjahr noch nicht vollendet haben, soweit sie 100,00 € monatlich nicht übersteigen
- Geldgeschenke an Minderjährige anlässlich der Firmung, Kommunion, Konfirmation, Jugendweihe etc., soweit sie 3.100,00 € nicht übersteigen
- teilweise Einkommen aus „Ferienjobs"
- Einnahmen, wenn sie 10,00 € innerhalb eines Kalendermonats nicht übersteigen (Bagatellgrenze). Das gilt für jedes Mitglied der Bedarfsgemeinschaft.

Tipp:

Nach den Weisungen der Agentur für Arbeit ist bei den einzelnen Einnahmen jeweils gesondert zu prüfen, ob sie die Bagatellgrenze von 10,00 € überschreiten; dies gilt auch für laufende Einnahmen. Unerheblich ist, ob neben der geringen Einnahme zusätzliche Einkünfte bezogen werden. Mit der Privilegierung der geringen Einnahmen soll nur der Verwaltungsaufwand vermieden werden.

2. Abzüge vom Einkommen

Steht fest, welche Einnahmen ganz oder teilweise auf das Einkommen bzw. als Einkommen anzurechnen sind, muss die Einkommenshöhe ermittelt werden. Denn es wird nicht das ganze Einkommen berücksichtigt. Es werden diverse Abzüge gemacht. Das Einkommen wird um die mit seiner Erzielung notwendigen Ausgaben und weitere Aufwendungen „bereinigt".

Vom Einkommen abzusetzen sind

(1) Steuern

(2) Pflichtbeiträge zur Sozialversicherung einschließlich Arbeitsförderung

(3) Beiträge zu öffentlichen oder privaten Versicherungen oder ähnlichen Einrichtungen, soweit diese Beiträge

(4) gesetzlich vorgeschrieben (z. B. Kfz-Haftpflichtversicherung)

(5) oder nach Grund und Höhe angemessen sind (pauschal 30,00 € monatlich; für Minderjährige allerdings nur, wenn der oder die Minderjährige eine entsprechende Versicherung abgeschlossen hat)

(6) geförderte Altersvorsorgebeiträge (Riesterrente), soweit sie den Mindesteigenbeitrag nach § 86 des Einkommensteuergesetzes nicht überschreiten

(7) die mit der Erzielung des Einkommens verbundenen notwendigen Ausgaben

- vom Einkommen Erwerbstätiger pauschal monatlich ein Sechzigstel der steuerrechtlichen Werbungskostenpauschale, derzeit 15,33 €

- sowie Fahrtkosten in Höhe der Kosten für öffentliche Verkehrsmittel oder bei Benutzung eines Kraftfahrzeugs für die Fahrt zwischen Wohnung und Arbeitsstätte und für Arbeitswege 0,20 € für jeden Entfernungskilometer, soweit nicht unangemessen ggü. öffentlichen Verkehrsmitteln. Höhere notwendige Ausgaben werden auf Nachweis abgezogen.

(8) Erwerbstätigenfreibetrag

(9) Aufwendungen zur Erfüllung gesetzlicher Unterhaltsverpflichtungen bis zu dem in einem Unterhaltstitel oder in einer notariell beurkundeten Unterhaltsvereinbarung festgelegten Betrag

(10) bei erwerbsfähigen Leistungsberechtigten, deren Einkommen beim BAföG oder der Ausbildungsförderung berücksichtigt wird, der nach den Vorschriften der Ausbildungsförderung berücksichtigte Betrag.

Hinweis:

Für die Positionen 3–5 wird bei Erwerbstätigen mindestens eine Pauschale in Höhe von 100,00 € angesetzt. Höhere Kosten müssen im Einzelnen nachgewiesen werden und werden abgezogen, wenn das Bruttoeinkommen 400,00 € im Monat übersteigt. Bei den 100,00 € handelt es sich praktisch um einen Grundfreibetrag für Erwerbstätige.

Tipp:

Erhält eine leistungsberechtigte Person mindestens aus einer Tätigkeit steuerfreie Aufwandsentschädigungen beträgt der o. g. Grundfreibetrag 175,00 €, soweit keine höheren Kosten nachgewiesen werden (gilt auch bei Einkommen unter 400,00 €).

3. Anrechnungszeitpunkt

Laufend zufließendes Einkommen wird im Zuflussmonat angerechnet.

Schwankendes Einkommen kann mit einem monatlichen Durchschnittsbetrag angesetzt werden. Die Einkommensberechnung ist bei schwankenden Einkünften allerdings sehr kompliziert und muss zum Teil Monat für Monat überprüft werden. Dies kann zu einer wahren Flut von Aufhebungs-, Änderungs- und Erstattungsbescheiden führen.

Einmaliges oder unregelmäßig zufließendes Einkommen wird entweder im Zuflussmonat angerechnet oder, wenn ALG-II im Zeitpunkt des Zuflusses schon ausgezahlt ist (was in der Regel der Fall sein wird) im Folgemonat. Übersteigt die Einnahme in diesem Monat das ALG-II, wird sie nicht auf einen Monat, sondern gleichmäßig auf sechs Monate verteilt.

4. Anrechnungsverfahren

Trotz der komplexen Vorgaben ist die Anrechnung von Einkommen relativ einfach, wenn es nur um eine Person geht. Der Bedarf wird ermittelt und dem monatlichen bereinigten anrechenbaren Einkommen gegenübergestellt. In Höhe des nicht gedeckten Bedarfs bekommt man ALG-II.

BEISPIEL: Liegt der Bedarf eines Leistungsberechtigten bei monatlich 670,00 € und verfügt er über bereinigtes, anrechenbares Einkommen von 450,00 €, beträgt sein ALG-II-Anspruch monatlich 220,00 €.

Es wird allerdings deutlich komplizierter, wenn mehrere zusammen in einer Bedarfsgemeinschaft leben. Einkommen und Vermögen müssen in der Bedarfsgemeinschaft nämlich für alle Mitglieder der Gemeinschaft eingesetzt werden. Hiervon ausgenommen sind wiederum Kinder, die aus einer Bedarfsgemeinschaft herausfallen, wenn sie ihren eigenen Bedarf durch ihr Einkommen oder Vermögen decken können.

Tipp:

Versteht man die Berechnungen nicht, muss man sich beraten lassen. Denn Fehler in den Berechnungen führen unmittelbar zur falschen Höhe des ALG-II und/oder des Sozialgeldes.

Nach der Rechtsprechung des Bundessozialgerichts erfolgt die Verteilung des Einkommens daher nach einer horizontal-vertikalen Methode. Danach wird überschießendes Einkommen von Partnern untereinander und von Eltern/Partner auf Kinder in der Bedarfsgemeinschaft horizontal verteilt, das Einkommen von Kindern hingegen nur vertikal.

BEISPIEL: Der Bedarf der Eltern beträgt monatlich je 528,00 € und des Kindes 451,00 €. Der Vater verdient monatlich 800,00 € bereinigtes und anrechenbares Einkommen und die Mutter 200,00 €. Für das Kind wird Kindergeld in Höhe von 184,00 € gezahlt (dieses ist als Einkommen beim Kind anzurechnen).

	Mann	Frau	Kind	Bedarfs-gemeinschaft
Bedarf	528,00 €	528,00 €	451,00 €	1.507,00 €
Eigen-Einkommen des Kindes	–	–	184,00 €	
Hilfebedarf	528,00 €	528,00 €	267,00 €	1.323,00 €
Prozentualer Hilfebedarf des Einzelnen im Verhältnis zum Gesamthilfebedarf	39,53 %	39,53 %	20,94 %	100 %
BG-Einkommen				1.000,00 €
BG-Einkommensverteilung	395,30 €	395,30 €	209,40 €	
SGB II-Anspruch	132,70 €	132,70 €	57,60 €	323,00 €

Rechtsgrundlage:
§§ 11, 11 a, 11 b SGB II; ALG-II-Verordnung

Gerichtsentscheidungen:
www.sozialgerichtsbarkeit.de:
Bundesssozialgericht, Urteil vom 18. 2. 2010, Az. B 14 AS 86/08
Bundesssozialgericht, Urteil vom 30. 3. 2009, Az. 4 AS 29/07 (Abfindung)
Bundesssozialgericht, Urteil vom 30. 7. 2008, Az. B 14/7b AS 12/07 R (Einkommensbegriff)

Weitere Hinweise:
www.arbeitsagentur.de:
Veröffentlichungen/Weisungen/Arbeitslosengeld II/Fachliche Hinweise zu §§ 11, 11 a, 11 b SGB II
→*Beratung;* →*Bedarfsgemeinschaft*

▶ Einmaleinnahmen

Von einer Einmaleinnahme spricht man, wenn eine Zahlung nicht wiederkehrend erfolgt, wie z. B. das Weihnachtsgeld, Steuererstattungen, Erbschaften, Abfindungszahlungen, Schenkungen, Lottogewinne etc.

Ist das ALG-II für den laufenden Monat im Zeitpunkt des Zuflusses der Einmaleinnahme noch nicht ausgezahlt worden, ist die Einmaleinnahme im Zuflussmonat zu berücksichtigen, sonst im Folgemonat. Sie wird in dem jeweiligen Monat in voller Höhe angerechnet, es sei denn, der Bedarf wäre in diesem Fall vollständig gedeckt. In diesem Fall wird die Zahlung gleichmäßig auf sechs Monat verteilt. Hintergrund der Regelung ist, dass man verhindern will, dass der Anspruch auf ALG-II für einen Monat entfällt, weil dann auch der Krankenversicherungsschutz enden würde.

BEISPIEL: Der ALG-II-Bedarf beträgt 700,00 € monatlich. Der Leistungsberechtigte erhält am 15. Mai eine Abfindung in Höhe von 1.800,00 € ausgezahlt. Die Anrechnung erfolgt ab Juni. Da die einmalige Einnahme höher ist als der Bedarf im Juni, wird die Zahlung auf sechs Monate verteilt. Das bedeutet von Juni bis November wird monatlich 300,00 € berücksichtigt.

Tipp:

Der Gesetzgeber geht davon aus, dass eine gleichmäßige Verteilung auf sechs Monate auch dann erfolgen muss, wenn der ALG-II-Bezug bereits vorher, also z. B. nach drei Monaten endet.

Die einmalige Einnahme ist zudem nicht in voller Höhe anzurechnen, sondern es können Beträge abgesetzt werden. Hierzu gehören etwaige Steuern, Pflichtbeiträge zur Sozialversicherung, Werbungskosten und – bei Einkommen aus Erwerbstätigkeit – die darauf entfallenden Freibeträge. Die genannten Beträge können allerdings nur einmal berücksichtigt werden, auch wenn eine Verteilung der einmaligen Einnahme auf sechs Monate erfolgt. In allen sechs Monaten können allerdings die weiteren abzugsfähigen Posten, wie Pflichtversicherungsbeiträge, die Versicherungspauschale, Altersvorsorgebeiträge oder Unterhaltzahlungen berücksichtigt werden.

BEISPIEL: Handelt es sich im o. g. Beispiel nicht um eine Abfindung, sondern um Weihnachtsgeld, werden Steuern, Sozialversicherungsbeiträge, Werbungskosten und Erwerbstätigenfreibeträge in Höhe von (beispielsweise) 600,00 € vorab abgezogen. Es verbleiben 1.200,00 €, die auf sechs Monate zu verteilen sind. Dies sind monatlich 200,00 €. Zahlt der Leistungsberechtigte monatlich 50,00 € in einen Riestersparvertrag und 20,00 € Beiträge für eine KfZ – Haftpflichtversicherung, kann er auch diese monatlich absetzen. Tatsächlich sind daher nur 130,00 € monatlich anzurechnen.

Rechtsgrundlagen:
§§ 11 Abs. 3, 11 b Abs. 1 Satz 2 SGB III

Weitere Hinweise:
www.bundestag.de:
Dokumente/Drucksachen/BT-Drucks. 17/3404, S.154, 155, Entwurf eines Gesetzes zur Ermittlung von Regelbedarfen und zur Änderung des Zweiten und Zwölften Buches Sozialgesetzbuch vom 26. 10. 2010
→*Einkommen/Einkommensanrechnung*

▶ Einmalleistungen

Neben dem Dauerbezug von ALG-II kann man auch einmalige Leistungen beantragen. Es handelt sich um Sonderbedarfe, die ein Leistungsberechtigter ausnahmsweise zusätzlich zum Regelbedarf erhalten kann, weil das normale ALG-II für eine besondere Anschaffung oder Lebenssituation nicht ausreicht.

Die Einmalleistungen werden für bestimmte Lebenssituationen gewährt:

- Erstausstattung einer Wohnung einschließlich Haushaltsgeräte
- Erstausstattungen für Bekleidung und Erstausstattungen bei Schwangerschaft und Geburt
- Anschaffung und Reparaturen von orthopädischen Schuhen, Reparaturen von therapeutischen Geräten und Ausrüstungen sowie die Miete von therapeutischen Geräten.

Tipp:

In der Regel sollen die Leistungen nur einmal gewährt werden. Dies muss man aber nicht wörtlich nehmen. Z. B. kann man nach einem Brand auch erneut Hilfen für die Erstausstattung der Wohnung oder für Bekleidung erhalten.

Diese Einmalleistungen werden vom Jobcenter als Sachleistung oder als Geldleistung erbracht. Es kann auch sein, dass das Jobcenter für diese Leistungen nur ein Darlehen gewährt, dass dann zurückzuzahlen ist.

Tipp:

Die obigen Einmalleistungen sind als Sonderleistungen gesondert zu beantragen. Sie werden nicht automatisch mit dem normalen Leistungsantrag gewährt.

Es ist nicht davon auszugehen, dass die im Gesetz genannten Einmalleistungen abschließend sind, d. h. es können auch Situationen oder Bedürfnisse entstehen, die den im Gesetz genannten ähnlich sind. Auch dann sollte man einen Antrag auf Einmalleistungen stellen und auf eine Bescheidung bestehen.

Rechtsgrundlage:
§ 24 SGB II

Weitere Hinweise: →*Erstausstattung;* →*Mehrbedarf/Mehraufwendungen;* →*Härtefall;* →*Darlehen vom Jobcenter;* →*Sachleistungen;* →*Regelbedarf/Regelleistung*

▶ Einstehens- und Verantwortungsgemeinschaft

Eine Einstehens- und Verantwortungsgemeinschaft liegt vor, wenn zwei Personen gemeinsam in einem Haushalt zusammenleben und anzunehmen ist, dass ein wechselseitiger Wille gegeben ist, Verantwortung für einander zu tragen und füreinander einzustehen.

Rechtsgrundlage:
§ 7 SGB II

Weitere Hinweise: →*Bedarfsgemeinschaft;* →*Verwandte (Unterhaltspflicht);* →*Eheähnliche Gemeinschaft*

▶ Einstiegsgeld

Das Einstiegsgeld ist eine staatliche Unterstützungsleistung bei einer eigenen Existenzgründung (eigene Firma) oder bei Aufnahme einer sozialversicherungspflichtigen Beschäftigung mit geringem Entgelt. Es wird an den Leistungsberechtigten gezahlt, der eine Tätigkeit aufnimmt.

Das Einstiegsgeld wird zusätzlich ohne Anrechnung auf das ALG-II gezahlt, es kann maximal für 24 Monate gewährt werden, wobei die Entscheidung des Jobcenters eine Ermessenssache ist. Ein Anspruch besteht nicht.

Die Höhe des Einstiegsgeldes ist in der Einstiegsgeld-Verordnung geregelt. Es setzt sich aus Grund- und Ergänzungsbeträgen zusammen und darf insgesamt nicht mehr als die Höhe des Regelbedarfs (derzeit 364,00 €) betragen.

Der Grundbetrag des Einstiegsgeldes kann bis zu 50 % des für erwerbsfähige Leistungsberechtigte maßgebenden Regelbedarfs betragen (z. B. von 364 € also 182,00 €). Bei der Bemessung kann das Jobcenter festlegen, dass sich die Höhe des Grundbetrages innerhalb des Förderzeitraums in Abhängigkeit von der Förderdauer verändert.

Erwerbsfähige Leistungsberechtigte, die vor Aufnahme der mit Einstiegsgeld geförderten sozialversicherungspflichtigen oder selbstständigen Erwerbstätigkeit bereits zwei Jahre oder länger arbeitslos waren, sollen einen Ergänzungsbetrag erhalten. Dieser entspricht 20 % des Regelbedarfs zur Sicherung des Lebensunterhalts. Bei Personen, deren Eingliederung in Arbeit wegen in ihrer Person liegender Umstände erschwert ist, soll der Ergänzungsbetrag bereits nach einer vorherigen Dauer der Arbeitslosigkeit von mindestens sechs Monaten gezahlt werden.

Bei erwerbsfähigen Leistungsberechtigten, die mit weiteren Personen in einer Bedarfsgemeinschaft leben, soll je weiterer leistungsberechtigter Person ebenfalls ein Ergänzungsbetrag gezahlt werden.

Das Einstiegsgeld kann aber auch in anderer Höhe pauschal bemessen werden, wenn dies zur Eingliederung von besonders zu fördernden Personengruppen in den allgemeinen Arbeitsmarkt erforderlich ist.

Rechtsgrundlage:
§ 16 b SGB II; Einstiegsgeld-Verordnung; § 11 a Abs. 1 Nr. 1 SGB II

Weitere Hinweise:
www.foerderland.de (Suchwort: Einstiegsgeld)
www.existenzgruender.de (Suchwort: Einstiegsgeld)
→Selbstständigkeit; →Existenzgründung; →Eingliederung (-maßnahmen/-leistungen/-zuschüsse); →Regelbedarf/Regelleistung; →Beratung

▶ Einstweilige Anordnung

→Eilverfahren

▶ Elterngeld

Das Elterngeld ist eine finanzielle Unterstützung des Staates für Eltern nach der Geburt eines Kindes. Es soll vor allem den Einkommenswegfall auffangen, der dadurch entsteht, dass ein oder beide Elternteile sich um das Kind kümmern und in der Zeit nicht arbeiten können.

Das Elterngeld wird maximal 14 Monate gezahlt. Die Höhe entspricht 65 – 100 % des monatlichen Nettoerwerbseinkommen, das der betreuende Elternteil im Jahr vor der Geburt durchschnittlich erzielt hat, höchstens 1.800,00 € und mindestens 300,00 €. Bei Mehrlingsgeburten und Familien mit mehreren Kindern gibt es Abweichungen.

Leistungsberechtigte, die während des Bezuges von ALG-II ein Kind zur Welt bringen, haben zwar grundsätzlich auch Anspruch auf Elterngeld, allerdings haben sie in den meisten Fällen seit dem 1. 1. 2011 nichts mehr davon, weil Elterngeld neuerdings als Einkommen beim ALG-II berücksichtigt und angerechnet wird.

Tipp:

In den Fällen, in denen der betreuende Elternteil vor der Geburt des Kindes gearbeitet und Einkommen erzielt hat, erhält er auch bei ALG-II-Bezug einen Elterngeldfreibetrag. Das Elterngeld bleibt in diesen Fällen in Höhe des Betrages, das dem Einkommen vor der Geburt entspricht, höchstens jedoch in Höhe von 300,00 € anrechnungsfrei.

BEISPIEL: Eine Mutter hat vor der Geburt des Kindes monatlich 200,00 € verdient. Nach der Geburt kann sie nicht mehr arbeiten und erhält Elterngeld in Höhe von 300,00 €. Dieses wird nur in Höhe von 100,00 € auf das ALG-II angerechnet. Die restlichen 200,00 € bleiben anrechnungsfrei.

Das Elterngeld wird seit 2011 nicht nur auf das ALG-II, sondern auch auf die Sozialhilfe und den Kinderzuschlag angerechnet.

Rechtsgrundlage:

§ 11 SGB II; § 10 Abs. 5 BEEG

Weitere Hinweise:

www.bmfsfj.de:

Ausführungen zum Elterngeld und Elterngeldrechner auf der Homepage des Bundesministeriums für Familie, Senioren, Frauen und Jugend

→*Einkommen/Einkommensanrechnung;* →*Kinderzuschlag*

▶ Erbschaft

Ein Bezieher von ALG-II hat eine Erbschaft gegenüber dem Leistungsträger anzugeben. Denn es ist zu klären, ob sie als Einkommen oder Vermögen gilt und auf Leistungen nach dem SGB II angerechnet werden muss.

Zum Einkommen im Sinne des SGB II gehört grundsätzlich alles, was jemand nach Antragstellung wertmäßig dazu erhält, während Vermögen das ist, was er vor Antragstellung bereits hatte. Auszugehen ist nach der Rechtsprechung des Bundessozialgerichts vom tatsächlichen Zufluss, es sei denn, rechtlich wird ein anderer Zufluss als maßgeblich bestimmt.

Daher zählen Erbschaften, die bereits vor Stellung des Antrags auf ALG-II angefallen sind, zum Vermögen. Tritt der Erbfall erst nach ALG-II-Antragstellung ein, müsste es sich um Einkommen handeln. Dies ist allerdings – je nach Erbstück – noch umstritten!

Ohne Zweifel wird Geld, das nach ALG-II-Antragstellung geerbt wird, als Einkommen auf den Bezug von ALG-II angerechnet. Es handelt sich um eine sog. Einmaleinnahme, die nach der Neuregelung zum 1. 4. 2011 für einen Zeitraum von sechs Monaten als Einkommen angerechnet wird, wenn sie die Höhe des ALG-II für einen Monat übersteigt. Die Summe, die nach den sechs Monaten noch nicht verbraucht ist, wird danach zum Vermögen und muss nur eingesetzt werden, soweit die Freibeträge überschritten sind.

Schwieriger ist die Frage bei einer Immobilie oder einem Grundstück. Das folgt aus dem Problem, dass eine geerbte Immobilie oder ein Grundstück nicht immer ohne weiteres sofort verwertbar ist, also für den Bezieher von ALG-II in Geld verfügbar ist. Es stellt sich die Frage, was in dem Zeitraum geschehen soll, in dem die Immobilie bzw. das Grundstück nicht veräußert bzw. nicht sofort in Geld umgesetzt werden kann. Hier ist umstritten, ob dem Bezieher von ALG-II weiterhin Leistungen zu gewähren sind, ggf. als Darlehen.

Hinweis:

Es ist nicht unproblematisch, wenn ein Miterbe sein Erbanteil ausschlägt oder ein Erbe auf seinen Pflichtteil verzichtet und sich im Gegenzug von den anderen Erben eine Gegenleistung versprechen lässt, die nicht auf das ALG-II angerechnet wird. Dies könnte sittenwidrig sein oder eine vorsätzliche Herbeiführung oder Aufrechterhaltung der Hilfebedürftigkeit darstellen, die Ersatzansprüche auslöst.

Es gibt neben den o. g. auch die Fälle, in denen nicht der Leistungsberechtigte erbt, sondern in denen er der Erblasser ist. Die Erben sollten sich dann nicht zu früh freuen. Der Erbe eines Leistungsberechtigten ist nämlich zum Ersatz aller ALG-II-Leistungen verpflichtet, soweit diese innerhalb der letzten zehn Jahre vor dem Erbfall erbracht worden sind und 1.700,00 € übersteigen. Der Ersatzanspruch umfasst auch die geleisteten Beiträge zur Kranken-, Renten- und Pflegeversicherung. Die Ersatzpflicht ist allerdings auf den Nachlasswert zum Zeitpunkt des Erbfalls begrenzt.

Der Ersatzanspruch wird nicht geltend gemacht,

- soweit der Wert des Nachlasses unter 15.500,00 € liegt und der Erbe der Partner des Erblassers war oder mit diesem verwandt war und nicht nur vorübergehend bis zum Tode mit dem Erblasser in häuslicher Gemeinschaft gelebt und ihn gepflegt hat

- oder soweit die Inanspruchnahme des Erben nach der Besonderheit des Einzelfalles eine besondere Härte bedeuten würde.

Rechtsgrundlage:
§§ 11–12 SGB II; § 35 SGB II (Erbenhaftung)

Gerichtsentscheidungen:
www.bundessozialgericht.de:
Bundessozialgericht, Urteil vom 24. 2. 2011, Az. B 14 AS 45/09 R

Weitere Hinweise: →*Einmaleinnahmen*; →*Einkommen/Einkommensanrechnung*; →*Vermögen/Vermögensanrechnung*; →*Beerdigungs-/Bestattungskosten*; →*Eigenheim/Eigentumswohnung*

▶ Ergänzungsbetrag

→*Einstiegsgeld*

▶ Erreichbarkeit

Leistungsberechtigte müssen alles versuchen, um ihre Hilfebedürftigkeit zu überwinden. Das geht am besten durch Arbeit. Sie müssen daher versuchen, eine Arbeit zu finden. Dabei soll Ihnen das Jobcenter helfen.

Für die Vermittlungsleistungen der Jobcenter müssen die Leistungsberechtigten zur Verfügung stehen, d. h. „erreichbar" sein, z. B. für die Vermittlung eines Bewerbungsgespräches. Das ist sehr wichtig. ALG-II nach dem SGB II (ebenso wie Arbeitslosengeld I nach dem SGB III) erhält daher auch nur, wer erreichbar ist.

Erreichbarkeit liegt vor, wenn man in der Lage ist, beruflichen Eingliederungsvorschlägen zeit- und ortsnah Folge zu leisten. Hierzu müssen Mitteilungen der Behörde persönlich zur Kenntnis genommen werden können, man muss in der Lage sein, unverzüglich die Agentur für Arbeit aufzusuchen, eine vorgeschlagene Arbeit aufzunehmen oder an einer Eingliederungsmaßnahme teilzunehmen. Verlangt wird insbesondere die Möglichkeit, werktäglich die Post zu öffnen. Das heißt, der Leistungsberechtigte muss zumindest einmal am Tag seine Wohnung aufsuchen, um dies sicherzustellen.

Hinweis:

Da es Zweck der Erreichbarkeit ist sicherzustellen, dass die Leitungsberechtigten in Arbeit vermittelt werden können, ist der Zwang zur Erreichbarkeit bei denen, die gar nicht in Arbeit vermittelt werden können oder müssen, eingeschränkt. Dies sind zum Beispiel Kinder unter 15 Jahren oder Personen, die bereits arbeiten.

Die Nichterreichbarkeit führt zum Wegfall des Leistungsanspruches, wenn sie nicht vom Jobcenter genehmigt worden ist.

Die Genehmigung setzt immer voraus, dass die Eingliederung in Arbeit durch die Abwesenheit nicht beeinträchtigt wird. Ist dies gewährleistet und liegt zudem ein wichtiger Grund für die Abwesenheit vor (z. B. Teilnahme an ärztlich verordneten Maßnahmen, Teilnahme an Veranstaltungen, die im öffentlichen Interesse liegen, ehrenamtliche Tätigkeit usw.), muss das Jobcenter die Genehmigung erteilen.

Aber auch ohne Vorliegen wichtiger Gründe kann die Zustimmung bis zu einer Dauer von drei Wochen kalenderjährlich erteilt werden. Der Leistungsberechtigte kann also auch Urlaub machen. Eine Verlängerung dieses Zeitraums ist allerdings nur ausnahmsweise möglich, wenn jemand zum Beispiel wegen höherer Gewalt oder schwerer Erkrankung nicht in der Lage ist, rechtzeitig wieder vor Ort zu sein.

Tipp:

Leistungsberechtigte müssen sich beim Leistungsträger immer abmelden, wenn sie den Wohnort für einige Tage verlassen wollen und nicht sicherstellen können, dass sie jederzeit die Post öffnen und das Jobcenter aufsuchen können. Anderenfalls kann die Abwesenheit zum Wegfall der Leistungen und zu etwaigen Rückzahlungspflichten führen. Das gilt auch und gerade dann, wenn sich erst im Nachhinein herausstellt, dass sie vorübergehend nicht erreichbar waren.

Bisher hat man zur Feststellung der Erreichbarkeit auf die Erreichbarkeitsanordnung der Bundesagentur für Arbeit für den Bereich des SGB III zurückgegriffen. Nach den Neureglungen zum 1. 4. 2011 soll das Bundesministerium für Arbeit und Soziales eine eigenständige Verordnung für den Bereich des SGB II erlassen. Noch gibt es diese Verordnung nicht, so dass immer noch das oben Dargestellte gilt.

Rechtsgrundlage:
§§ 7 Abs. 4 a, 13 Abs. 3, 77 Abs. 1 SGB II; Erreichbarkeits-Anordnung der Bundesagentur für Arbeit

Weitere Hinweise:
www.arbeitsagentur.de:
Veröffentlichungen/Weisungen/Arbeitslosengeld II/Fachliche Hinweise zu § 7 SGB II einschließlich Erreichbarkeitsanordnung
→*Aufenthaltsort;* →*Ortsabwesenheit;* →*Mitwirkungspflichten;* →*Meldepflicht*

▶ Ersatzbeschaffungen

→*Haushaltsgeräte;* →*Möbel;* →*Erstausstattung;* →*Regelbedarf/Regelleistung;* →*Mehrbedarf/Mehraufwendungen;* →*Härtefall;* →*Darlehen vom Jobcenter*

▶ Erstattung von Leistungen

→*Rückforderung/-zahlung von Leistungen*

▶ Erstattungsbescheid

→*Rückforderung/-zahlung von Leistungen*

▶ Erstausstattung

In besonderen Fällen gewährt das Jobcenter einen Zuschuss für die Erstausstattung der Wohnung einschließlich Haushaltsgeräten, die Erstausstattung für Bekleidung sowie die Erstausstattung bei Schwangerschaft und Geburt.

Die Ansprüche auf Erstausstattung sind nicht zeitlich zu verstehen. Sofern entsprechende Gründe dafür vorliegen, kann die Behörde die Sonderleistungen auch mehrmals erbringen. Insofern ist der Begriff der Erstausstattung irreführend.

Die Erstausstattungen sind abzugrenzen von einer Ersatzbeschaffung. Eine Ersatzbeschaffung liegt vor, wenn Gegenstände bereits vorhanden waren und nun kaputt oder unbrauchbar geworden sind.

Die Kosten für eine Ersatzbeschaffung sind grundsätzlich in der Regelleistung enthalten. Bei Bedarf kann jedoch ein rückzahlbares Darlehen gewährt werden.

Anspruch auf Erstausstattung können auch Personen haben, die kein ALG-II beziehen, aber diese Ausgaben nicht aus dem eigenen Einkommen oder Vermögen decken können.

1. Erstausstattung für die Wohnung

In bestimmten Lebenssituationen gewährt das Jobcenter einen Zuschuss in Geld oder auch in Form von Gutscheinen (z. B. für Sozialläden) für den Kauf von Wohnungseinrichtungsgegenständen und Haushaltsgegenständen.

Die meisten Jobcenter zahlen für eine Erstausstattung eine Pauschale in Höhe von 200,00 bis 1500,00 €. Aber auch wenn nur einzelne Gegenstände gebraucht werden, zahlt die Behörde einen Zuschuss. Die Höhe ist von der jeweiligen Behörde abhängig und sollte im Voraus erfragt werden.

Zu den notwendigen Wohnungs- und Haushaltseinrichtungsgegenständen zählen z. B.

- die großen Elektrogeräte, wie Kühlschrank, Herd und Waschmaschine
- eine Zimmereinrichtung, wenn diese zum großen Teil nicht vorhanden ist
- Küchenschränke, wenn z. B. bisher eine Wohnung mit Einbauschränken bewohnt wurde und diese in der alten Wohnung zurückgelassen werden mussten.

Dazu erhält man in der Regel eine Pauschale für die kleinen Haushaltsgegenstände wie z. B.:

Töpfe, Besteck, Geschirr, Lampen usw. (Hausratspauschale).

Die Erstausstattung erhält man z. B. in folgenden Situationen:

- erste Anmietung einer neuen Wohnung
- Auszug aus dem Elternhaus
- Verlust der bisherigen Möbel durch Brand, Sturm oder Hochwasser oder bei Diebstahl

- Rückkehr aus einem Haftaufenthalt mit einer Dauer von mehr als sechs Monaten, einer stationären Einrichtung oder bei vorheriger längerer Obdachlosigkeit
- Umzug in eine Wohnung mit anderer Ausstattung (z. B. kein Herd vorhanden)
- Neugründung eines Haushalts, Schwangerschaft, Geburt
- Beschädigung von Möbeln aufgrund eines von der Behörde veranlassten Umzuges
- Auszug aus dem Frauenhaus
- Rückkehr aus einem Heim
- Trennung und Scheidung.

Tipp:

Auch wenn bereits eine Wohnung bezogen wurde und noch einzelne notwendige Gegenstände fehlen, kann ein Zuschuss beantragt werden. Voraussetzung dafür ist, dass man diese Gegenstände noch nicht hatte oder nicht in die neue Wohnung mitnehmen konnte.

2. Erstausstattung bei Schwangerschaft und Geburt

Zwölf bis acht Wochen vor dem Geburtstermin steht Schwangeren eine Erstausstattungspauschale für das Baby zu. Der Anspruch auf Erstausstattungen bei Schwangerschaft und Geburt umfasst

- für die (werdende) Mutter Schwangerenbekleidung (Umstandsbekleidung) und spezielle Wäsche für die Zeit nach der Geburt (z. B. Still-BH)
- die Erstausstattung an Babybekleidung
- alle Bedarfsartikel für das Neugeborene (Kinderwagen, Matratze und Decke für den Kinderwagen, Fellsack für den Kinderwagen, Bettzeug für das Kinderbett, Wickelauflage, Fläschchenwärmer, Babybadewanne, Badethermometer, Schnuller, Windeleimer, usw.) und
- Möbel für das Neugeborene (Kinderbett mit Matratze, Kleiderschrank oder Wickelkommode).

Diese Erstausstattung kann in Form von Geldleistungen oder in Form von Gutscheinen, die in einem Sozialladen einzulösen sind, erbracht werden. Die Höhe der Pauschale geht von 200,00 bis zu 800,00 €.

3. Erstausstattungen für Bekleidung

Die Erstausstattung für Bekleidung wird außer bei Ereignissen wie Schwangerschaft und Geburt nur in Ausnahmefällen gewährt. Es bedarf immer einer besonderen Situation, die eine Rechtfertigung für einen aktuellen Bedarf bietet, um eine Abgrenzung zur Ersatzbeschaffung vornehmen zu können. Das Wachsen von Kindern reicht in der Regel nicht aus, um einen besonderen Bedarf zu begründen. In Betracht kommt ein Sonderbedarf aber z. B. wenn die Kleidung durch einen Wohnungsbrand vernichtet wurde, nach Haft oder nach Wohnungslosigkeit oder ggf. nach großer Gewichtsabnahme.

Hinweis:

Für Hochzeiten, Taufe, Konfirmation oder Ähnliches gibt es keinen Zuschuss.

Rechtsgrundlage:
§ 24 Abs. 3 SGB II

Gerichtsentscheidungen:
www.bundessozialgericht.de:
Bundessozialgericht, Urteil vom 13. 4. 2011, Az. B 14 AS 53/10 R
Bundessozialgericht, Urteil vom 20. 8. 2009, Az. B 14 AS 45/08 R
Bundessozialgericht, Urteil vom 1. 7. 2009, Az. B 4 AS 77/08 R
Bundessozialgericht, Urteil vom 19. 9. 2008, Az. B 14 AS 64/ 07 R
www.sozialgerichtsbarkeit.de:
Sozialgericht München, Urteil vom 21. 1. 2008, Az. S 51 AS 217/08
Landessozialgericht Berlin-Brandenburg, Beschluss vom 3. 3. 2006, Az. L 10 B 106 AS ER
Landessozialgericht Berlin-Brandenburg, Entscheidung vom 25. 2. 2010, Az. L 34 AS 24/09

Weitere Hinweise:
www.tacheles-sozialhilfe.de:
Bundesweite Richtlinien/Verwaltungsanweisungen zu § 24 Abs. 3 SGB II
→*Regelbedarf/Regelleistung;* →*Mehrbedarf/Mehraufwendungen;* →*Einmalleistungen;* →*Härtefall;* →*Darlehen vom Jobcenter*

▶ Erwerbsfähigkeit/Erwerbsunfähigkeit

Erwerbsfähig im Sinne des Gesetzes ist, wer nicht wegen Krankheit oder Behinderung auf absehbare Zeit außerstande ist, unter den üblichen Bedingungen des allgemeinen Arbeitsmarktes mindestens drei Stunden täglich arbeiten zu können, also erwerbstätig zu sein.

Kann man das wegen Krankheit oder Behinderung nicht, ist man erwerbsunfähig. Allerdings muss die Einschränkung auf unabsehbare Zeit bestehen. Darunter versteht man einen Zeitraum von mindestens sechs Monaten.

Kann man mehr als drei Stunden arbeiten, aber nicht zu betriebsüblichen Bedingungen, dann gilt man ebenfalls als erwerbsunfähig.

BEISPIEL: Man kann zwar noch länger als drei Stunden pro Tag arbeiten, muss aber stündlich zehn Minuten Pause machen, um sich hinzulegen.

Bei den Begriffen muss man aufpassen: Es gibt auch eine Erwerbsunfähigkeit, genauer Erwerbsminderung, im Rentenrecht. Dort wird aber nach anderen Kriterien geprüft. Das darf man nicht verwechseln. So gibt es im Rentenrecht eine sog. arbeitsmarktbedingte Erwerbsminderung, die aber keine Erwerbsunfähigkeit im Sinne des SGB II ist.

BEISPIEL: Personen, die noch zwischen drei und sechs Stunden arbeiten können, aber keinen Teilzeitarbeitsplatz haben, gelten im Bereich der gesetzlichen Rentenversicherung als voll (nicht nur teil-) erwerbsgemindert und bekommen eine volle Erwerbsminderungsrente (sog. Arbeitsmarktrente). Die Rechtsprechung geht nämlich davon aus, dass es in Deutschland keinen Teilzeitarbeitsmarkt gibt und dass diesen Personen aufgrund der zeitlichen Einschränkung ihrer Erwerbsfähigkeit der Arbeitsmarkt vollständig verschlossen ist. Im Sinne des SGB II gelten diese Personen aber als erwerbsfähig.

Die Erwerbsfähigkeit wird von der Agentur für Arbeit festgestellt. Andere von der Entscheidung betroffene Leistungsträger, wie z. B.

kommunale Träger, Krankenkassen oder die Rentenversicherung, können der Feststellung widersprechen. In diesem Fall entscheidet die Agentur für Arbeit. Allerdings muss diese zuvor ein (medizinisches) Gutachten der Rentenversicherung einholen, an das sie auch gebunden ist. Der/dem Betroffenen selber steht unverständlicherweise kein Widerspruchsrecht zu.

Wenn jemand erwerbsunfähig ist, kann er kein ALG-II beziehen. Evtl. kann es dann andere Sozialleistungen geben, vor allem eine Rente wegen voller Erwerbsminderung, Grundsicherung im Alter und bei Erwerbsminderung oder Sozialhilfe.

Hinweis:

Ausländer gelten nur dann als erwerbsfähig, wenn ihnen die Aufnahme einer Beschäftigung erlaubt ist oder erlaubt werden könnte.

Rechtsgrundlage:
§§ 8, 44 a SGB II

Gerichtsentscheidungen:
www.bundessozialgericht.de:
Bundessozialgericht, Urteil vom 21. 12. 2009, Az. B 14 AS 42/08 R

Weitere Hinweise:
www.arbeitsagentur.de:
Veröffentlichungen/Weisungen/Arbeitslosengeld II/Fachliche Hinweise zu § 8 SGB II

→*Erwerbsminderungsrente;* →*Grundsicherung im Alter und bei Erwerbsminderung*

▶ Erwerbsminderungsrente

Bis zum 31. 12. 2000 gab es die Erwerbsunfähigkeitsrente und die Berufsunfähigkeitsrente. Sie wurden durch die Erwerbsminderungsrente ersetzt.

Erwerbsminderungsrenten werden von der gesetzlichen Rentenversicherung bei Vorliegen von voller oder teilweiser Erwerbsminderung gezahlt. Sie setzen voraus, dass der Betreffende ganz oder teilweise erwerbsgemindert im Sinne der gesetzlichen Rentenversicherung ist und die versicherungsrechtlichen Voraussetzungen erfüllt sind.

Teilerwerbsgemindert ist derjenige, der auf nicht absehbare Zeit aufgrund Krankheit oder Behinderung nicht in der Lage ist, eine Tätigkeit zu den allgemein üblichen Bedingungen des Arbeitsmarktes von mindestens sechs Stunden täglich auszuüben

Voll erwerbsgemindert ist, wer nicht mehr als drei Stunden täglich arbeiten kann. Als voll erwerbsgemindert gilt in der gesetzlichen Rentenversicherung darüber hinaus auch derjenige, der zwar noch zwischen drei und sechs Stunden täglich arbeiten kann, aber keinen Teilzeitarbeitsplatz inne hat. Auch er erhält ggf. eine volle und nicht nur eine Teilerwerbsminderungsrente. Man spricht in diesem Zusammenhang von der sogenannten Arbeitsmarktrente.

Im Bereich des SGB II führt Erwerbsunfähigkeit zum Leistungsausschluss. Erwerbsunfähige können daher kein ALG-II beziehen. Allerdings ist der Begriff der Erwerbsunfähigkeit im Bereich des SGB II nicht ganz identisch mit dem der Erwerbsminderung des Rentenversicherungsrechts. Die Bedingungen des Arbeitsmarktes bleiben hier nämlich außer Betracht. Erwerbsunfähigkeit im Sinne des SGB II ist daher nur gegeben, wenn jemand wegen Krankheit oder Behinderung auf nicht absehbare Zeit nicht mehr als drei Stunden täglich zu betriebsüblichen Bedingungen arbeiten kann.

Hinweis:

Wegen dieser Unterschiede kann es daher sein, dass Personen, die eine Rente wegen Teilerwerbsminderung oder eine sogenannte arbeitsmarktbedingte volle Erwerbsminderungsrente beziehen, daneben noch Anspruch auf ALG-II haben, wenn ihr Bedarf durch die Rente und anderes Einkommen und Vermögen nicht gedeckt ist. Die Rente wird in diesen Fällen auf den ALG-II-Bedarf angerechnet und vermindert den Anspruch.

Liegt Erwerbsunfähigkeit/Erwerbsminderung vor und reicht die Rente nicht zum Lebensunterhalt, kann man Leistungen der Grundsicherung im Alter und bei Erwerbsminderung (SGB XII) beantragen.

Für den Fall, dass ein Erwerbsunfähiger mit einem Erwerbsfähigen, also Leistungsberechtigten, in einer Bedarfsgemeinschaft lebt, kann er aber Anspruch auf Sozialgeld nach dem SGB II haben. Dies allerdings nur, soweit er keinen Anspruch auf Leistungen der Grundsicherung im Alter und bei Erwerbsminderung nach dem SGB XII hat. Diese Leistung ist vorrangig.

Tipp:

Werden Leistungen der Grundsicherung im Alter oder wegen Erwerbsminderung nach dem SGB XII nicht gewährt, weil das Vermögen zu hoch ist, kann dennoch ein Anspruch auf Sozialgeld bestehen, wenn das vorhandene Vermögen die Freibeträge nach dem SGB II, die deutlich höher sind als die des SGB XII, nicht überschreitet.

Bezieher von Renten wegen voller Erwerbsminderung auf Zeit erhalten keine Leistungen der Grundsicherung nach dem SGB XII. Sie können daher Sozialgeld beziehen. Die Rente wird allerdings angerechnet.

Rechtsgrundlage:

§§ 7 Abs. 1, 8 Abs. 1, 19 Abs. 1 SGB II; § 43 SGB VI; § 41 ff. SGB XII

Weitere Hinweise:

www.arbeitsagentur.de:

Veröffentlichungen/Weisungen/Arbeitslosengeld II/Fachliche Hinweise zu § 19 SGB II

→*Erwerbsfähigkeit/Erwerbsunfähigkeit;* →*Anrechnung (von anderen Sozialleistungen);* →*Einkommen/Einkommensanrechnung*

▶ Erwerbstätigenfreibeträge

Leistungsberechtigte, die einer Erwerbstätigkeit nachgehen und Geld verdienen, müssen sich dieses beim ALG-II anrechnen lassen, allerdings nicht in voller Höhe.

Man kann verschiedene Aufwendungen vorab abziehen. Es handelt sich um

(1) auf das Einkommen entrichtete Steuern

(2) Pflichtbeiträge zur Sozialversicherung einschließlich der Beiträge zur Arbeitsförderung

(3) Beiträge zu öffentlichen oder privaten Versicherungen oder ähnlichen Einrichtungen, soweit diese Beiträge gesetzlich vorge-

schrieben oder nach Grund und Höhe angemessen sind; hierzu gehören Beiträge

(a) zur Vorsorge für den Fall der Krankheit und der Pflegebedürftigkeit für Personen, die in der gesetzlichen Krankenversicherung nicht versicherungspflichtig sind

(b) zur Altersvorsorge von Personen, die von der Versicherungspflicht in der gesetzlichen Rentenversicherung befreit sind, soweit die Beiträge nicht nach § 26 bezuschusst werden

(4) geförderte Altersvorsorgebeiträge (z. B. Riester-Rente) nach § 82 des Einkommensteuergesetzes, soweit sie den Mindesteigenbeitrag nach § 86 des Einkommensteuergesetzes nicht überschreiten

(5) die mit der Erzielung des Einkommens verbundenen notwendigen Ausgaben

(6) Aufwendungen zur Erfüllung gesetzlicher Unterhaltsverpflichtungen bis zu dem in einem Unterhaltstitel oder in einer notariell beurkundeten Unterhaltsvereinbarung festgelegten Betrag

Für die Aufwendungen zu Ziffer 3 bis 5 werden pauschal 100,00 € in Ansatz gebracht. Hat man tatsächlich höhere Aufwendungen, so können diese ebenfalls berücksichtigt werden, wenn man mehr als 400,00 € monatlich verdient.

BEISPIEL: Bruttoeinkommen 800,00 €. Beiträge zur gesetzlich vorgeschriebenen Kfz-Haftpflichtversicherung (Ziffer 3) in Höhe von 50,00 € monatlich, zur Riesterrente (Ziffer 4) in Höhe von 40,00 € monatlich und Werbungskosten (Ziffer 5) in Höhe von 30,00 € monatlich. Statt der o. g. Pauschale von 100,00 € können 120,00 € abgezogen werden.

Darüber hinaus kann abhängig von der Höhe des Einkommens noch ein zusätzlicher Betrag behalten werden, soweit das Einkommen 100,00 € übersteigt und zwar

(1) bei Einkommen zwischen 100,00 € bis 1.000,00 € 20 % des Einkommens, das 100,00 € übersteigt

(2) von den Einkünften zwischen 1.000,01 € bis 1.200,00 € (bis 1.500,00 €, wenn minderjährige Kinder in der Bedarfsgemeinschaft leben oder die Leistungsberechtigten mindestens ein minderjähriges Kind haben) weitere 10 %.

BEISPIEL: Der Erwerbstätigenfreibetrag beträgt demnach bei einem Einkommen in Höhe von 700,00 €

Grundfreibetrag/Pauschale	100,00 €
Zusätzlicher Freibetrag (700,00 € – 100,00 € =) 600,00/100x20 =	120,00 €
Gesamt	220,00 €

und bei einem Einkommen von 1.500,00 € (kinderlos)

Grundfreibetrag/Pauschale	100,00 €
Zusätzlicher Freibetrag (20 % von 900,00 € und 10 % von 200,00 €)	200,00 €
Gesamt	300,00 €

Hat der Leistungsberechtigte höhere Aufwendungen für Werbungskosten etc, wie im Beispiel zuvor, können diese statt des Grundfreibetrages abgezogen werden.

Im ersten Beispiel ergibt sich unter der Voraussetzung, dass keine Steuern gezahlt werden aber 160,00 € Sozialversicherungsbeträge, daher folgendes anrechenbares Einkommen

Bruttoeinkommen	800,00 €
Sozialversicherungsbeiträge	– 160,00 €
Kfz-Haftpflichtversicherung	– 50,00 €
Riesterrente	– 40,00 €
Werbungskosten	– 30,00 €
Zusätzlicher Freibetrag (800,00 €– 100,00 € = 700,00/100x20 =)	– 140,00 €
Anrechenbares Einkommen	380,00 €

Für die Ausübung einer selbstständigen Tätigkeit gelten die gleichen Grundsätze. Bei ihnen werden von den Einnahmen aber zunächst die tatsächlich notwendigen und nicht vermeidbaren Ausgaben abgezogen. Daraus errechnet sich der „Gewinn“, der maßgebend für die Berechnung der Freibeträge ist. Zudem können vom Gewinn noch die o. g. Abzugsbeträge abgesetzt werden.

Rechtsgrundlage:
§§ 11, 11 a, 11 b; ALG-II-Verordnung

Weitere Hinweise:
www.arbeitsagentur.de:
Veröffentlichungen/Weisungen/Arbeitslosengeld II/Fachliche Hinweise zu §§ 11, 11 a, 11 b SGB II

→*Einkommen/Einkommensanrechnung;* →*Selbstständigkeit;* →*Mini-Job*

▶ Erwerbsunfähigkeitsrente

→*Erwerbsminderungsrente*

▶ Erziehungsgeld

Das Erziehungsgeld wird nur für Kinder gezahlt, die vor dem 1. 1. 2007 geboren wurden. Für Kinder, die ab dem 1. 1. 2007 geboren wurden, gibt es Elterngeld.

Weitere Hinweise: →*Elterngeld*

▶ Erziehungshilfe

Sind Eltern mit der Erziehung ihrer Kinder überfordert, können sie beim Staat Hilfe erhalten.

Dies setzt voraus, dass ohne sozialpädagogische Hilfe eine dem Wohl des Kindes entsprechende Erziehung nicht gewährleistet ist und die Hilfe für die Entwicklung des Kindes geeignet und notwendig ist.

Zuständig ist grundsätzlich das Jugendamt. Sofern das Jobcenter jedoch von einem entsprechenden Hilfebedarf Kenntnis erlangt, kann es das Jugendamt informieren, damit dieses Maßnahmen ergreift.

Es gibt acht verschiedene Formen der Hilfe zur Erziehung:

- Erziehungsberatung
- soziale Gruppenarbeit
- Erziehungsbeistand, Betreuungshelfer
- sozialpädagogische Familienhilfe
- Erziehung in einer Tagesgruppe
- Vollzeitpflege

- Heimerziehung, sonstige betreute Wohnform sowie
- intensive sozialpädagogische Einzelbetreuung.

Rechtsgrundlage:
§§ 27 ff. SGB VIII

Weitere Hinweise: →*Beratung*; →*Eingliederung (-maßnahmen/-leistungen/-zuschüsse)*

▶ Existenzgründung

Jobcenter können Beziehern von ALG-II Hilfen zur Existenzgründung gewähren. In Betracht kommen folgende Leistungen, jeweils einzeln oder auch kombiniert:

- Unterstützung bei der Vorbereitung einer Existenzgründung
- Einstiegsgeld
- Investitionshilfen zur Anschaffung von notwendigen Sachgütern.

Voraussetzung für die Hilfen ist, dass die selbstständige Tätigkeit wirtschaftlich tragfähig ist und zu erwarten ist, dass die Hilfebedürftigkeit dadurch in angemessener Zeit überwunden wird.

Rechtsgrundlagen:
§ 46 Abs. 1 Satz 1 Nr. 4 SGB III i. V. m. § 16 Abs. 1 Satz 2 SGB II, §§ 16 b, 16 c SGB II

Weitere Hinweise:
www.foerderland.de (Suchwort: Existenzgründung)
www.existenzgruender.de
→*Selbstständigkeit;* →*Einstiegsgeld;* →*Gründungszuschuss*; →Eingliederung (-maßnahmen/-leistungen/-zuschüsse)

F

▶ Fahrtkosten

Die Übernahme von Fahrtkosten hat das Jobcenter im Einzelfall und je nach dem Zweck der vorgenommen Fahrt zu prüfen. Es ist nach den verschiedenen Fahrtkosten zu unterscheiden.

Im Regelsatz sind anteilig Fahrtkosten enthalten, um am öffentlichen Nahverkehr teilnehmen zu können, also mit dem Bus, der Straßenbahn, U-Bahn usw. zu fahren. Die Übernahme eines Monatstickets durch das Jobcenter findet in der Regel nicht statt. Nur bei Schülern, die einen weiten Weg zur Schule haben, kann das Jobcenter die Kosten einer Busfahrkarte übernehmen.

Fahrtkosten um einer Einladung zu einem Beratungs- oder Vermittlungsgespräch beim Jobcenter nachzukommen, werden übernommen, wenn sie wirtschaftlich nicht unerheblich sind. Dabei wurde der pauschale Ansatz einer Bagatellgrenze von 6,00 € von den Gerichten nicht akzeptiert.

Fahrtkosten zu einer vom Jobcenter geförderten Maßnahme der beruflichen Eingliederung, z. B. Arbeitsgelegenheiten, werden in Höhe von 20 Cent pro gefahrenen Kilometer erstattet.

Fahrtkosten zum Arbeitsplatz bei Aufstockern werden vom Jobcenter zwar nicht übernommen, aber bei der Einkommensberücksichtigung mindernd anerkannt.

Rechtsgrundlage:
§ 59 SGB II; §§ 61, 62, 65 a SGB I; § 16 Abs. 1 Satz 2 SGB II i. V. m. § 81 Abs. 2 SGB III und § 5 Abs. 1 BRKG

Gerichtsentscheidungen:
www.sozialgerichtsbarkeit.de:
Bundessozialgericht, Urteil vom 6. 12. 2007, Az. B 14/7 b AS 50/06
Bundessozialgericht, Urteil vom 6. 4. 2011, Az. B 4 AS 117/10 R

Weitere Hinweise: →*Mitwirkungspflichten*; →*Bewerbung/Bewerbungskosten*; →*Eingliederung (-maßnahme/-leistungen/-zuschüsse)*; →*Eingliederungsvereinbarung*; →*Beratungsstelle*; →*Bildungsgutscheine/Teilhabegutscheine*

▶ Fallmanager

Der Fallmanager soll für einen Antragsteller bzw. ALG-II-Bezieher ein Persönlicher Ansprechpartner beim Jobcenter vor Ort sein. Der Fallmanager hat den ALG-II-Bezieher zu beraten und zu informieren, vor allem mit dem Ziel, die Eingliederung in Arbeit zu erreichen.

Rechtsgrundlage:
§ 14 Satz 2 SGB II

Weitere Hinweise: →*Persönlicher Ansprechpartner*; →*Jobcenter*; →*Eingliederung (-maßnahme/-leistungen/-zuschüsse)*; →*Eingliederungsvereinbarung*

▶ Familienversicherung

Unter der Familienversicherung versteht man die beitragsfreie Mitversicherung von Familienmitgliedern in der gesetzlichen Krankenversicherung eines versicherten freiwilligen oder Pflichtmitgliedes. Sofern z. B. der verheiratete Mann als Haushaltsvorstand krankenversichert ist, sind die nicht arbeitende Frau und die leiblichen Kindern mitversichert. Auch die Stiefkinder und Enkel, wenn sie in einem gemeinsamen Haushalt leben und der Lebensunterhalt überwiegend von der eigentlichen krankenversicherten Person bestritten wird, können familienversichert werden.

Hinweis:

Die Familienversicherung ist an weitere Bedingungen geknüpft, die in § 10 SGB V geregelt sind. Nähere Informationen erhält man von jeder Krankenkasse.

Rechtsgrundlage:
§§ 5, 10 SGB V

Weitere Hinweise: →*Krankenversicherung*

Fehlerhafter Bescheid (Verwaltungsakt)

Ein Bescheid bzw. Verwaltungsakt kann ganz oder teilweise fehlerhaft sein. Er ist dann rechtswidrig. Insbesondere Verfahrensfehler oder auch Verstöße gegen die Vorschriften zu Leistungen nach dem SGB II (dem sog. materiellen Recht) führen zur Rechtswidrigkeit eines Verwaltungsaktes. Rechtswidrige Verwaltungsakte sind nicht per se unwirksam. Vielmehr sind sie für die Beteiligten bindend, solange sie nicht zurückgenommen, widerrufen, anderweitig aufgehoben werden oder sich auf andere Weise erledigen (z. B. Fristablauf).

Wenn der Leistungsberechtigte erreichen möchte, dass ein Bescheid bzw. Verwaltungsakt aufgehoben wird, muss er gegen den Verwaltungsakt Widerspruch einlegen. Das Jobcenter oder das Gericht überprüft die Entscheidung dann und hebt den Bescheid ggf. auf.

Von sich aus kann das Jobcenter einen einmal erlassenen Verwaltungsakt nur unter bestimmten im Gesetz genannten Voraussetzungen ändern.

Tipp:

Will oder muss man gegen einen Bescheid vorgehen, muss die Frist, die in der sog. Rechtsbehelfs- oder Rechtsmittelbelehrung im Bescheid genannt wird, beachtet werden. Fehlt eine solche Angabe oder ist sie unrichtig, läuft die Frist nicht. Man hat dann regelmäßig bis zu einem Jahr Zeit.

Im Normalfall muss deshalb bei fehlerhaften Bescheiden dagegen vorgegangen werden.

Tipp:

Sind von einem Bescheid Leistungen für mehrere Leistungsberechtigte erfasst, z. B. in einer Bedarfsgemeinschaft, muss jeder einzelne dagegen vorgehen.

Besonders schwerwiegende Fehler können sogar zur Nichtigkeit führen. In diesen Fällen ist ein Bescheid unwirksam und entfaltet von Beginn an keine Rechtswirkungen, ohne dass es einer Aufhebung bedarf.

Nichtig ist nach dem Gesetz z. B. ein Verwaltungsakt, der

- bei schriftlichem oder elektronischem Erlass die erlassene Behörde nicht erkennen lässt
- nach einer Rechtsvorschrift schriftformbedürftig ist und der Form nicht genügt
- aus tatsächlichen Gründen von niemandem ausgeführt werden kann
- die Begehung einer rechtswidrigen Tat verlangt
- gegen die guten Sitten verstößt.

Falls nur ein Teil des Bescheides bzw. Verwaltungsaktes nichtig ist, ist der gesamte Verwaltungsakt nichtig, wenn der nichtige Teil so wesentlich ist, dass das Jobcenter den Verwaltungsakt ohne nichtigen Teil nicht erlassen hätte.

Fehler, die zur Nichtigkeit führen, sind aber eher selten.

Rechtsgrundlage:
§§ 39, 40 SGB X

Weitere Hinweise: →*Aufhebungsbescheid (Aufhebung eines Verwaltungsaktes);* →*Rücknahmebescheid (Rücknahme eines Verwaltungsaktes);* →*Widerspruch/Widerspruchsverfahren;* →*Neufeststellung/Überprüfungsbescheid*

▶ Fernseher

Die Anschaffungskosten für ein Fernsehgerät werden vom Jobcenter nur im Rahmen einer Erstausstattung übernommen. Viele Gerichte sind nämlich der Ansicht, dass ein Fernseher zu den notwendigen Einrichtungsgegenständen gehört. Ebenfalls dazu gehört ein Empfangsgerät wie z. B. eine DVB-T-Anlage.

Rechtsgrundlage:
§ 24 Abs. 3 SGB II

Gerichtsentscheidungen:
www.sozialgerichtsbarkeit.de:
Schleswig-Holsteinisches Landessozialgericht, Urteil vom 9. 12. 2009, Az. L 9 SO 5/09

Weitere Hinweise: →*Erstausstattung*

▶ Flohmarkt (Einkünfte)

→*Ebay (Einkünfte)*

▶ Folgeantrag

Das zuständige Jobcenter gewährt ALG-II in der Regel für einen zukünftigen Zeitraum von sechs bis zwölf Monaten. Vor Ablauf muss der Leistungsberechtigte rechtzeitig einen sog. Folgeantrag oder Weiterbewilligungsantrag stellen.

Tipp:

Man sollte darauf achten, dass dieser Antrag rechtzeitig gestellt wird, damit die Leistungen übergangslos gewährt werden. Es ist nicht davon auszugehen, dass das Jobcenter rechtzeitig oder überhaupt an die Stellung des Folge- bzw. Weiterbewilligungsantrages erinnert und die entsprechenden Formulare übersendet.

Der Folgeantrag auf Leistungen zur Sicherung des Lebensunterhalts wirkt auf den Ersten des Monats zurück. Wird der Antrag bzw. Folgeantrag also z. B. erst am 15. des Monats gestellt, werden die Leistungen ggf. rückwirkend schon ab Beginn des Monats erbracht.

Tipp:

Das ganze Antragsformular oder zumindest die erste Seite sollte vor Abgabe kopiert werden. Zudem sollte man sich die Abgabe vom Jobcenter auf der Kopie mit einem Stempel und einer Unterschrift bestätigen lassen.

Rechtsgrundlage:

§§ 37, 41 SGB II

Weitere Hinweise: →*Antrag;* →*Änderungs-/Aktualisierungsantrag;* →*Leistungsbeginn;* →*Überprüfungsantrag*

▶ Fortbildung

Leistungsberechtigte sollen im gleichen Maße die Möglichkeit zur Aus- und Fortbildung erhalten wie Empfänger von Arbeitslosengeld I nach dem SGB III, solange dies für eine Vermittlung in eine Erwerbstätigkeit erforderlich ist. Die Entscheidung über die Gewährung einer Aus- und Fortbildung, oft in Form eines Bildungsgutscheins, steht im Ermessen des Jobcenters.

Rechtsgrundlage:
§§ 15, 16, 16f SGB II

Weitere Hinweise: →*Eingliederung (-maßnahmen/-leistungen/-zuschüsse)*; →*Eingliederungsvereinbarung;* →*Sachleistungen;* →*Mitwirkungspflichten*

▶ Freibeträge

Unter Freibeträgen wird der Teil des Einkommens und Vermögens verstanden, den der Leistungsberechtigte behalten darf und nicht vorrangig zur Deckung seines Lebensunterhaltes einsetzen muss, ohne dass der Anspruch auf ALG-II sich mindert oder entfällt. Dadurch soll u. a. ein Anreiz zum Arbeiten geschaffen werden. Es gibt Freibeträge für laufendes oder einmaliges Einkommen und Freibeträge für Vermögen. Letzteres wird meist als „Schonvermögen" bezeichnet.

Rechtsgrundlage:
§§ 11–12 SGB II

Weitere Hinweise: →*Grundfreibetrag;* →*Erwerbstätigenfreibeträge;* →*Einmaleinnahmen;* →*Einkommen/Einkommensanrechnung;* →*Vermögen/Vermögensanrechnung*

▶ Freizeitveranstaltungen

Kinder unter 18 Jahren erhalten Gutscheine für Teilhabe am sozialen und kulturellen Leben in Höhe von 10,00 € monatlich. Dies gilt z. B. für Mitgliedsbeiträge für Kulturvereine, Sportvereine, privaten Musikunterricht, Eintrittsgelder für Museen, Theater usw.

Die Gutscheine müssen vor jedem Bewilligungszeitraum für jedes Kind beantragt werden.

Rechtsgrundlage:
§§ 28, 29 SGB II

Weitere Hinweise: →*Bildungsgutscheine/Teilhabegutscheine*

G

▶ Garage

Die Kosten für eine Garage oder einen Stellplatz können nur dann übernommen werden, wenn

(1) die Anmietung der Garage bzw. des Stellplatzes ein unwiderruflicher Bestandteil des Mietvertrages ist, d. h. der Mietvertrag ohne die Anmietung der Garage oder des Stellplatzes nicht möglich war

(2) die Mietkosten mitsamt den Kosten für die Garage oder einen zusätzlichen Stellplatz innerhalb der Miethöchstgrenzen liegen.

Rechtsgrundlage:
§ 22 SGB II

Weitere Hinweise: →*Miete;* →*Auto*

▶ Gardinen

Gardinen sind grundsätzlich vom Regelsatz zu begleichen. Nur im Rahmen einer Erstausstattung gehören Gardinen oder sonstige Fenstervorhänge zu den notwendigen Einrichtungsgegenständen.

Rechtsgrundlage:
§ 24 Abs. 3 SGB II

Weitere Hinweise: →*Erstausstattung;* →*Regelsatz/Regelleistung*

▶ Geburt

Bei Geburt eines Kindes kann für das Kind eine Erstausstattung für Bekleidung und eine Erstausstattung bei Geburt beantragt werden. Zusätzlich erhalten die Kinder ihren eigenen Regelbedarf. Bei Kindern unter sechs Jahren sind das monatlich 215,00 €. Da die Familie gewachsen ist, werden die Kosten der Unterkunft und Heizung nun auf einen Kopf mehr verteilt.

Für das neugeborene Kind ist bei der Familienkasse Kindergeld zu beantragen, das aber auf den Regelbedarf des Kindes in voller Höhe angerechnet wird.

Alleinerziehende erhalten bei Kinderzuwachs einen prozentualen Zuschlag auf ihren eigenen Regelbedarf, den sogenannten Alleinerziehendenmehrbedarf. Der Mehrbedarf beträgt bei einem Kind 36 % des Regelbedarfes der Mutter.

Rechtsgrundlage:
§§ 20, 21, 22, 24 SGB II

Weitere Hinweise: *→Anrechnung (von anderen Sozialleistungen); →Elterngeld; →Kindergeld; →Erstausstattung; →Mehrbedarf/Mehraufwendungen; →Einmalleistungen; →Regelbedarf/Regelleistung; →Härtefall; →Alleinerziehende; →Bedarfsgemeinschaft; →Miete*

▶ Genossenschaftsanteil (Wohnungsgenossenschaft)

→Mietkaution

▶ Gerichtskosten

Bei Führung eines gerichtlichen Verfahrens vor den Sozialgerichten fallen für den Kläger/ Antragsteller keine Gerichtskosten an, wenn es sich um einen Versicherten, einen Leistungsempfänger, einen behinderten Menschen oder einen sog. Sonderrechtsnachfolger handelt. Die ALG-II-Antragsteller oder Bezieher sind (potentielle) Leistungsempfänger. Daher fallen für sie in der Regel keine Gerichtskosten an.

Von der Kostenfreiheit gibt es nur wenige Ausnahmen (Abschriften, Antrag auf Anhörung eines bestimmten Gutachters, Verschulden oder Missbrauchsfälle). Sogenannte Mutwillenskosten können auferlegt werden, wenn man völlig aussichtlose Prozesse betreibt. Das

Gericht weist zuvor darauf hin und fordert zur Rücknahme der Klage bzw. des Antrags auf. Erst wenn man dem nicht nachkommt, werden vom Gericht Kosten auferlegt.

Kostenfrei ist allerdings nur das gerichtliche Verfahren. Wenn man einen Anwalt beauftragt, entstehen Gebühren, die vom Auftraggeber/Kläger, also den Leistungsberechtigten, zu tragen sind.

Tipp:

Anwaltskosten können vom Staat übernommen werden, wenn man Prozesskostenhilfe beantragt und erhält.

Die Rechtsanwaltskosten kann man ganz oder teilweise vom Jobcenter erstattet bekommen, wenn man das Verfahren ganz oder anteilig gewinnt.

Rechtsgrundlage:
§§ 183, 193, 73 a SGG i. V. m. § 114 ZPO
Weitere Hinweise: →*Anwaltskosten;* →*Prozesskostenhilfe;* →*Klage*

▶ Geringfügige Beschäftigung

Eine geringfügige Beschäftigung ist eine nicht sozialversicherungspflichtige Arbeit mit einem monatlichen Entgelt bis 400,00 € brutto. Sie wird auch als „Mini-Job" bezeichnet.

Durch diese Beschäftigung wird man nicht Mitglied in der Kranken-, Pflege-, Arbeitslosen- und Rentenversicherung. Der Arbeitnehmer führt daher weder Beiträge in diese Versicherungen ab (der Arbeitgeber schon) noch erwirbt er Ansprüche bei den Versicherungen. Hiervon ausgenommen ist die gesetzliche Rentenversicherung, wenn der Arbeitnehmer vor Beginn der Beschäftigung erklärt, dass er rentenversichert sein will. In diesem Fall muss er auch Beiträge in die Versicherung abführen.

Tipp:

Die Rentenversicherung kostet den Arbeitnehmer derzeit – soweit es sich nicht um eine sog. haushaltsnahe Beschäftigung handelt – in der Regel nur 4,9 % seines Bruttoeinkommens und sollte daher erwogen werden. Nähere Auskünfte erteilt die Rentenversicherung.

Um kranken- und pflegeversichert zu sein, muss der geringfügig Beschäftigte

- entweder einen Ehegatten haben, der Mitglied der gesetzlichen Kranken- und Pflegeversicherung ist, oder über seine Eltern versichert sein (= Familienversicherung)
- oder zusätzlich ALG-II beziehen (Aufstocker). Auch dann ist man in der gesetzlichen Kranken- und Pflegeversicherung versichert.

Anderenfalls bleibt nur der Weg der privaten oder freiwilligen Versicherung, was meistens sehr teuer ist.

Tipp:

Wenn man nicht kostenlos in der gesetzlichen Kranken- und Pflegeversicherung versichert ist (weder Familienversicherung noch ALG-II-Bezug), sollte man versuchen, etwas mehr als 400,00 € zu verdienen, weil dann Versicherungspflicht in den Versicherungen eintritt. Dies ist günstiger als eine freiwillige oder private Kranken- und/oder Pflegeversicherung.

Das Einkommen aus der geringfügigen Beschäftigung muss man zum Lebensunterhalt einsetzen. Es mindert den ALG-II-Anspruch. Allerdings wird nicht alles angerechnet, sondern es bestehen Freibeträge (100,00 € – 160,00 €, je nach Einkommenshöhe).

Hinweis:

Die Ausübung einer geringfügigen Beschäftigung hindert das Jobcenter nicht daran, weitere Arbeitsbemühungen zu verlangen, da mit einer geringfügigen Beschäftigung nicht der gesamte Bedarf gedeckt wird.

Rechtsgrundlage:
§§ 2, 10, 11, 11 b SGB II; § 8 SGB IV
Weitere Hinweise:
www.minijob-zentrale.de
→*Aufstocker;* →*Einkommen/Einkommensanrechnung;* →*Erwerbstätigenfreibeträge;* →*Mini-Job*

▶ Geschenk

Grundsätzlich ist alles, was einem Leistungsberechtigten während des ALG-II-Bezuges als Vermögenswert zuwächst, als Einkommen anzurechnen, auch Geschenke.

Bei einem Geschenk gilt seit den Reformen vom 1. 4. 2011, dass dieses nicht als Einkommen berücksichtigt wird, wenn eine Anrechung grob unbillig wäre oder den Leistungsberechtigten finanziell nicht so besser stellt, dass er nicht mehr auf ALG-II angewiesen wäre. Entscheidend ist nach dem Gesetzeswortlaut nicht mehr, ob es sich um eine zweckgerichtete Zuwendung handelt. Über die Billigkeitsprüfung bleibt es tatsächlich dann aber doch bei einer Prüfung der Zweckgerichtetheit.

Zweckgerichtete Zuwendungen sind z. B. Geld zur Anschaffung eines Autos oder zur Erlangung eines Führerscheins.

Kleine Geschenke im Wert von bis zu 10,00 € im Monat werden ohnehin nicht als Einkommen angerechnet.

Außerdem werden Geldgeschenke an Minderjährige anlässlich einer Firmung, Kommunion, Konfirmation oder vergleichbarer religiöser Feste sowie anlässlich der Jugendweihe nicht angerechnet, soweit sie den Betrag von 3.100,00 € nicht übersteigen.

Rechtsgrundlage:

§ 11a Abs. 5 SGB II; § 1 Nr. 1 und Nr. 12 ALG II-Verordnung

Weitere Hinweise: → *Schenkungen;* → *Einmaleinnahmen;* → *Einkommen/Einkommensanrechnung;* → *Vermögen/Vermögensanrechnung*

▶ GEZ-Gebühren/Gebührenbefreiung

Für die Benutzung eines sog. Rundfunkempfangsgerätes werden von der Gebühreneinzugszentrale (GEZ) in Köln Gebühren erhoben.

Unter Rundfunkempfangsgeräte sind alle technischen Einrichtungen, die zur drahtlosen oder drahtgebundenen, nicht zeitversetzten Hör- oder Sichtbarmachung oder Aufzeichnung von Rundfunk (Hörfunk und Fernsehen) geeignet sind, zu verstehen.

Die Rundfunkgebühr beträgt seit Januar 2009 für ein

Rundfunk-empfangsgerät	Radio, neuartiges Rundfunkgerät, Radio und neuartiges Rundfunkgerät	Fernsehgerät, Fernsehgerät und Radio, Fernsehgerät, Radio und neuartiges Rundfunkgerät
monatlich	5,76 €	17,98 €
vierteljährlich	17,28 €	53,94 €

Von dieser Gebühr können ALG-II- oder Sozialgeldempfänger befreit werden. Dafür ist aber ein eigenständiger Antrag notwendig. Der Befreiungsantrag liegt beim zuständigen Sozialleistungsträger (z. B. Jobcenter) aus oder kann von der Internetseite der GEZ heruntergeladen oder auch von der GEZ angefordert werden. Dem Befreiungsantrag ist ein aktueller Bewilligungsbescheid oder ein Schwerbehindertenausweis mit RF-Merkzeichen im Original oder in beglaubigter Kopie beizufügen. Eine einfache Kopie reicht aus, wenn die ausstellende Behörde, z. B. Jobcenter, die Vorlage des Originals auf dem Antrag bestätigt hat. Es kann auch eine Bescheinigung der leistungsgewährenden Behörde zur Vorlage bei der GEZ übersandt werden.

Die Befreiung gilt für alle im Eigentum des Antragstellers befindlichen Geräte, beginnend ab dem folgenden Monat nach Eingang des Befreiungsantrags und wird für die Dauer des Bewilligungsbescheides befristet; also in der Regel für sechs Monate.

Tipp:

Da die Befreiung erst ab dem Monat nach Eingang des Befreiungsantrages wirkt, sollte schon vor Erhalt des ALG-II-Bescheides ein sog. „vorsorglicher Antrag" bei der GEZ, 50656 Köln, gestellt werden. Auf dem Formular des Befreiungsantrages muss dann „vorsorglicher Antrag" stehen und der Befreiungsgrund angekreuzt werden.

Eine rückwirkende Befreiung ist nicht möglich, auch wenn die Befreiungsvoraussetzungen schon früher vorgelegen haben.

Tipp:

Zum Abmelden reicht die bloße Abmeldung nicht aus. Es muss darüber hinaus auch das Ende des Bereithaltens des Rundfunkempfangsgerätes (z. B. Abschaffung des Gerätes oder Ausbau des Empfangsteils) dargelegt werden.

Rechtsgrundlage:
§ 6 Rundfunkgebührenstaatsvertrag

Gerichtsentscheidungen:
www.rechtsprechung.saarland.de:
Verwaltungsgericht Saarlouis, Urteil vom 8. 10. 2009, Az. 6 K 1646/08

Weitere Hinweise:
www.gez.de
→*Beratung*

▶ Grundfreibetrag

Leistungen nach dem SGB II werden nur erbracht, soweit der Leistungsberechtigte bedürftig ist, d. h. seinen Bedarf nicht aus eigenen Mitteln, insbesondere eigenen Einkünften oder aus seinem Vermögen decken kann.

Es gibt sowohl beim Einkommen wie auch beim Vermögen Freibeträge. Nur das übersteigende Einkommen und Vermögen ist zum Lebensunterhalt einzusetzen.

Der Grundfreibetrag für Einkünfte aus Erwerbstätigkeit beträgt zurzeit 100,00 €. Bis zu dieser Höhe findet keine Anrechnung statt. Darüber hinausgehende Einkünfte sind nur noch zum Teil anrechnungsfrei.

Der Grundfreibetrag beim Vermögen ist altersabhängig und beträgt zur Zeit 150,00 € je vollendetem Lebensjahr des erwerbsfähigen Hilfebedürftigen (und seines Partners), mindestens jedoch 3.100 €.

Weitere Freibeträge werden beim Einkommen und Vermögen erläutert.

Rechtsgrundlage:
§§ 11 b Abs. 3, 12 Abs. 2 Nr. 1 SGB II

Weitere Hinweise: →*Einkommen/Einkommensanrechnung;* →*Erwerbstätigenfreibetrag;* →*Vermögen/Vermögensverwertung*

▶ Grundsicherung für Arbeitssuchende

→*Arbeitslosengeld I/ALG-II*

▶ Grundsicherung im Alter und bei Erwerbsminderung

Personen, die die jeweilige Altersgrenze erreicht haben oder dauerhaft voll erwerbsgemindert sind, erhalten Grundsicherungsleistungen im Alter und bei Erwerbsminderung.

Personen, die vor dem 1. 1. 1947 geboren sind, erreichen die Altersgrenze mit Vollendung des 65. Lebensjahres. Für Personen, die nach dem 31. 12. 1946 geboren sind, gelten folgende Altersgrenzen:

für den Geburtsjahrgang	erfolgt eine Anhebung um Monate	auf Vollendung eines Lebensalters von
1947	1	65 Jahren und 1 Monat
1948	2	65 Jahren und 2 Monaten
1949	3	65 Jahren und 3 Monaten
1950	4	65 Jahren und 4 Monaten
1951	5	65 Jahren und 5 Monaten
1952	6	65 Jahren und 6 Monaten
1953	7	65 Jahren und 7 Monaten
1954	8	65 Jahren und 8 Monaten
1955	9	65 Jahren und 9 Monaten
1956	10	65 Jahren und 10 Monaten
1957	11	65 Jahren und 11 Monaten
1958	12	66 Jahren
1959	14	66 Jahren und 2 Monaten
1960	16	66 Jahren und 4 Monaten
1961	18	66 Jahren und 6 Monaten
1962	20	66 Jahren und 8 Monaten
1963	22	66 Jahren und 10 Monaten
ab 1964	24	67 Jahren

Sie erhalten Altersrente. Reicht diese nicht aus, oder gibt es keine Ansprüche auf Altersrente, besteht ein Anspruch auf Grundsicherung im Alter.

Gleiches gilt für erwerbsgeminderte Menschen.

Eine dauerhafte Erwerbsminderung liegt vor, wenn die Erwerbsfähigkeit für voraussichtlich mindestens sechs Monate – unabhängig von der Arbeitsmarktlage – voll gemindert ist im Sinne des Rentenrechts. Das ist der Fall, wenn man nur noch bis zu drei Stunden täglich in der Lage ist, zu den üblichen Bedingungen des Arbeitsmarktes zu arbeiten.

Das Fehlen der Erwerbsfähigkeit muss vom Grundsicherungsträger festgestellt werden. Hierzu beauftragt der Grundsicherungsträger den Rentenversicherungsträger mit einer (medizinischen) Untersuchung der Erwerbsfähigkeit.

Hinweis:

Einer Untersuchung bedarf es nicht, wenn
(1) ein Träger der Rentenversicherung bereits die Voraussetzungen im Rahmen eines Antrags auf eine Rente wegen Erwerbsminderung festgestellt hat oder
(2) ein Träger der Rentenversicherung bereits eine gutachterliche Stellungnahme abgeben hat (§ 109 a Abs. 2 und 3 SGB VI) oder
(3) der Fachausschuss einer Werkstatt für behinderte Menschen über die Aufnahme in eine Werkstatt oder Einrichtung eine Stellungnahme nach Maßgabe der Werkstättenverordnung abgegeben hat und der Leistungsberechtigte kraft Gesetzes nach dem SGB VI als voll erwerbsgemindert gilt.

Steht die Erwerbsminderung fest, gibt es einen Anspruch auf Grundsicherung bei Erwerbsminderung.

Hinweis:

Liegen dazu die Voraussetzungen nicht vor, ist man aber dennoch hilfebedürftig und nicht arbeitsfähig, so erhält man Hilfe zum Lebensunterhalt mach dem 3. Kapitel des SGB XII (Sozialhilfe).

Der Umfang der Grundsicherungsleistungen entspricht denen des ALG-II.

Unterschiede gibt es aber vor allem bei den Vermögensfreibeträgen und den Freibeträgen bei Einkommen.

Der Vermögensfreibetrag in der Grundsicherung beträgt:

(1) 1.600,00 €, wenn die Sozialhilfe nur vom Vermögen des Antragstellers abhängt

(2) 2.600,00 €, wenn in o. g. Fall der Antragsteller das 60. Lebensjahr vollendet hat

(3) 2.600,00 € plus 256,00 € für jede Person, der überwiegend Unterhalt gewährt wird bei Leistungen nach §§ 47–74 SGB XII (z. B. Hilfen zur Gesundheit oder Pflege oder Überwindung besonderer sozialer Schwierigkeiten)

(4) 1.600,00 € (2.600,00 € bei Vollendung des 60. Lebensjahres) plus 614,00 € für den Ehegatten plus 256,00 € für jede Person, der überwiegend Unterhalt gewährt wird, wenn die Sozialhilfe vom Vermögen des Antragstellers und seines nicht getrennt lebenden Ehegatten abhängig ist

(5) 1.600,00 € (2.600,00 € bei Vollendung des 60. Lebensjahres oder bei Leistungen nach §§ 47–74 SGB XII) plus 614,00 € für einen Elternteil plus 256,00 € für den Antragsteller und jede Person, der von den Eltern oder dem Antragsteller überwiegend Unterhalt gewährt wird.

Der Ehegattenfreibetrag von 614,00 € erhöht sich auf 1.534,00 € bei Leistungen, die erforderlich sind, weil beide Partner schwerstbehindert sind (§§ 64 Abs. 3 und 72 SGB XII).

Anders als beim ALG-II werden beim Einkommen in der Regel 30 % der Einnahmen aus nichtselbstständiger und selbstständiger Arbeit als Freibetrag abgezogen, höchstens jedoch 50 % des Regelsatzes der Bedarfsstufe 1 (ab 1. 1. 2011: 364,00 € / 2 = 182,00 €).

Rechtsgrundlage:
§§ 41 ff., 82 SGB XII, § 90 Abs. 2 Ziff. 9 SGB XII i. V. m. § 1 Barbetragsverordnung

Weitere Hinweise: →*Rente;* →*Erwerbsfähigkeit/Erwerbsunfähigkeit;* →*Erwerbsminderungsrenten*

▶ Grundsicherung/Grundsicherungsträger

Als Grundsicherung wird eine aus Steuergeldern finanzierte Sozialleistung bezeichnet, die der Sicherung des Lebensunterhalts dient und vom Bedarf und den eigenen Mitteln des Bedürftigen abhängt.

Man unterscheidet dabei die Grundsicherung für Personen, die grundsätzlich arbeiten können und arbeitsuchend sind (Grundsicherung für Arbeitssuchende), von der für Personen, die aus unterschiedlichen Gründen nicht (mehr) durch Arbeit ihren Lebensunterhalt sichern können. Hierzu zählen vor allem alte Menschen und Erwerbsunfähige (Grundsicherung im Alter und bei Erwerbsminderung).

Die Grundsicherung für Arbeitsuchende ist im SGB II geregelt und die Grundsicherungsleistungen im Alter und bei Erwerbsminderung (sowie die Hilfe zum Lebensunterhalt) im SGB XII (Sozialhilfe).

Die Leistungen der Grundsicherung für Arbeitsuchende bezeichnet man in der Umgangssprache als „Hartz IV".

Im SGB XII sind außer den Lebensunterhalt sichernden Leistungen auch die „Hilfen in besonderen Lebenslagen", wie z. B. die „Hilfe zur Pflege", die „Eingliederung behinderter Menschen" oder die „Hilfe in sonstigen Lebenslagen" aufgeführt.

Die Hilfen in besonderen Lebenslagen können auch Leistungsberechtigte nach dem SGB II erhalten. Vor der SGB II Reform im Jahr 2011 haben viele Gerichte besondere, notwendige Bedarfe auf Grundlage der Vorschrift des § 73 SGB XII zugesprochen. Nach der Reform finden sich nun die meisten Anwendungsfälle direkt im SGB II wieder, wie z. B. der Anspruch auf Bildungsgutscheine, das Schülerticket oder Ansprüche im Zusammenhang mit den Kosten des Umgangsrechts mit den Kindern.

Träger der Grundsicherung für Arbeitssuchende, also im SGB II, sind die Bundesagentur für Arbeit und die kommunalen Träger, in der Regel die Kreise und die kreisfreien Städte. Die Bundesagentur für Arbeit und die kommunalen Träger arbeiten in sog. gemeinsamen Einrichtungen zusammen.

Hinweis:

Zum Teil werden die Leistungen auch nur durch kommunale Träger erbracht, die einer besonderen Zulassung bedürfen.

Man bezeichnet die Behörden, die die Leistungen nach dem SGB II erbringen, als „Jobcenter". Diese sind die Ansprechpartner für die Anspruchsteller und Leistungsberechtigten.

Träger der Grundsicherung im Alter und bei Erwerbsminderung und Sozialhilfe sind in der Regel die Kreise und kreisfreien Städte. Die dafür zuständigen Stellen werden meist „Sozialamt" genannt.

Rechtsgrundlage:
SGB II, insbesondere §§ 6–6 d SGB II; SGB XII, insbesondere §§ 3, 41 ff. SGB XII

Gerichtsentscheidungen:
www.bundesverfassungsgericht.de:
Bundesverfassungsgericht, Urteil vom 9. 2. 2010, Az. 1 BvL 1/09
www.sozialgerichtsbarkeit.de:
Bundessozialgericht, Urteil vom 7. 11. 2006, Az. B 7b AS 14/06 R

Weitere Hinweise: →*Arbeitslosengeld II/ALG-II*; →*Grundsicherung im Alter und bei Erwerbsminderung*

▶ Grundstück

Auch wer Eigentümer eines Grundstückes ist, kann grundsätzlich Leistungen nach dem SGB II beanspruchen. Es stellt sich allerdings die Frage, ob das Grundstück, das ja Vermögen des Leistungsberechtigten darstellt, verwertet und der Ertrag zum Lebensunterhalt eingesetzt werden muss. Ist das der Fall, kommt die Bewilligung von ALG-II jedenfalls als Zuschuss nicht in Betracht. Die Behörde kann aber ein Darlehen gewähren, wenn die sofortige Verwertung nicht möglich ist oder eine Härte bedeuten würde.

Dafür gelten folgende Grundsätze:

Ein Grundstück muss generell nicht verwertet werden, wenn es zum Schonvermögen zählt, den Grundfreibetrag nicht überschreitet, nicht verwertbar ist oder wenn die Verwertung unwirtschaftlich ist oder eine besondere Härte bedeuten würde.

1. Schonvermögen

Zum Schonvermögen kann ein Grundstück nur zählen, wenn es mit einem Haus oder einer Wohnung bebaut ist, die vom Leistungsberechtigten selber bewohnt wird. Außerdem müssen sowohl Grundstück als auch das Wohneigentum eine angemessene Größe haben.

Als zulässiger Richtwert gilt in der Stadt 500 qm und auf dem Land 800 qm. Die angemessene Größe für Wohneigentum beträgt nach der Rechtsprechung des Bundessozialgerichts für Häuser 130 qm und für Eigentumswohnungen 120 qm, wenn die Wohnung von vier Personen bewohnt wird. Für jede Person mehr oder weniger erhöht bzw. vermindert sich die Fläche um 20 qm (mindestens 80 qm).

Befindet sich das Grundstück und Wohnung/Haus innerhalb dieser Größenordnungen so muss das Grundstück samt Eigenheim nicht für den Lebensunterhalt eingesetzt werden.

Ist das Grundstück zu groß, muss es grundsätzlich verwertet werden.

2. Grundfreibetrag

Eine Verwertung muss dann nicht stattfinden, wenn der Wert des Grundstücks – zusammen mit den anderen nicht geschonten Vermögenswerten – den sog. Grundfreibetrag nicht übersteigt.

Der Grundfreibetrag ist altersabhängig und beträgt für Volljährige derzeit 150,00 € pro vollendeten Lebensjahr, mindestens jedoch 3.100,00 € für den Leistungsberechtigten und seinen Partner.

BEISPIEL: Der 50-jährige Ehemann hat ein Stück Ackerland, dass einen Wert von 10.000,00 € hat und 2.000,00 € Barvermögen. Er bildet mit seiner 45 Jahre alten Ehegattin eine Bedarfsgemeinschaft. Die Frau hat ein Sparbuch über 1.000,00 €. Die Ehegatten haben damit Vermögenswerte in Höhe von insgesamt 13.000,00 €. Ihre Grundfreibeträge betragen (150,00 × 50 =) 7.500,00 € für den Ehemann und (150,00 × 45 =) 6.750,00 € für die Frau, zusammen 14.250,00 €. Daher muss das Vermögen – auch das Grundstück – nicht zum Lebensunterhalt eingesetzt werden.

3. Verwertbarkeit und Ausnahmen von der Verwertung

Ein bebautes oder unbebautes Grundstück muss auch dann nicht verwertet werden, wenn es gar nicht verwertbar ist.

Die Unverwertbarkeit hängt von vielen Faktoren ab. In der Regel benötigt man ein Marktwertgutachten, in dem bescheinigt wird, dass das Grundstück nicht zu verkaufen ist, da z. B. die Lage oder der Boden nicht dem Standard entspricht. Unter Umständen reicht auch der Nachweis, dass der Leistungsberechtigte schon etliche Jahre vergeblich versucht, das Grundstück zu einem angemessenen Preis zu veräußern.

Verwertbarkeit von Vermögen kann nach der Rechtsprechung des Bundessozialgerichts zudem nur angenommen werden, wenn der Berechtigte in der Lage ist, die Verwertung innerhalb einer bei Antragstellung feststehenden Zeitspanne durch eigenes Handeln – autonom – herbeizuführen. Ist dagegen völlig ungewiss, wann eine für die Verwertbarkeit notwendige Bedingung eintritt, so liegt eine generelle Unverwertbarkeit vor. In diesen Fällen ist ALG-II zu gewähren.

Tipp:

Unverwertbarkeit kann auch vorliegen, wenn Grundstücke mit einem Nießbrauch belastet sind (z. B. Wohnrecht einer anderen Person).

a) Unwirtschaftlichkeit/Härte

Die Verwertung kann zudem unterbleiben, wenn sie unwirtschaftlich ist oder eine besondere Härte bedeuten würde. Dies kommt nur aufgrund besonderer Umstände in Betracht., also etwa wenn eine Verwertung erheblich unter Verkehrswert erfolgen müsste oder in dem Haus z. B. behinderte Personen leben und gepflegt werden.

b) Bedeutung der Größe des Grundstücks

Liegen die Werte des Grundstücks über den Richtwerten und liegen auch sonst keine Ausschlüsse für die Verwertbarkeit vor, ist zu prüfen, ob der zu große Teil abtrennbar ist und isoliert verwertet werden kann oder ob das Grundstück eine Einheit bildet.

c) Grundstück ist eine Einheit

Bildet das ganze Grundstück eine selbstständige Einheit und kann nicht geteilt werden, so ist das gesamte Grundstück nicht angemessen. Leistungen müssen in diesem Fall nicht erbracht werden. Das Jobcenter kann aber bis zu einem möglichen Verkauf ein Darlehen gewähren.

d) Grundstück kann geteilt werden

Kann das zu große Grundstück geteilt und verkauft werden, so prüft das Jobcenter den Verkehrswert des abtrennbaren Teils. Dieser Teil wird dann als Vermögensbestandteil dem übrigen vorhandenen Vermögen zugerechnet. Liegt das Vermögen noch innerhalb des Grundfreibetrages braucht das Grundstück nicht geteilt werden. Es werden Leistungen erbracht.

Liegt der abtrennbare Teil zusammen mit dem anderen Vermögen über der Schonvermögensgrenze, so muss entweder das andere Vermögen verbraucht oder der abtrennbare Teil verkauft werden. Auch hier kann bis zu einem Verkauf ein Darlehen gewährt werden.

Hinweis:

Ob ein Teil des Grundstücks überhaupt geteilt werden kann, ist insbesondere eine Frage des Baurechts. Erkundigen Sie sich beim Bauamt. Dort kann auch der Bodenrichtwert für den Bestimmung des Verkehrswertes abgefragt werden.

Tipp:

Sollte das Jobcenter Leistungen wegen eines zu wertvollem Grundstück versagen, so lohnt sich meist eine genaue Überprüfung, da immer der Einzelfall entscheidet.

Rechtsgrundlage:
§ 12 SGB II

Gerichtsentscheidungen:
www.sozialgerichtsbarkeit.de:
Bundessozialgericht, Urteil vom 15. 4. 2008, Az. B 14/7b AS 34/06 R
Bundessozialgericht, Urteil vom 6. 12. 2007, Az. B 14/7b AS 46/06 R
Bundessozialgericht, Urteil vom 16. 5. 2007, Az. B 11b AS 37/06 R

Bundessozialgericht, Urteil vom 7. 11. 2006, Az. B 7b AS 18/06 R
Landessozialgericht Nordrhein-Westfalen, Beschluss vom 9. 10. 2007, Az. L 20 B 114/07 SO ER

Weitere Hinweise:
www.arbeitsagentur.de:
Veröffentlichungen/Weisungen/Arbeitslosengeld II/Fachliche Hinweise zu § 12 SGB II
→*Eigenheim/Eigentumswohnung;* →*Vermögen/Vermögensverwertung;* →*Darlehen*

▶ Gründungszuschuss

Der Gründungszuschuss ist eine finanzielle Förderung der Bundesagentur für Arbeit, mit denen Arbeitslosengeld I-Empfänger bei dem Weg in die Selbstständigkeit unterstützt werden sollen.

Mit dem Gründungszuschuss soll in der Anfangszeit der Selbstständigkeit der Lebensunterhalt solcher Arbeitsloser gesichert werden.

Bezieher von ALG-II können keinen Gründungszuschuss erhalten, es sei denn, es handelt sich um sog. Aufstocker. Denn Voraussetzung für die Gewährung des Gründungszuschusses ist, dass der Antragsteller noch einen Anspruch auf Arbeitslosengeld -I für mindestens 90 Tage hat.

Reine ALG-II-Bezieher können (stattdessen) durch das Einstiegsgeld Förderung für maximal 24 Monate erhalten.

Rechtsgrundlage:
§§ 57, 58 SGB III; § 16 b SGB II

Weitere Hinweise:
www.foerderland.de (Suchwort: Gründungszuschuss)
www.existenzgruender.de (Suchwort: Gründungszuschuss)
→*Aufstocker;* →*Einstiegsgeld*

▶ Guthaben (aus Mietnebenkostenvorauszahlungen)

Guthaben aus Nebenkosten-, Betriebs- oder Heizkostenvorauszahlungen werden auf die tatsächlichen Kosten der Unterkunft und Heizung des Folgemonats nach Gutschrift angerechnet.

Rechtsgrundlage:
§ 22 SGB II

Weitere Hinweise: →*Betriebskostennachzahlung/-guthaben;* →*Betriebskosten;* →*Heizkosten;* →*Miete*

▶ Gutscheine (Sachleistungen)

Normalerweise werden die Leistungen des SGB II in Geld ausgezahlt. Ausnahmsweise kann das ALG-II auch als Sachleistung in Form von Gutscheinen erbracht werden, wenn der ALG-II-Bezieher sich als ungeeignet erweist, mit dem ALG-II seinen Lebensbedarf zu decken, z. B. bei einer Suchterkrankung oder unwirtschaftlichen Ausgaben.

Daneben kommt die Erteilung von Gutscheinen in Betracht, wenn das ALG-II aufgrund eines pflichtwidrigen Verhaltens des ALG-II-Beziehers in Form einer Sanktion abgesenkt oder ganz entzogen wird. Gutscheine werden bei Erstausstattung oder Mehrbedarfen zum „Einkauf" in Sozialläden vom Jobcenter abgegeben.

Ebenso werden sogenannte Bildungs- und Teilhabegutscheine für Schüler und Kinder vergeben.

Rechtsgrundlage:
§§ 4 Abs. 1 Ziff. 3, 24 Abs. 2, 31 a Abs. 3 SGB II

Weitere Hinweise: →*Bildungsgutscheine/Teilhabegutscheine;* →*Erstausstattung;* →*Mehrbedarf/Mehraufwendungen;* →*Lebensmittelgutschein;* →*Kürzung von Leistungen;* →*Sachleistungen*

H

▶ Handy (Mobiltelefon)

→ *Telefon/Telefongebühren*

▶ Härtefall

Die Jobcenter haben grundsätzlich jeden Antrag eines Antragstellers als Einzelfall zu prüfen. In diesem Rahmen haben sie ebenso besondere, schwierige Lebenslagen zu berücksichtigen, die als sog. Härtefälle oder atypische Fälle bezeichnet werden.

In besonderen Fällen kann sich so ergeben, dass die pauschalierten Regelsätze des ALG-II als unzureichend anzusehen sind. Dies hat die Rechtsprechung bereits in mehreren Einzelfällen bestätigt und gestützt auf § 73 SGB XII, zu der „Hilfe in sonstigen Lebenslagen" zusätzliche Leistungen gewährt. Danach können Leistungen erbracht werden, wenn sie den Einsatz öffentlicher Mittel rechtfertigen, z. B. Geldleistungen als Beihilfe oder als Darlehen.

Nach einem Urteil des Bundesverfassungsgerichts vom 9. 2. 2010 sind unabweisbare, laufende, nicht nur einmalige Bedarfe im Einzelfall zu decken. Der Anspruch auf einen derartigen „Sonderbedarf" entsteht jedoch erst, „wenn der Bedarf so erheblich ist, dass die Gesamtsumme der dem Hilfebedürftigen gewährten Leistungen – einschließlich der Leistungen Dritter und unter Berücksichtigung von Einsparmöglichkeiten – das menschenwürdige Existenzminimum nicht mehr gewährleistet".

Folgende Sonderbedarfe kann es geben:

- Nicht verschreibungspflichtige Arznei-/Heilmittel: Bei bestimmten – auch chronischen – Erkrankungen werden laufend Arznei- bzw. Heilmittel zur Gesundheitspflege benötigt, die oft nicht verschreibungspflichtig sind (z. B. Hautpflegeprodukte bei Neurodermitis, Hygieneartikel bei ausgebrochener HIV-Infektion). Die Kosten werden daher nicht von den Krankenkassen übernommen. Der in der Regelleistung enthaltene Anteil für die Gesundheitspflege deckt nur die durchschnittlichen Kosten ab. Daher können in Ausnahmefällen die Kosten des nachgewiesenen krankheitsbedingten Bedarfs an Arznei-/Heilmitteln als Sonderbedarf gewährt werden. Zu der Frage, ob der Bedarf unabweisbar ist, genügt in der Regel eine Bestätigung durch den behandelnden Arzt.
- Putz-/Haushaltshilfe für Rollstuhlfahrer: Rollstuhlfahrer können aufgrund der eingeschränkten Bewegungsfreiheit gewisse Tätigkeiten im Haushalt nicht ohne fremde Hilfe erledigen. Soweit ihnen keine anderweitige Unterstützung, z. B. durch Angehörige, zur Verfügung steht, besteht zur Sicherung eines menschenwürdigen Daseins ein laufender Bedarf an einer Haushalts- bzw. Putzhilfe, der als Sonderbedarf in erforderlichem Umfang zu übernehmen ist.
- Kosten zur Wahrnehmung des Umgangsrechts: Entstehen einem geschiedenen oder getrennt lebenden Elternteil regelmäßig Fahrt und/ oder Übernachtungskosten aufgrund der Wahrnehmung des Umgangsrechts mit seinen Kindern und können diese nicht aus vorhandenem Einkommen, der Regelleistung oder Leistungen Dritter bestritten werden, können diese in angemessenem Umfang übernommen werden. Dabei dürfen die Jobcenter nicht pauschal annehmen, dass ein Besuch des Kindes pro Monat ausreichend ist. Es ist zudem zu prüfen, ob die durch den Umgangsberechtigten geltend gemachten Kosten vermeidbar sind. Dies ist z. B. dann der Fall, wenn das Kind alt genug ist, um den umgangsberechtigten Elternteil ohne Begleitung besuchen zu können. Bei Vorliegen der übrigen Voraussetzungen können Fahrtkosten nur in Höhe der Kosten für die jeweils preisgünstigste

zumutbare Fahrgelegenheit übernommen werden. Die Fahrten müssen zudem auch tatsächlich Besuchszwecken dienen.

Weitere Sonderfälle sind zwischenzeitlich gesetzlich geregelt, z. B.:

- Kosten für Nachhilfeunterricht § 28 SGB II (Bildungsgutscheine)
- Kosten für Anschaffung und Reparaturen von orthopädischen Schuhen
- Reparaturen von therapeutischen Geräten und Ausrüstungen sowie die Miete von therapeutischen Geräten (24 Abs. 3 Nr. 3 SGB II).

Für einmalige Hilfen kann das Jobcenter ein Darlehen gewähren (z. B. für eine Brille oder Zahnersatz).

Tipp:

Ein Hilfebedürftiger sollte bei Bedarf auf jeden Fall stets einen gesonderten Antrag stellen und auf einer Entscheidung bestehen.

Rechtsgrundlage:
§§ 20, 21, 24, 28 SGB II

Gerichtsentscheidungen:
www. bundesverfassungsgericht.de:
Bundesverfassungsgericht, Urteil vom 9. 2. 2010, Az. 1 BvL 1, 3 und 4/09

Weitere Hinweise: →*Mehrbedarf/Mehraufwendungen;* →*Einmalleistungen;* →*Darlehen vom Jobcenter*

Hausbesuch

Eine Voraussetzung für Leistungen nach dem SGB II ist der gewöhnliche Aufenthaltsort in der Bundesrepublik Deutschland und im Bereich des zuständigen Jobcenters. In Fällen in denen mehrere Personen in einem Haushalt zusammenleben und mindestens eine Person ALG-II bezieht, hat das Jobcenter zu überprüfen, ob eine Bedarfsgemeinschaft gegeben ist, wenn die betroffenen Personen angeben, sie würde keine Bedarfsgemeinschaft, sondern eine bloße Wohn- oder Hausgemeinschaft bilden.

Das Jobcenter wird dann von den betroffenen Personen den Zutritt zur Wohnung verlangen, um anhand der Einrichtung und Aufteilung der Wohnräume zu kontrollieren, ob nicht doch eine Bedarfsgemeinschaft vorliegt.

Dem Jobcenter steht jedoch für einen Hausbesuch keine Ermächtigungsgrundlage zur Verfügung. Verweigert also ein Antragsteller den Zutritt zur Wohnung, darf der Leistungsträger dem Antragsteller keine Leistungen versagen, nur weil er vermutet, dass der Antragsteller eine Bedarfsgemeinschaft verheimlicht.

Die Jobcenter richten teilweise einen gesonderten Außendienst ein, der zur Bekämpfung von Leistungsmissbrauch Hausbesuche macht.

Rechtsgrundlage:
§ 20 SGB X; Art. 12 GG; § 6 Abs. 1 letzter Halbsatz SGB II

Gerichtsentscheidungen:
www.sozialgerichtsbarkeit.de:
Sozialgericht Lübeck, Beschluss vom 14. 2. 2008, Az. S 27 AS 106/08 ER

Weitere Hinweise: *→Aufenthaltsort; →Bedarfsgemeinschaft; →Mitwirkungspflichten; →Kürzung von Leistungen*

▶ Haushaltsgemeinschaft

Die Haushaltsgemeinschaft ist von der Wohngemeinschaft und der Bedarfsgemeinschaft zu unterscheiden.

Eine Wohngemeinschaft liegt vor, wenn mehrere Personen nur zusammen wohnen. Das bloße Miteinanderwohnen hat keine Auswirkungen auf etwaige Leistungen nach dem SGB II. Demgegenüber ist eine Bedarfsgemeinschaft anzunehmen, wenn Menschen zusammenleben und eine persönliche Nähe zu einander haben, z. B. Ehe- oder Lebenspartner, Kinder und Eltern. Hier geht der Gesetzgeber davon aus, dass sie sich unterstützen und somit der Bedarf von Leistungen nach dem SGB II nicht so hoch ist, wie bei Alleinstehenden.

Das Zusammenwohnen in Form einer Haushaltsgemeinschaft liegt dazwischen.

Wenn die Mitglieder einer Wohngemeinschaft nicht nur einfach zusammen wohnen, sondern einen gemeinsamen Haushalt führen, das heißt, „aus einem Topf wirtschaften“, bilden sie eine Haushaltsgemeinschaft. Das kann, wegen gemeinsamer Ersparnis- und etwaiger Unterstützungsleistungen sich auf die Höhe des Leistungsanspruches auswirken.

Für den Fall, dass Leistungsberechtigte in einer Haushaltsgemeinschaft mit Verwandten oder Verschwägerten leben, wird sogar gesetzlich vermutet, dass sie von ihnen Leistungen erhalten (jedenfalls soweit dies nach Einkommen oder Vermögen erwartet werden kann). Bei einer solchen Haushaltsgemeinschaft kann der Leistungsanspruch des Leistungsberechtigten eventuell ganz wegfallen, weil man erwartet, dass der Verwandte oder Verschwägerte Unterhaltssicherungsleistungen erbringt.

Hinweis:

Wenn die gesetzliche Vermutung eintritt, muss der Leistungsberechtigte nachweisen, dass Leistungen nicht erbracht werden oder die Grundlagen für die gesetzliche Vermutung (ausreichende Einkommens- oder Vermögensverhältnisse) nicht gegeben sind.

Bei der Berechnung werden vom sog. bereinigten Einkommen des nicht-hilfebedürftigen Verwandten/Verschwägerten ein Betrag in Höhe des doppelten Regelsatzes und die anteiligen Kosten für Unterkunft und Heizung abgezogen. Der überschießende Betrag ist in Höhe von 50 % für den Unterhalt des Leistungsberechtigten einzusetzen.

BEISPIEL: Der Leistungsberechtigte lebt mit seiner Großmutter zusammen in einer Haushaltsgemeinschaft. Die Wohnkosten liegen bei insgesamt 400,00 €. Die Großmutter hat eine bereinigte Rente in Höhe von 1.000,00 € monatlich. Der doppelte Regelsatz nach § 20 Abs. 2 SGB II beträgt (364,00 × 2=) 728,00 € und der Wohnkostenanteil der Großmutter 200,00 €. Diese Beträge sind vom bereinigten Einkommen in Höhe von 1.000,00 € abzuziehen. Es verbleibt ein Betrag in Höhe von 72,00 €, der zur Hälfte, das heißt in Höhe von 36,00 €, dem Leistungsberechtigten als Einkommen zugerechnet wird.

Rechtsgrundlage:
§ 9 Abs. 5 SGB II; § 1 Abs. 2 ALG-II-Verordnung

Gerichtsentscheidungen:
www.sozialgerichtsbarkeit.de:
Bundessozialgericht, Urteil vom 18. 6. 2008, Az. B 14/11b AS 61/06 R

Weitere Hinweise: →*Bedarfsgemeinschaft*; →*Wohngemeinschaft*

▶ Haushaltsgeräte

In besonderen Fällen gewährt das Jobcenter einen Zuschuss für die Erstausstattung der Wohnung einschließlich der Haushaltsgeräte.

Der Anspruch auf Erstausstattung ist nicht zeitlich zu verstehen, sondern bedarfsbezogen. Sofern besondere Gründe vorliegen, kann die Behörde die Sonderleistungen auch mehrmals erbringen. Insofern ist der Begriff der Erstausstattung irreführend.

Die Erstausstattungen sind abzugrenzen von einer Ersatzbeschaffung. Eine Ersatzbeschaffung liegt vor, wenn Gegenstände bereits vorhanden waren und später defekt oder unbrauchbar geworden sind. Die Kosten für eine Ersatzbeschaffung sind grundsätzlich in der Regelleistung enthalten. Bei Bedarf kann jedoch ein rückzahlbares Darlehen gewährt werden.

Tipp:

Anspruch auf Erstausstattung können auch Personen haben, die kein ALG-II beziehen, aber diese Ausgaben nicht aus dem eigenen Einkommen oder Vermögen decken können.

Rechtsgrundlage:
§ 23 SGB II

Gerichtsentscheidungen:
www.bundessozialgericht.de:
Bundessozialgericht, Urteil vom 20. 8. 2009, Az. B 14 AS 45/08 R
Bundessozialgericht, Urteil vom 1. 7. 2009, Az. B 4 AS 77/08 R
Bundessozialgericht, Urteil vom 19. 9. 2008, Az. B 14 AS 64/ 07 R
Sozialgericht München, Urteil vom 21. 1. 2008, Az. S 51 AS 217/08
Landessozialgericht Berlin-Brandenburg, Beschluss vom 3. 3. 2006, Az. L 10 B 106 AS ER
Landessozialgericht Berlin-Brandenburg, Entscheidung vom 25. 2. 2010, Az. L 34 AS 24/09

Weitere Hinweise:
www.tacheles-sozialhilfe.de:
Bundesweite Richtlinien/Verwaltungsanweisungen zu § 24 Abs. 3 SGB II
→*Erstausstattung;* →*Mehrbedarf/Mehraufwendungen;* →*Regelbedarf/Regelleistung;* →*Einmalleistungen*

▶ Hausratpauschale

→*Erstausstattung*

▶ Heilbehandlung/Heilmittel

Grundsätzlich werden die Kosten der Heilbehandlung von der gesetzlichen Krankenkasse übernommen. Es gibt jedoch Leistungsberechtigte, die Heilbehandlungen oder Heilmittel benötigen, die nicht von der Krankenkasse bezahlt werden. Für diese Fälle käme ein Antrag auf einen Mehrbedarf in Betracht.

Die gesetzlich aufgeführten Fälle für einen Mehrbedarf sind nicht abschließend. Jeder Antrag muss aufgenommen und beschieden werden.

Tipp:

Sollte ein Leistungsberechtigter ein bestimmtes Medikament benötigen und wird dies von der Krankenkasse nicht oder nicht ganz bezahlt, so sollte auf jeden Fall ein Antrag zur Übernahme der Kosten beim Jobcenter gestellt werden. Diesem Antrag sollten der Beleg und eine ärztliche Stellungnahme beigefügt werden, dass das Medikament zwingend erforderlich ist, um das gesundheitliche Leiden zu behandeln.

Rechtsgrundlage:
§§ 21 Abs. 6, 24 SGB II

Gerichtsentscheidungen:
www.sozialgerichtsbarkeit.de:
Landessozialgericht Nordrhein-Westfalen, Beschluss vom 21. 12. 2007, Az. L 19 B 134/07 AS
Bundesverfassungsgericht, Urteil vom 9. 2. 2010, Az. 1 BvL 1, 3 und 4/09

Weitere Hinweise: →*Mehrbedarf/Mehraufwendungen;* →*Härtefall;* →*Darlehen vom Jobcenter*

▶ Heizkosten

Das Jobcenter hat neben der Kaltmiete und den kalten Neben- oder Betriebskosten auch die Heizkosten zu übernehmen.

Zu den Heizkosten zählen alle monatlichen oder einmaligen Kosten, die im Zusammenhang mit der Beheizung von Räumen entstehen. Heizkosten sind daher die Vorauszahlungen für Energie- und Fernwärmelieferungen und Kosten für Brennstoffe (z. B.: Öl, Gas und Kohle und auch Brennholz). Zu den Heizkosten zählen aber auch die Kosten für Wartungs- und Instandhaltungsarbeiten und auch die Heizkostennachzahlungen.

Hinweis:

Bisher zählten die Warmwasserkosten, die meistens in den monatlichen Heizkostenvorauszahlungen enthalten sind, nicht zu den übernahmefähigen Kosten. Dies hat sich nun geändert. Ab dem 1. 1. 2011 werden die Kosten für die Erwärmung des Warmwassers zumindest teilweise vom Jobcenter übernommen und zwar in Form eines Mehrbedarfes bzw. als Warmwasserpauschale.
In den Fällen, in denen Warmwasser nicht über einen elektrischen Boiler, sondern über die Heizungsanlage erzeugt wird, gelten die Kosten hierfür als Heizkosten der Wohnung oder des Eigenheimes. Wird das Wasser dezentral, d. h. örtlich innerhalb der Wohnung oder innerhalb des Eigenheimes erwärmt, so zahlt die Behörde einen prozentualen Aufschlag auf die Regelleistung.

Die Heizkosten sind grundsätzlich in tatsächlicher Höhe zu übernehmen. Das Jobcenter kann nur prüfen, ob eklatant kostspieliges oder unwirtschaftliches Heizverhalten vorliegt. Ein Anhaltspunkt für zu hohe Heizkosten liegt vor, wenn die Grenzwerte des jeweiligen kommunalen Heizspiegels oder des bundesweiten Heizspiegels überschritten werden.

Liegen die monatlichen Vorauszahlungen für die Heizkosten unter den Grenzwerten aus einem anerkannten Heizspiegel, so müssen die tatsächlichen Kosten übernommen werden. Nur wenn dieser Grenzwert überschritten wird, ist eine weitere Prüfung des Jobcenters zulässig. Dabei können dann besondere Umstände wie z. B. die Lage der Wohnung (viele Außenwände) oder keine Wärmedämmung oder auch viele Kleinkinder eine Rolle spielen.

Es war bisher nicht zulässig, eine Gesamtangemessenheitsgrenze zu bilden, also eine Obergrenze für die Summe aus Unterkunfts- und Heizkosten. Dies hat sich nun ab dem 1. 1. 2011 geändert. Die Jobcenter dürfen nun mittels einer Satzung eine Gesamtangemessenheitsgrenze für die „Warmmiete“ bilden. Wie viele Behörden von dieser Möglichkeit Gebrauch machen werden, ist noch offen.

Tipp:

Die angemessenen Heizkosten dürfen nicht auf die Heizkosten für die angemessene Wohnfläche beschränkt werden. Wenn die gesamten Mietkosten eines Zwei-Personen-Haushaltes für eine 80 qm Wohnung insgesamt angemessen sind (obwohl die eigentlich angemessene Größe von 60 qm für diesen Haushaltstyp überschritten wird), dann ist es nicht zulässig, nur anteilig für 60 qm die tatsächlichen Heizkosten zu übernehmen.

Rechtsgrundlage:

§ 22, 21 Abs. 7 SGB II

Gerichtsentscheidungen:

www.sozialgerichtsbarkeit.de:

Bundessozialgericht, Urteile vom 2. 7. 2009, Az. B 14 AS 33/08 R und B 14 AS 36/08 R

Weitere Hinweise:

www.tacheles-sozialhilfe.de:

Bundesweite Richtlinien/KdU-Richtlinien, KdU-Empfehlungen, Landesrechtliche Bestimmungen zur Angemessenheit von Unterkunftskosten

www.heizspiegel.de

→Betriebskosten; →Miete; →Warmwasserpauschale; →Betriebskostennachzahlung/-guthaben

▶ Heizungsreparatur

Leistungsberechtigte, die Eigentümer eines Eigenheims sind, können vor dem Problem stehen, dass sie eine Heizungsreparatur durchführen müssen.

Das Jobcenter übernimmt zwar die tatsächlich anfallenden Kosten für Unterkunft und Heizung, soweit sie angemessen sind, und die Kosten einer Unterkunft in Form eines Eigenheims umfassen auch die periodisch anfallenden Instandhaltungskosten.

Ein kompletter Austausch einer Heizungsanlage fällt nach der Rechtsprechung jedoch nicht darunter.

Tipp:

Ein Eigenheimbesitzer kann bei einer großen Heizungsreparatur oder einem notwendigen Austausch der Heizungsanlage bei dem Jobcenter einen Antrag auf darlehensweise Übernahme der Kosten stellen.

Rechtsgrundlage:
§ 22 SGB II

Gerichtsentscheidungen:
www.sozialgerichtsbarkeit.de:
Landessozialgericht Sachsen-Anhalt, Beschluss vom 16. 11. 2005, Az. L 2 B 68/05 AS ER.

Weitere Hinweise: →*Eigenheim/Eigentumswohnung*; →*Darlehen vom Jobcenter*; →*Härtefall*

▶ Helferpauschale

→*Renovierungskosten/Schönheitsreparaturen*

▶ Herd

Der Besitz eines Herdes gehört zum menschenwürdigen Dasein. Die Kosten für eine Erstbeschaffung werden in der Regel vom Jobcenter übernommen. Sollte der Herd allerdings kaputt sein, so darf das Jobcenter auf das Ansparen aus der Regelleistung verweisen oder in seltenen Fällen ein Darlehen gewähren.

Rechtsgrundlage:
§ 24 Abs. 3 SGB II

Gerichtsentscheidungen:
www.bundessozialgericht.de:
Bundessozialgericht, Urteil vom 20. 8. 2009, Az. B 14 AS 45/08 R
Bundessozialgericht, Urteil vom 1. 7. 2009, Az. B 4 AS 77/08 R
Bundessozialgericht, Urteil vom 19. 9. 2008, Az. B 14 AS 64/ 07 R
www.sozialgerichtsbarkeit.de:
Sozialgericht München, Urteil vom 21. 1. 2008, Az. S 51 AS 217/08
Landessozialgericht Berlin-Brandenburg, Beschluss vom 3. 3. 2006, Az. L 10 B 106 AS ER

Weitere Hinweise:
www.tacheles-sozialhilfe.de:
Bundesweite Richtlinien/Verwaltungsanweisungen zu § 24 Abs. 3 SGB II
→*Erstausstattung;* →*Darlehen vom Jobcenter;* →*Einmalleistungen;* →*Härtefall*

▶ Herstellungsanspruch (sozialrechtlicher)

Der sozialrechtliche Herstellungsanspruch ist eine Rechtsfortbildung des Bundessozialgerichtes, ähnlich einem Rechtsmittel wie der Widerspruch oder die Klage. Es handelt sich aber um ein Rechtsinstitut eigener Art und ist daher im Gesetz nicht geregelt.

Der Herstellungsanspruch soll nachträglich korrigieren, dass einem Leistungsberechtigten Leistungen verwehrt blieben, weil bestimmte Antragsvoraussetzungen nicht erfüllt waren, diese aber hätten erfüllt werden können, wenn das Jobcenter den Leistungsberechtigten richtig und vollständig informiert und beraten hätte.

Die Voraussetzungen eines Herstellungsanspruches sind demnach, dass das Jobcenter eine Pflichtverletzung begangen hat, dem Leistungsberechtigten dadurch Nachteile entstanden sind und das Verhalten des Jobcenters dafür verantwortlich ist.

Gerichtsentscheidungen:
www.sozialgerichtsbarkeit.de:
Bundessozialgericht, Urteil vom 31. 10. 2007, Az. B 14/11b AS 63/06 R
Weitere Hinweise: →*Anhörung;* →*Rechtsberatung*

▶ Hilfebedürftigkeit

Wenn jemand das, was er – anerkanntermaßen – zum Leben braucht (= Bedarf) nicht aus eigenen Kräften decken kann, ist er bedürftig. Das SGB II bezeichnet dies als Hilfebedürftigkeit.

Hilfebedürftig ist nach dem Gesetz derjenige, der seinen Lebensunterhalt, seine Eingliederung in Arbeit und den Lebensunterhalt der mit ihm in Bedarfsgemeinschaft lebenden Personen nicht oder nicht ausreichend aus eigenen Kräften und Mitteln, wie zum Beispiel durch Aufnahme einer zumutbaren Arbeit, durch Einkommen oder Vermögen oder durch andere Sozialleistungen oder Hilfen sichern kann.

Hilfe kann zur Eingliederung in Arbeit und/oder zur Sicherung des Lebensunterhalts gewährt werden. Zur Unterhaltssicherung gehören der allgemeine Lebensbedarf, der durch sog. Regelsätze bemessen wird, die Wohnkosten sowie etwaige Mehr- und Sonderbedarfe.

Der Regelbedarf wird dabei nicht individuell ermittelt, sondern pauschal.

Dem Bedarf ist das Einkommen eines Antragstellers gegenüber zu stellen. Als Einkommen gelten sämtliche Gelder, die einem Antragsteller zum Zeitpunkt der Antragstellung und danach zufließen. Zudem prüft das Jobcenter, ob ein Antragsteller über Vermögen verfügt, um zunächst damit seine Bedarfe des alltäglichen Lebens zu decken. Alles was der Leistungsberechtigte vor dem ersten Bezugsmonat von ALG-II an geldwerten Sachen besaß und besitzt ist Vermögen.

Sollte das Jobcenter feststellen, dass Einkommen und Vermögen nicht oder nicht ausreichend vorhanden sind, um den Bedarf zu decken, dann ist nach dem SGB II die sog. Hilfebedürftigkeit gegeben und es werden Leistungen nach dem SGB II gewährt.

Hinweis:

Bei der Feststellung des Hilfebedarfs kommt es nicht nur auf den Bedarf, das Einkommen und Vermögen der einzelnen Person an, die mit anderen zusammenlebt (=Bedarfsgemeinschaft), sondern auf den Bedarf der Bedarfsgemeinschaft. Man kann sogar „hilfebedürftig" sein und Leistungen beziehen (müssen), obwohl man selber ausreichende Einkünfte hat, um den eigenen Bedarf zu decken. Ursache hierfür ist eine Regelung im Gesetz, wonach bei Bedarfsgemeinschaften, in denen nicht der gesamte Bedarf aus eigenen Kräften und Mitteln gedeckt werden kann, jede Person der Bedarfsgemeinschaft im Verhältnis des eigenen Bedarfes zum Gesamtbedarf als hilfebedürftig gilt.

BEISPIEL: Ehegatten haben einen Bedarf in Höhe von je 600,00 € (Regelsatz und Wohnkosten). Die Ehefrau hat kein Einkommen. Der Ehemann hat ein bereinigtes Einkommen von 800,00 €, so dass sein Bedarf eigentlich vollständig gedeckt ist. Er gilt trotzdem als hilfebedürftig, weil sein Einkommen gleichmäßig auf die gesamte Bedarfsgemeinschaft verteilt wird. Jeder Ehegatte bekommt 400,00 € angerechnet und ist damit noch in Höhe von 200,00 € „hilfebedürftig". Zusammen erhalten die Ehegatten daher 400,00 € Arbeitslosengeld II.

Tipp:

Hilfebedürftig ist aber auch derjenige, dem der sofortige Verbrauch oder die sofortige Verwertung seines einzusetzenden Vermögens nicht möglich ist oder für den dies eine besondere Härte bedeuten würde, z. B. wenn der Verkauf eines Grundstücks unmöglich ist oder bei unwirtschaftlicher Kündigung einer Lebensversicherung (also mit sehr hohen Verlusten oder ohne verbleibendes Guthaben).

Rechtsgrundlage:
§§ 9, 19 SGB II

Gerichtsentscheidungen:
www.sozialgerichtsbarkeit.de:
Bundessozialgericht, Urteil vom 6. 12. 2007, Az. B 14/7b AS 46/06 R

Weitere Hinweise:
www.arbeitsagentur.de:
Veröffentlichungen/Weisungen/Arbeitslosengeld II/Fachliche Hinweise zu § 9 SGB II

→*Einkommen/Einkommensanrechnung;* →*Vermögen/Vermögensanrechnung;* →*Regelbedarf/Regelleistung*

▶ Hilfen zur Überwindung besonderer sozialer Schwierigkeiten

In schwierigen Lebenssituationen, bei denen ein Handeln erforderlich ist, ist das Jobcenter ein wichtiger Ansprechpartner. Das Jobcenter kann dem Leistungsberechtigten die erforderlichen weiteren Schritte zur Behebung der Notlage aufzeigen und durch individuelle Betreuung helfen.

In der Regel werden dem Leistungsberechtigten zuerst die Möglichkeiten zur Selbsthilfe genannt und dann die eventuellen weiteren Maßnahmen.

In begründeten Einzelfällen kann das Jobcenter ein Darlehen zur Überbrückung einer Notlage gewähren. Daneben gibt es die Möglichkeiten zusätzliche Leistungen bei Vorliegen eines Härtefalles bzw. Hilfen in besonderen Lebenslagen zu erhalten. Auch bei Wohnungsproblemen, Mietschulden, usw. ist das Jobcenter in der Lage zu helfen.

Tipp:

Die meisten Leistungsberechtigen wissen gar nicht, wie viele Hilfemöglichkeiten es gibt. Das Jobcenter muss hierzu Auskunft erteilen und beraten. Es empfiehlt sich daher frühzeitig mit dem Jobcenter Kontakt aufzunehmen und ggf. Anträge auf Unterstützungen zu stellen.

Rechtsgrundlage:
§§ 24, 42 a SGB II; 73 SGB XII

Weitere Hinweise: *→Mehrbedarf/Mehraufwendungen; →Einmalleistungen; →Härtefall; →Darlehen vom Jobcenter*

▶ HIV (Aids) – Mehrbedarf

HIV infizierte Personen können aufgrund der Krankheit einen Mehrbedarf, z. B für Medikamente, haben, der vom Jobcenter zusätzlich zu übernehmen ist, wenn es sich um einen unabweisbaren, laufenden und nicht nur einmaligen besonderen Bedarf handelt.

Rechtsgrundlage:
§§ 21 Abs. 5 und Abs. 6, 24 Abs. 1 und Abs. 2 SGB II

Weitere Hinweise: *→Härtefall; →Mehrbedarf/Mehraufwendungen*

▶ Hochzeit

Kosten einer Hochzeit oder einer anderen Familienfeier werden von den Jobcentern nicht übernommen.

Auch Kosten zur Teilnahme an einer Hochzeit, z. B. Fahrtkosten, Geschenke usw. sind in der Regelleistung enthalten.

Rechtsgrundlage:
§ 20 SGB II

Weitere Hinweise: *→Härtefall; →Einmalleistungen; →Darlehen vom Jobcenter*

▶ Horizontalberechnung

Das Einkommen der Mitglieder einer Bedarfsgemeinschaft wird nicht nur auf ihren eigenen Bedarf, sondern auf den Gesamtbedarf der Gemeinschaft angerechnet (Ausnahme: bei Kindern).

Die Verteilung des Einkommens auf den Gesamtbedarf und deren Berechnung bezeichnet man als Horizontalberechnung.

BEISPIEL: Ehemann und Ehefrau haben jeweils einen Bedarf in Höhe von 600,00 €. Der Gesamtbedarf der Bedarfsgemeinschaft liegt mithin bei 1.200,00 €. Der Ehemann hat ein bereinigtes Einkommen in Höhe von 1.000,00 € monatlich. Dieses Geld muss er für alle Mitglieder der Bedarfsgemeinschaft gleichmäßig einsetzen. Das führt zum Ergebnis, dass er und seine Frau jeweils noch einen Hilfebedarf in Höhe von 100,00 € monatlich haben und in dieser Höhe Leistungen erhalten.

Tipp:

Auf Nachfrage erhält man vom Jobcenter zusätzlich zum eigentlichen Bewilligungsbescheid einen Ausdruck der Horizontalberechnung.

Rechtsgrundlage:
§ 9 Abs. 2 SGB II

Weitere Hinweise: →*Einkommen/Einkommensanrechnung*; →*Bedarfsgemeinschaft*

I

▶ Informationsfreiheitsgesetz

Das Informationsfreiheitsgesetz vom 1. 1. 2006 gewährt Bürgern Informationsrechte, ohne dass sie ein berechtigtes rechtliches Interesse geltend machen müssen. Es handelt sich um ein Bundesgesetz. Es gibt auch entsprechende Gesetze auf Landesebene.

Anspruchsberechtigt sind Personen unabhängig von Staatsangehörigkeit und Aufenthaltsort. Verpflichtet sind Behörden des Bundes (und des Landes), aber auch Private, soweit die Behörde sich dieser zur Erfüllung der öffentlich-rechtlichen Aufgaben bedient.

Für Antragsteller und Bezieher von Sozialleistungen sind die gesetzlichen Regelungen deshalb von Interesse, weil sie einen Anspruch auf Auskünfte geltend machen können. Der Anspruch richtet sich auf Mitteilung über die bei dem jeweiligen Jobcenter tatsächlich vorhandenen amtlichen Informationen. Die Richtigkeit der Information muss die Behörde nicht prüfen. Die Form der Information ist unerheblich. Umfasst sind Schriften, Tabellen, Disketten, CD-ROMs, Filme, Fotos etc.

Ausnahmen vom Informationsanspruch bestehen in folgenden Fällen:

- Es handelt sich um ein Sozialgeheimnis.
- Die Angaben fallen unter § 3 Abs. 9 Bundesdatenschutzgesetz (BDSG).
- Der Berechtigte kann sich die Informationen aus allgemein zugänglichen Quellen beschaffen.

- Schützenswerte private Interessen stehen entgegen.
- Es handelt sich um Betriebs- oder Geschäftsgeheimnisse. In solchen Fällen ist die Einwilligung des betroffenen Dritten erforderlich.
- Es handelt sich um bestimmte Daten der Kassen (z. B. Mitgliederstruktur, Leistungsdaten).

Die Information wird auf Antrag schriftlich gewährt und zwar unverzüglich, spätestens binnen eines Monats (soweit nicht die Genehmigung eines Dritten einzuholen ist). Die Erteilung der Information kann kostenpflichtig sein. Die Entscheidung über den Informationszugang ist ein Verwaltungsakt, der mit Widerspruch angreifbar ist.

Tipp:

Die Durchführungsanweisungen bzw. fachlichen Weisungen/Hinweise der Bundesagentur für Arbeit enthalten zahlreiche Vorgaben und Auslegungshinweise für das SGB II, an die die Mitarbeiter des Jobcenters sich halten müssen. Wenn man herausfinden will, wie das Jobcenter bestimmte Regelungen auslegt oder worauf es für die Beurteilung eines Problems ankommt, kann man sich in den Durchführungsanweisungen orientieren. Ein Anspruch auf Information besteht nach dem Informationsfreiheitsgesetz. Die Weisungen findet man auch im Internet auf der Homepage der Bundesagentur für Arbeit oder bei Tacheles.

Rechtsgrundlage:
Informationsfreiheitsgesetz

Weitere Hinweise:
www.arbeitsagentur.de
www.tacheles-sozialhilfe.de
→*Beratung*

▶ Informationsrechte

→*Beratung*; →*Akteneinsicht;* →*Informationsfreiheitsgesetz*

▶ Insolvenzgeld

Das Insolvenzgeld ist eine Leistung der Agentur für Arbeit nach dem SGB III. Die Zahlung von Insolvenzgeld kommt für einen Arbeitnehmer in Betracht, wenn sein Arbeitgeber zahlungsunfähig wird und Insolvenz beantragen muss. Oft bekommt der Arbeitnehmer in solchen Fällen zuletzt auch kein Gehalt/Lohn mehr ausgezahlt.

Hier springt die Agentur für Arbeit ein und zahlt für die letzten drei Monate vor Insolvenzeröffnung (oder Ende des Arbeitsverhältnisses, wenn dieses zuvor beendet wurde) Geld in Höhe des Arbeitsentgeltes, vermindert um die gesetzlichen Abzüge, soweit dieses vom Arbeitgeber nicht mehr gezahlt worden ist.

Diese Leistung bezeichnet man als Insolvenzgeld.

Wichtig ist, dass das Insolvenzgeld nur auf Antrag gezahlt wird. Der Antrag muss innerhalb von 2 Monaten nach Insolvenzeröffnung gestellt werden.

Tipp:

Wenn es gar nicht erst zur Eröffnung des Insolvenzverfahrens kommt, sondern dieses mangels Masse abgelehnt wird, oder wenn der Betrieb einfach stillgelegt wird, ohne dass überhaupt ein Insolvenzantrag gestellt wird, kann man auch Insolvenzgeld bekommen, wenn die weiteren Voraussetzungen erfüllt sind.

Insolvenzgeld ist beim ALG-II als Einkommen zu berücksichtigen, wenn es im Zeitraum des ALG-II-Leistungsbezuges zufließt. Allerdings ist das Insolvenzgeld zu bereinigen, d. h. es wird nicht vollständig auf den Bezug des ALG-II angerechnet. Von der eigentlichen Summe werden die Erwerbstätigenfreibeträge sowie etwaige tatsächliche Aufwendungen, die mit der Einkommenserzielung verbunden sind, abgezogen.

Rechtsgrundlage:
§§ 183 ff. SGB III; § 11 SGB II

Gerichtsentscheidungen:
www.sozialgerichtsbarkeit.de:
Bundessozialgericht vom 13. 5. 2009, Az. B 4 AS 29/08 R

Weitere Hinweise:
www.arbeitsagentur.de: (Suchwort: Insolvenzgeld)
→ *Einkommen/Einkommensanrechnung;* → *Erwerbstätigenfreibeträge*

► Internet/Internetkosten

Ein Internetzugang ist für ein menschenwürdiges Leben nicht notwendig. Die Kosten werden daher regelmäßig nicht übernommen, auch nicht im Rahmen einer Erstausstattung. Ein Computer (PC) und auch ein Telefonanschluss gehören ebenfalls nicht dazu.

Sofern ein Internetzugang zur Aufrechterhaltung einer Erwerbstätigkeit oder für Schüler notwendig ist, können Zuschüsse gewährt werden oder zumindest Darlehen.

Rechtsgrundlage:
§§ 16, 16 c, 24 Abs. 1 SGB II

Gerichtsentscheidungen:
www.sozialgerichtsbarkeit.de:
Landessozialgericht Nordrhein-Westfalen, Beschluss vom 23. 4. 2010, Az. L 6 AS 297/10 B

Weitere Hinweise: *→Regelbedarf/Regelleistung; →Miete; →Betriebskosten; →Eingliederung (-maßnahme/-leistungen/-zuschüsse)*

J

► Jobcenter

Das Jobcenter ist zuständig für die Betreuung von ALG-II und Sozialgeld-Beziehern. Die Jobcenter werden entweder von kommunalen Trägern alleine oder gemeinsam mit der Bundesagentur für Arbeit betrieben.

Rechtsgrundlage:
§§ 6 – 6 d SGB II

Gerichtsentscheidungen:
www.bundesverfassungsgericht.de:
Bundesverfassungsgericht, Urteil vom 9. 2. 2010, Az. 1 BvL 1/09

Weitere Hinweise: →*Persönlicher Ansprechpartner;* →*Fallmanager;* →*Beratung;* →*Antrag*

► Jugendheim

→*Stationäre Unterbringung*

► Jugendliche und junge Erwachsene (unter 25-jährige)

Für Jugendliche und junge Erwachsene von 18 bis 25 Jahren sieht das SGB II in vielen Bereichen besondere Regelungen vor. Diese Besonderheiten schlagen sich insbesondere in der Höhe der Leistungen nieder.

1. Kürzerer Regelbedarf

So bilden Personen unter 25 Jahren, wenn sie noch mit ihren Eltern zusammenwohnen, mit ihnen eine Bedarfsgemeinschaft und erhalten deshalb nur einen geringeren Regelbedarf (291,00 € bzw. 287,00 €).

2. Ansprüche auf Bedarfe für Bildung und Teilhabe

Personen unter 18 Jahren erhalten erweiterte Leistungen für die Teilhabe am sozialen und kulturellen Leben (Bildungs-/Teilhabegutscheine).

3. Strengere Umzugsregelung

Für junge Menschen unter 25 Jahren, die ohne Genehmigung des Jobcenters aus dem Elternhaus ausziehen und dadurch einen Anspruch auf Übernahme der Mietkosten auslösen, gelten folgende Leistungsbeschränkungen:

- Kürzung der Regelbedarfes auf 291,00 €
- keine Übernahme von Unterkunftskosten beim Erstauszug aus einer Bedarfsgemeinschaft
- keine Leistungen für die Erstausstattung der Wohnung
- kein Mietzuschuss.

Es kommen grundsätzlich zwei Fälle in Betracht, in denen es zu den oben beschriebenen Nachteilen kommen kann. Der eine ist der Erstauszug eines jungen Volljährigen aus einer Bedarfsgemeinschaft. Der zweite Fall ist der Erstauszug eines jungen Volljährigen aus der Wohnung seiner Eltern oder eines Elternteils, mit der Absicht, Leistungsansprüche zu begründen.

Mit den Regelungen soll vor allem der besonders kostenträchtige Erstauszug von jungen Menschen verhindert werden. Die Regelung findet daher überall dort keine Anwendung, wo der junge Erwachsene mit seinen Eltern keine Bedarfsgemeinschaft bildet, das ist zum Beispiel der Fall, wenn er eigenes Einkommen hat oder wenn er verheiratet ist oder mit seiner Partnerin in einer eigenen Bedarfsgemeinschaft in der elterlichen Wohnung lebt. Er löst sich dann nicht aus der Bedarfsgemeinschaft mit seinen Eltern, sondern ist schon aus der Bedarfsgemeinschaft heraus. Darüber hinaus greift die Regelung dann nicht, wenn die Eltern sich aus der Bedarfsgemeinschaft lösen oder wenn der junge Erwachsene nach seinem Auszug gar kein Leistungsempfänger des SGB II ist, zum Beispiel weil er gar nicht bedürftig ist oder weil er nicht erwerbsfähig ist.

Trotz eines Erstauszuges können Kosten übernommen werden, wenn das Jobcenter dies zuvor zugesichert hat. Das ist in der Regel der Fall, wenn es schwerwiegende soziale Gründe für den Umzug gibt.

BEISPIELE:
- Der junge Erwachsene kann aus psychischen oder physischen Gründen nicht mehr mit seinen Eltern zusammen wohnen.
- Er muss umziehen, um in Arbeit eingegliedert zu werden.
- Es existieren unzumutbare räumliche Gegebenheiten.
- Es bestehen Suchterkrankungen der Eltern oder des Kindes usw.

Tipp:

Die vorherige Zusicherung ist entbehrlich, wenn es dem jungen Menschen aus wichtigem Grund nicht zumutbar ist, sie vor dem Umzug einzuholen.

Eine Zusicherung ist auch dann nicht erforderlich, wenn die Eltern des Jugendlichen gar nicht hilfebedürftig waren. Er kann dann einfach so aus dem Haushalt ausziehen. Er erhält allerdings keine Leistungen, wenn er in der Absicht ausgezogen ist, die Voraussetzung für einen Leistungsanspruch zu schaffen. Dabei muss die Leistungsinanspruchnahme nicht das Ziel des Umzuges gewesen sein, sondern nur die Folge.

Unproblematisch ist daher, wenn ein junger Mensch aus dem Elternhaus auszieht, der sich zunächst selber unterhalten kann und er erst später hilfebedürftig werden sollte. Die oben beschriebenen Nachteile treten in diesen Fällen nicht ein. Einer vorherigen Zusicherung zum Auszug bedarf es in solchen Fällen ebenfalls nicht.

Rechtsgrundlage:
§§ 7 Abs. 3 Nr. 4, 20 Abs. 3, 22 Abs. 5, 24 Abs. 6, 27 Abs. 3, 28, 31 a Abs. 2 SGB II

Weitere Hinweise: →*Bedarfsgemeinschaft*; →*Bildungsgutscheine/Teilhabegutscheine*; →*Regelbedarf/Regelleistung*; →*Umzug*; →*Erstausstattung*; →*Miete*

K

▶ Kabelanschluss

Monatliche Grundgebühren für die Nutzung eines Breitbandkabelanschlusses sind vom Jobcenter im Rahmen der Kosten für Unterkunft zu übernehmen, wenn der Kabelanschluss im Mietvertrag vereinbart war und der Mieter nicht darauf verzichten konnte. Steht die Nutzung des Kabelanschlusses frei und hat die Wohnung schon einen Zugang zu einer Gemeinschaftsantenne, ist die zusätzliche Nutzung von Kabelfernsehen nicht mehr notwendig und dann auch nicht vom Jobcenter zu tragen.

Rechtsgrundlage:
§ 22 SGB II

Gerichtsentscheidungen:
www.sozialgerichtsbarkeit.de:
Bundessozialgericht, Urteil vom 19. 2. 2009, Az. B 4 AS 48/08 R

Weitere Hinweise: →*Betriebskosten;* →*Miete;* →*Fernseher*

▶ Kaffeemaschine

→*Haushaltsgeräte*; →*Erstausstattung*

▶ Kapitalerträge/Kapitalvermögen

Kapitalerträge, z. B. Zinsen aus Kapital bzw. Kapitalvermögen (z. B. ein Sparbuch), sind Einkommen, welches man zum Lebensunterhalt einsetzen muss und das den ALG-II-Anspruch mindert. Es handelt sich meistens um sog. Einmaleinkommen, das im Monat des Zuflusses, spätestens im folgenden Monat angerechnet wird.

Das Jobcenter hat jedoch zu prüfen, ob das Geld in einer Summe auf Leistungen nach dem SGB II angerechnet wird oder über mehrere Monate in Teilbeträgen.

Vor der Anrechnung sind die Erträge um die Kapitalertragssteuer und die notwendigen Ausgaben zur Einkommenserzielung zu bereinigen.

Hinweis:

Dienen Guthaben bzw. Kapitalvermögen der Altersvorsorge, sind sie angemessen und ist sichergestellt, dass die Ersparnisse nicht vorzeitig verwendet werden können, müssen sie nicht vorrangig zum Lebensunterhalt eingesetzt werden. Das gilt z. B. für Riester-Rentenveträge und Lebensversicherungen.

Rechtsgrundlage:
§§ 11, 11 b SGB II

Weitere Hinweise: →*Vermögen/Vermögensanrechnung;* →*Einkommen/Einkommensanrechnung;* →*Riester-Rente;* →*Lebensversicherung;* →*Altersvorsorge*

▶ Kaution

→*Mietkaution*

▶ Kilometergeld

→*Fahrtkosten*

▶ Kinder

Kinder sollen einen niedrigeren Regelbedarf als Erwachsene haben und bekommen deshalb geringere Regelleistungen:

- für Kinder bis 6 Jahren gibt es derzeit 215,00 €
- für Kinder von 7 Jahren bis 14 Jahren gibt es 251,00 €
- für Kinder von 15 Jahren bis 17 Jahren gibt es 287,00 €.

Kinder sind auch bei der Berechnung der Unterkunftskosten zu berücksichtigen. Außerdem erhalten sie Leistungen zur Teilhabe am sozialen und kulturellen Leben und für Bildungsbedarf.

Die Eltern bekommen für ihre Kinder in der Regel von der Familienkasse Kindergeld. Dieses ist als Einkommen zunächst beim Kind und ggf. auch noch bei den Eltern bedarfsmindernd zu berücksichtigen, verringern also evtl. die Leistungen nach dem SGB II.

Sofern die Kinder von einem Elternteil allein erzogen werden, erhält dieser einen Mehrbedarf, dessen Höhe zwischen 36 % und 60 % des Regelbedarfs des Elternteils liegt.

Leben die Eltern getrennt und besuchen die Kinder den umgangsberechtigten Elternteil, der hilfebedürftig ist, so kann die umgangsberechtigte Person für die Zeit der Besuche für die Kinder anteilig Leistungen für die Kinder beantragen.

Rechtsgrundlage:

§§ 21 Abs. 3, 23, 28, 38 Abs. 2 SGB II

Weitere Hinweise: *→Regelbedarf/Regelleistung; →Mehrbedarf/Mehraufwendungen; →Kindergeld; →Kinderzuschlag; →Bildungsgutscheine/Teilhabegutscheine; →Bedarfsgemeinschaft; →Temporäre Bedarfsgemeinschaft; →Härtefall; →Schüler*

▶ Kinderbetreuungszuschlag

Der Kinderbetreuungszuschlag ist eine zusätzliche Geldzahlung, die BAföG-Empfänger für ihre Kinder erhalten können, sofern sie mit betreuungspflichtigen Kindern unter zehn Jahren zusammenleben.

Für das erste Kind beträgt dieser Zuschuss 113,00 € monatlich für jedes weitere Kind 85,00 €.

Tipp:

Der Zuschlag wird nicht als Einkommen auf etwaige Leistungen nach dem SGB II angerechnet.

Rechtsgrundlage:

§ 14 b BAföG

Weitere Hinweise: *→BAföG; →Schüler; →Studierende/Studium*

▶ Kinderbonus

→Alleinerziehende; →Mehrbedarf/Mehraufwendungen

▶ Kindergeld

Kindergeld ist eine staatliche Zahlung an die Erziehungsberechtigten (Eltern) eines Kindes. Es ist zum einen Teil eine Sozialleistung und zum anderen Teil ein steuerlicher Ausgleich für das Existenzminimum eines Kindes.

Leistungsberechtigte bekommen selbstverständlich auch für ihre Kinder Kindergeld, soweit die Voraussetzungen vorliegen. Kindergeld gibt es grundsätzlich

- für alle Kinder bis zum 18. Lebensjahr
- für Kinder in Ausbildung bis zum 25. Lebensjahr
- für arbeitslose Kinder bis zum 21. Lebensjahr
- für ein Kind über das 25. Lebensjahr hinaus ohne altersmäßige Begrenzung, wenn es wegen einer körperlichen, geistigen oder seelischen Behinderung nicht in der Lage ist, sich selbst zu unterhalten und die Behinderung vor Vollendung des 25. Lebensjahres eingetreten ist.

Hinweis:

Kinder, die wegen fehlendem Ausbildungsplatz eine Berufsausbildung nicht beginnen oder fortsetzen können, können auch Kindergeld bis zum 25. Lebensjahr erhalten, sofern das Kind ernsthafte Bemühungen um einen Ausbildungsplatz nachweist. Dafür ist in der Regel zumindest notwendig, dass das Kind ausbildungssuchend gemeldet ist und Bewerbungsbemühungen nachweist.
Hat das zuständige Jobcenter dem Kind Eingliederungsmaßnahmen vorgeschlagen und lehnt das Kind diese Maßnahmen ab, so kann darin das Aufgeben der ernsthaften Bemühungen gesehen werden. Volljährige Kinder, die also eine Eingliederungsmaßnahme ablehnen oder abbrechen, erhalten daher kein Kindergeld mehr. Zusätzlich kommt es in diesen Fällen zu einer Kürzung der Sozialleistungen vom Jobcenter. Dies kann dazu führen, dass volljährige Kinder bei einem unentschuldigten Abbruch einer Eingliederungsmaßnahme weder Kindergeld noch den Regelbedarf erhalten.

Das Kindergeld beträgt zurzeit für das erste und zweite Kind jeweils 184,00 € monatlich und für das dritte Kind 190,00 € monatlich sowie für das vierte und jedes weitere Kind 215,00 € monatlich.

Tipp:

Vollendet ein Kind das 18. Lebensjahr, wird die Zahlung des Kindergeldes für dieses Kind von der Familienkasse automatisch eingestellt. In diesen Fällen muss das Kindergeld erneut beantragt und anhand entsprechender Urkunden und Bescheinigungen (zum Beispiel Schul- oder Immatrikulationsbescheinigung) die Erfüllung der besonderen Voraussetzungen nachgewiesen werden.

Kindergeld wird bei den Leistungen nach dem SGB II als Einkommen berücksichtigt und zwar vorrangig beim Kind selbst, wenn es mit dem kindergeldberechtigten Elternteil in einer Bedarfsgemeinschaft lebt. Dies gilt allerdings nur, soweit das Geld erforderlich ist, um den Lebensunterhalt – mit Ausnahme der Bedarfe nach § 28 SGB II (= Bildungspaket) – des Kindes zu decken. Ein übersteigender Betrag ist dem Kindergeldberechtigten als Einkommen zuzurechnen.

BEISPIEL: Eine alleinerziehende Mutter und ihr 18-jähriges Kind, das noch zur Schule geht, leben zusammen und bilden eine Bedarfsgemeinschaft. Der Bedarf der Mutter liegt bei 600,00 € und der Bedarf des Kindes bei 500,00 €. Das Kind bekommt 400,00 Unterhalt. Zudem wird für das Kind an die Mutter 184,00 € Kindergeld gezahlt. Der Bedarf des Kindes ist damit gedeckt. Da das volljährige Kind mindestens eine Versicherungspauschale in Höhe von 30,00 € von seinem Einkommen abziehen kann (und das minderjährige Kind ebenfalls, wenn es tatsächlich eine Versicherung hat) ist ein Betrag von 54,00 € übrig, der bei der Mutter als Einkommen angerechnet wird.

Bedarf des Kindes:			500,00 €
Einkommen:	– Unterhalt	400,00 €	
	– Kindergeld	184,00 €	
	abzüglich Versicherungspauschale	– 30,00 €	
bereinigtes Einkommen			554,00 €
Restbetrag			– 54,00 €

Wenn (volljährige) Kinder nicht mehr im gleichen Haushalt mit dem kindergeldberechtigten Elternteil leben wird das Kindergeld den Kindern zugerechnet, wenn sie es auch tatsächlich erhalten. Die Kinder können in diesem Fall bei der Familienkasse auch einen sog. „Abzweigungsantrag“ stellen. In diesem Fall wird das Geld nicht an die Eltern, sondern direkt an das Kind ausbezahlt.

Rechtsgrundlage:

§ 66 Abs. 1 EStG; § 6 Abs. 1 Bundeskindergeldgesetz (BKGG); §§ 1 Abs. 1 Nr. 8, 6 Abs. 1 Nr. 1 und 2 ALG-II-Verordnung

Weitere Hinweise:

www.arbeitsagentur.de:
Merkblatt Kindergeld
www.arbeitsagentur.de:
Veröffentlichungen/Weisungen/Arbeitslosengeld II/Fachliche Hinweise zu § 11 SGB II, Einkommen

→Einkommen/Einkommensanrechnung; →Bedarfsgemeinschaft; →Alleinerziehende; →Kinder; →Jugendliche und junge Erwachsene (unter 25-jährige); →Bildungsgutscheine/Teilhabegutscheine; →Schüler; →Studierende/Studium; →Auszubildende

▶ Kindergeldzuschlag

→Kinderzuschlag

▶ Kindertagespflege

Unter Kindertagespflege wird die zeitweilige Betreuung von Kindern bis zu drei Jahren bei einer Tagesmutter oder einem Tagesvater verstanden. Diese Betreuung wird von einer privaten Person übernommen und ist von der Betreuung in einer Kindertageseinrichtung zu unterscheiden.

Die Kosten für eine Kindertagespflege müssen in der Regel selbst bezahlt werden. Bei besonderem akuten Bedarf oder wenn kein notwendiger Platz in einer Kindertageseinrichtung vorhanden ist, kann das zuständige Jugendamt die Kosten übernehmen. Weitere Auskünfte sind beim Jugendamt einzuholen.

Für die Betreuung in einer Kindertageseinrichtung/Kindertagesstätte (KITA, Kita) sind die örtlichen Kommunen (Städte und Kreise) zuständig. Es gibt die Kinderkrippe (Kinder bis 2 Jahre), den Kindergarten (3 bis 6 Jahre) und den Schulhort (Grundschulkinder vor

Schulbeginn und nach Schulende). Grundsätzlich sind die Teilnahmen kostenpflichtig. Je nach Einkommen der Eltern und Alter der Kinder werden Beiträge erhoben. Grundsätzlich werden Leistungsberechtigte von den Kosten befreit. Es kann aber sein, dass sogenannte „Aufstocker“ einen gewissen Beitrag zahlen müssen.

Tipp:

Seit 1996 gilt in Deutschland der Rechtsanspruch auf einen Kindergartenplatz. Die Länder haben jeweils eigenständige Regelungen erlassen, wie der Rechtsanspruch umgesetzt wird.

Rechtsgrundlage:
Kinder- und Jugendhilfegesetz (SGB VIII); KITA-Gesetz

Weitere Hinweise: →*Alleinerziehende*; →*Aufstocker*; →*Eingliederung (-maßnahme/-leistungen/-zuschüsse)*

▶ Kinderzuschlag

Eltern, die zusammen zwar genug Einkommen haben und/oder über genug Vermögen verfügen, um ihren Lebensbedarf zu decken, jedoch nicht genug haben, um auch noch ein Kind versorgen zu können, sollen wegen der Unterhaltspflicht gegenüber dem Kind nicht darauf angewiesen sein, ALG-II zu beantragen. Diese Eltern können den sog. Kinderzuschlag beantragen. Der Kinderzuschlag ist eine Erhöhung des Kindergeldes um einen Betrag von bis zu 140,00 € pro kindergeldberechtigtem Kind unter 25 Jahren. Der Kinderzuschlag wird jedoch nur geleistet, wenn dadurch Hilfebedürftigkeit im Sinne des SGB II vermieden wird. Er wird daher niemals zeitgleich mit ALG-II oder Sozialgeld gezahlt.

Tipp:

Leistungsberechtigte können vom Jobcenter nicht mehr gezwungen werden, einen Antrag auf Kinderzuschlag zu stellen, wenn dadurch nicht die Hilfebedürftigkeit aller Mitglieder der Bedarfsgemeinschaft für mindestens drei Monate beseitigt werden würde.

Rechtsgrundlage:
§ 6 a Bundeskindergeldgesetz (BKGG); § 12 a Satz 1 Nr. 2 SGB II

Weitere Hinweise: →*Bedarfsgemeinschaft;* →*Kinder;* →*Subsidiaritätsprinzip;* →*Kindergeld;* →*Aufstocker*

▶ Klage

Mit einer Klage kann ein Leistungsberechtigter sich gegen eine Entscheidung des Jobcenters wehren, wenn dieses seinem Widerspruch nicht abgeholfen hat, also ein negativer Widerspruchsbescheid vorliegt.

Die Klage muss innerhalb einer Frist von einem Monat beim zuständigen Sozialgericht eingelegt werden. Welches das ist, muss sich aus der Rechtsmittelbelehrung am Ende des Widerspruchsbescheides ergeben, ebenso wie ein Hinweis auf die einmonatige Frist.

Tipp:

Fehlt die Rechtsmittelbelehrung läuft die Frist nicht und man hat nicht nur einen Monat, sondern ein Jahr Zeit, um Klage zu erheben.

Aus der Klage muss hervorgehen, wer Kläger und wer Beklagter ist, gegen welche Entscheidung man sich wendet (das ist die ablehnende Entscheidung des Jobcenters) und möglichst auch, was man will.

Die Klage kann man selber erheben oder sich von einem Anwalt, einer Gewerkschaft oder ggf. einem Verband vertreten lassen.

Es gibt verschiedene Arten von Klagen. Soll ein Bescheid angefochten werden, etwa weil dadurch eine Leistung entzogen (ganz oder teilweise) worden ist, wird dagegen eine sog. Anfechtungsklage erhoben. Diese kommt insbesondere in Betracht bei Aufrechnungen, Rückforderungen, Kürzungen, usw. Eine solche Klage hat eine aufschiebende Wirkung, die Folgen des Bescheides treten also nicht sofort ein. Es gibt auch noch Verpflichtungsklagen (Untätigkeitsklage), Leistungsklagen und Feststellungsklagen (z. B. über Erwerbsunfähigkeit).

Tipp:

Bei einer Klage, die man selbst beim Sozialgericht einreicht, muss man weder die Art der Klage benennen noch die juristische Fachsprache im Einzelnen. Das Sozialgericht ist bei der Formulierung behilflich.

Muster (für den Fall, dass ALG-II komplett versagt wurde)

Sozialgericht Musterstadt
Beispielsweg 5
12345 Musterstadt

Ort, Datum

Klage
des Herrn Max Mustermann, Adresse....
gegen
das Jobcenter Musterstadt, Adresse.......

Hiermit erhebe ich Klage und beantrage,
den Bescheid des Beklagten vom .... Az...................... in der Fassung des Widerspruchsbescheides vom .... Az.................. abzuändern und mir ab .... ALG-II zu gewähren.

Begründung:
.........*Kurz begründen, warum man meint, die Leistung bekommen zu müssen und das Jobcenter zu Unrecht abgelehnt hat*............
Kopien der angegriffenen Bescheide sind anliegend beigefügt.
Unterschrift

Rechtsgrundlage:
§ 87 SGG

Weitere Hinweise: →*Rechtsberatung;* →*Gerichtskosten;* →*Prozesskostenhilfe;* →*Aufschiebende Wirkung;* →*Widerspruch/Widerspruchsverfahren;* →*Anwaltskosten*

▶ Klassenfahrt

Schüler unter 25 Jahren, die eine allgemein- oder berufsbildende Schule besuchen und keine Ausbildungsvergütung erhalten, sowie Kinder in Kindertageseinrichtungen erhalten einen Zuschuss für Schulausflüge und mehrtägige Klassenfahrten.

Die Kosten werden in tatsächlich anfallender Höhe übernommen. Es gibt keine Begrenzung nach oben. Leistungsberechtigte erhalten entweder Gutscheine oder die Kosten werden direkt an den Anbieter bzw. die Schule gezahlt.

Es ist in jedem Fall ein Antrag erforderlich und zwar vor Beginn der Fahrt.

Rechtsgrundlage:
§ 28 Abs. 2 Nr. 2 SGB II

Weitere Hinweise: →*Bildungsgutscheine/Teilhabegutscheine;* →*Schüler*

▶ Kleidung

Die Kosten für Kleidung sind aus der pauschalierten Regelleistung zu erbringen. Ausnahmsweise gibt es Zuschüsse für die Erstausstattung der Bekleidung in der Schwangerschaft, bei Geburt oder in besonderen Fällen, wie z. B. nach einem Wohnungsbrand.

Rechtsgrundlage:
§ 24 Abs. 3 SGB II

Weitere Hinweise: →*Regelbedarf/Regelleistung;* →*Erstausstattung;* →*Mehrbedarf/Mehraufwendungen;* →*Härtefall*

▶ Kochtöpfe

Die Anschaffungskosten für Kochtöpfe hat ein Leistungsberechtigter aus den pauschalierten Regelleistungen zu erbringen.

Zuschüsse hierfür kann man nur im Rahmen der sog. Erstausstattung erhalten, da Kochtöpfe zu den notwendigen Haushaltsgegenständen zählen. Die Kosten für Kochtöpfe sind jedoch meist in einer Hausratspauschale enthalten.

Rechtsgrundlage:
§ 24 Abs. 3 SGB II

Weitere Hinweise: →*Erstausstattung*

▶ Konto und -kosten

Die ALG-II Leistungen werden in der Regel auf ein inländisches Konto bei einem Geldinstitut überwiesen und zwar so rechtzeitig, dass sie am letzten Tag vor dem Monat, in dem der Anspruch eigentlich entstehen würde, zur Verfügung stehen. Umstritten ist, ob es auch ausreicht, wenn die Leistungen am Ersten eines Monats zur Verfügung stehen.

Tipp:

Sofern ALG-II ohne Grund nicht rechtzeitig auf das Konto überwiesen wird und beim Leistungsberechtigten dadurch Kosten entstehen, wie z. B. Rücklastschriftgebühren, müssen diese ggf. vom Jobcenter getragen werden. Diese Ansprüche können im Wege eines sog. Amtshaftungsanspruches beim zuständigen Landgericht mit Hilfe eines Rechtsanwaltes eingeklagt werden.

Die Kontoführungskosten hat ein Leistungsberechtigter aus dem Regelsatz zu erbringen. Nur Leistungsberechtigte, die selbstständig sind und deshalb zusätzlich ein betriebliches Konto führen, können die Aufwendungen für das Konto im Rahmen der Einkommensberücksichtigung mindernd abziehen.

Wird ALG-II nicht durch Überweisung, sondern auf andere Weise an den Wohnsitz oder gewöhnlichen Aufenthalt des Leistungsberechtigten übermittelt, werden die dadurch entstehenden Kosten von den Leistungen abgezogen.

Tipp:

Den Abzug kann man vermeiden, wenn nachgewiesen werden kann, dass die Einrichtung eines Kontos bei einem Geldinstitut ohne eigenes Verschulden nicht möglich ist.

Rechtsgrundlage:
§ 42 SGB II; § 839 BGB

Gerichtsentscheidungen:
www.sozialgerichtsbarkeit.de:
Landessozialgericht Nordrhein-Westfalen, Beschluss vom 24. 11. 2008, Az. L 7 B 341/08 AS ER

Weitere Hinweise: →*Regelbedarf/Regelleistung;* →*Prozesskostenhilfe;* →*Anwaltskosten*

▶ Kontoauszüge

Das Jobcenter darf im Rahmen der Mitwirkungspflichten die Vorlage von Kontoauszügen der letzten drei oder auch sechs Monate sowohl bei einem Erstantrag als auch bei Folgeanträgen verlangen. Dem stehen nicht die Regelungen des Datenschutzes entgegen. Die Vorlage der

Kontoauszüge und einer Kontenübersicht ist nämlich erforderlich, um die Anspruchsvoraussetzungen zu ermitteln und zu überprüfen.

Dies gilt uneingeschränkt für die Einnahmenseite.

Für die Ausgabenseite gelten Einschränkungen. So dürfen die Zahlungen geschwärzt oder unkenntlich gemacht werden, wenn diese Zahlungen Hinweise auf besondere personenbezogene Daten geben können, wie z. B. Angaben über die rassische und ethnische Herkunft, politische Meinungen, religiöse oder philosophische Überzeugungen, Gewerkschaftszugehörigkeit, Gesundheit oder Sexualleben. Die Höhe der überwiesenen Beträge muss aber auch in diesen Fällen erkennbar bleiben.

Hinweis:

Ob man alle Kontoauszüge der letzten zwölf Monate vorlegen muss, ist bisher noch nicht durch höchstrichterliche Rechtsprechung geklärt.

Die Leistungen können vom Jobcenter bis zur Vorlage der Kontoauszüge versagt werden, wenn der Leistungsberechtigte zuvor hierauf hingewiesen wurde. Sobald die Auszüge vorgelegt wurden, ist ALG-II wieder zu zahlen.

Rechtsgrundlage:

§§ 60 – 67 SGB I, insbesondere § 60 Abs. 1 Nr. 3 SGB I

Gerichtsentscheidungen:

www.sozialgerichtsbarkeit.de:

Bundessozialgericht, Urteil vom 19. 2. 2009, Az. B 4 AS 10/08 R

Bundessozialgericht, Urteil vom 19. 9. 2008, Az. B 14 AS 45/07

Weitere Hinweise:

Ab dem 1. 1. 2011 ist für Verstöße des Jobcenters gegen Datenschutzbestimmungen der Bundesbeauftragte für den Datenschutz und die Informationsfreiheit in Bonn zuständig (Husarenstraße 30, 53117 Bonn; Tel.: 0228 997799–0)

→*Mitwirkungspflichten*

► Kosten der Unterkunft

→*Miete;* →*Betriebskosten;* →*Heizkosten;* →*Warmwasserpauschale;* →*Eigenheim/Eigentumswohnung*

▶ Kosten des Verfahrens

Zu unterscheiden sind die Kosten des behördlichen von denen des gerichtlichen Verfahrens und diese wiederum von den Aufwendungen für die eigene Vertretung in diesen Verfahren, namentlich den Rechtsanwaltskosten.

1. Verfahrenskosten

Das sozialrechtliche Verwaltungsverfahren, also das Verfahren bis zur Entscheidung über einen Antrag, und auch das Widerspruchsverfahren, sind kostenfrei.

2. Gerichtskosten

Gleiches gilt für das sozialgerichtliche Verfahren, wenn Kläger ein Versicherter, Leistungsempfänger, behinderter Mensch oder sog. Sonderrechtsnachfolger ist.

Hiervon gibt es nur wenige Ausnahmen: Kosten können entstehen bei Abschriften, Antrag auf Anhörung eines bestimmten Gutachters, Verschulden oder Missbrauchsfälle. Verfahrens- bzw. Gerichtskosten fallen für den Leistungsberechtigten im Bereich des SGB II daher in der Regel nicht an.

3. Rechtsanwaltskosten

Kosten entstehen im sozialrechtlichen Verfahren allerdings für die eigene Vertretung durch einen Rechtsanwalt (Rechtsanwaltsgebühren). Sie können in jeder Lage des Verfahrens anfallen. Ihre Höhe ist im Rechtsanwaltsvergütungsgesetz (RVG) geregelt.

Die Rechtsanwaltskosten kann man ganz oder teilweise erstattet bekommen, wenn man das Verfahren ganz oder anteilig gewinnt und die Inanspruchnahme eines Rechtsanwalts erforderlich war. Allerdings gilt dies nicht, wenn man gleich im Verwaltungsverfahren einen Anwalt beauftragt. Der Gesetzgeber geht davon aus, dass das nicht nötig ist. Beauftragt man daher bereits im Verwaltungsverfahren einen Rechtsanwalt, werden die Kosten vom Jobcenter nicht übernommen.

Tipp:

Wenn man sich einen Anwalt nicht leisten kann, was bei Hilfesuchenden im Bereich des SGB II meistens der Fall sein wird, kann man Beratungs- und ggf. Prozesskostenhilfe beantragen. Werden sie bewilligt, werden die Kosten des eigenen Rechtsanwalts vom Staat übernommen.

Rechtsgrundlage:
§§ 63, 64 SGB X; §§ 93 Satz 3, 109, 120 Abs. 2 Satz 1, 183, 193 SGG

Weitere Hinweise: →*Anwaltskosten*; →*Beratungshilfe*; →*Gerichtskosten*; →*Prozesskostenhilfe*

▶ Kostensenkung

Das Jobcenter ist dazu verpflichtet, neben der sog. Regelleistung eine angemessene Miete zu übernehmen.

Zu zahlen ist also nicht stets die tatsächliche Miete, sondern die angemessene. Das Jobcenter kann sich dazu an Miethöchstgrenzen, die sog. Mietobergrenze, halten. Liegt die tatsächliche Miete über der von der Behörde festgelegten Miethöchstgrenze, bekommen die Betroffenen eine Kostensenkungsaufforderung. Diese Aufforderung kann in einem gesonderten Schreiben oder auch als Zusatz in einem Bescheid enthalten sein.

Dabei wird die Miete nach der Stellung des Erstantrags in der Regel erst einmal in tatsächlicher Höhe übernommen. Zugleich werden die Betroffenen darüber informiert, dass ihre Miete zu hoch ist und sie werden aufgefordert, die Kosten der Unterkunft durch Untervermietung oder durch einen Umzug zu verringern. Zugleich wird mitgeteilt, ab welchem Zeitpunkt das Jobcenter nur noch die angemessene Miete bezahlt. Dieser Zeitpunkt liegt in der Regel zwischen drei bis sechs Monaten nach Beginn der Hilfeleistungen.

Diese Zeit muss genutzt werden, um alles Erforderliche zu tun, die monatlichen Mietkosten zu reduzieren. Hier kommt insbesondere in Betracht:

- Untervermietung
- Umzug in eine günstigere Wohnung
- Senkung der Miete im Einverständnis mit dem Vermieter.

Gelingt die Kostensenkung nicht, kann man aber nachweisen, dass man alles Erforderliche versucht hat, um die Mietkosten zu senken, muss die Miete in tatsächlicher Höhe weiter bezahlt werden. An diesen Nachweis werden jedoch besonders hohe Anforderungen gestellt. So sind ein Wohnungsinserat oder ein Anschreiben an den Vermieter noch recht leicht nachzuweisen. Bei der vergeblichen Suche nach einer günstigeren Wohnung ist der Nachweis nicht so einfach. In diesem Fall müssen nämlich alle Versuche, eine günstige Wohnung zu finden, mit Angabe von Ort, Datum, Telefonnummer, Beschaffenheit und Größe der Wohnung, Lage, Miethöhe und Grund der Absage dokumentiert werden.

Tipp:

Die Kostensenkungsaufforderungen der Jobcenter lesen sich manchmal etwas bedrohlich. Trotzdem muss man nicht aus der Wohnung ausziehen.
Das Jobcenter hat lediglich die Pflicht, den Leistungsberechtigten auf die zu hohe Miete aufmerksam zu machen und ihm vor Augen zu führen, dass die Kosten der Unterkunft künftig nur noch anteilig übernommen werden. Das ist nötig, weil sonst die Miete nicht gekürzt werden darf. In der Kostensenkungsaufforderung muss auch die zulässige Mietobergrenze genau angegeben werden, damit man sich darauf einstellen kann.

Eine Kostensenkungsaufforderung wird auch versandt, wenn bei laufendem Bezug die Miete vom Vermieter über die zulässige Mietobergrenze hinaus erhöht wird oder eine Person aus der Wohnung auszieht und die Miete für die übrigen Personen dadurch zu teuer wird, z. B. bei Auszug der Kinder oder des Partners bei Trennung oder Scheidung.

Auch in diesen Fällen wird die Miete aber erst einmal vorübergehend bis zu sechs Monaten weiterbezahlt.

Tipp:

In Ausnahmefällen wird auch länger als sechs Monate bezahlt, so z. B. bei Unzumutbarkeit eines Umzuges aufgrund gesundheitlicher Einschränkungen.

Läuft die in der Kostensenkungsaufforderung enthaltene Frist ab und wurde keine Kostensenkung versucht oder konnten die vergeblichen Bemühungen der Kostensenkung nicht nachgewiesen werden, wird ab diesem Zeitpunkt nur noch die Miete bis zur Höhe der Mietobergrenze getragen. Die monatlichen Zahlungen des Jobcenters für Miete werden dann geringer und der Restbetrag ist vom Leistungsberechtigten selber zu tragen.

Hinweis:

Auch die Betriebskostennachzahlungen werden dann nicht mehr übernommen.
Sollte es in solchen Fällen zu Betriebskostenguthaben, also Rückzahlungen vom Vermieter, kommen, ist die Anrechnung umstritten. Während die Jobcenter bisher den Erstattungsbetrag auf die angemessenen und von der Behörde akzeptierten Unterkunftskosten anrechnen, tendieren die Gerichte dazu, das Geld von der tatsächlichen Miete abzuziehen.

BEISPIEL: Die tatsächliche Bruttokaltmiete beträgt 400,00 €. Die Behörde bezahlt monatlich jedoch nur eine angemessene Miete von 300,00 €. Kommt es nun zu einem Betriebskostenguthaben von 150,00 €, so mindert dieses Guthaben nach Ansicht der Gerichte nicht die von der Behörde gezahlte angemessene Miete von 300,00 € für den Monat, sondern die tatsächliche Miete von 400,00 €. Die Behörde muss nach dieser Meinung daher in dem Monat, in dem dem Leistungsempfänger das Guthaben überwiesen wird, immer noch eine Miete von 250,00 € zahlen. Danach sind es wieder die 300,00 €.

Tipp:

Eine Kostensenkung erfolgt nicht, wenn ein Umzug für die Behörde aus wirtschaftlichen Gründen nicht sinnvoll ist. Die Behörde vergleicht dabei die Kosten, die sie aufgrund eines Umzuges zu erbringen hätte, mit dem Teil der Miete, der über der sogenannten Mietobergrenze liegt. Liegt die Miete z. B. 1,00 € oder 5,00 € über einer Mietobergrenze, so muss die Behörde im Einzelfall prüfen, ob die Forderung nach einem Umzug noch sinnvoll ist, weil sie eventuell die Umzugskosten bezahlen muss.

Rechtsgrundlage:
§ 22 SGB II
Gerichtsentscheidungen:
Bundessozialgericht, Urteil vom 7. 11. 2006, Az. B 7b AS 18/06 R
Weitere Hinweise:
www.tacheles-sozialhilfe.de:
Bundesweite Richtlinien/KdU-Richtlinien, KdU-Empfehlungen, Landesrechtliche Bestimmungen zur Angemessenheit von Unterkunftskosten
→*Betriebskosten;* →*Betriebskostennachzahlung/-guthaben;* →*Untervermietung;* →*Umzug*

▶ Krankengeld

Krankengeld ist eine Lohnersatzleistung, die im Fall der Krankheit von der Krankenkasse gezahlt wird.

Personen, die ausschließlich ALG-II beziehen, haben keinen Anspruch auf Krankengeld. Krankengeld kann allenfalls an sog. „Aufstocker" gezahlt werden.

Das Krankengeld dient als Ersatz für Arbeitsentgelt, wenn man aufgrund einer Erkrankung nicht mehr arbeiten kann. In solchen Fällen muss der Arbeitgeber das Entgelt zunächst bis zu sechs Wochen weiterzahlen. Anschließend bekommt man Krankengeld und zwar bis zu 76 Wochen nach Beginn der Arbeitsunfähigkeit. Es beträgt ca. 70 % des letzten vollen monatlichen Brutto-, aber höchstens 90 % des letzten vollen monatlichen Nettoeinkommens.

Auch Arbeitslose, die Arbeitslosengeld I beziehen, erhalten nach sechswöchiger Arbeitsunfähigkeit Krankengeld in Höhe des Arbeitslosengeldes I.

Das Krankengeld ist als sog. sonstiges Einkommen auf die Leistungen nach dem SGB II anzurechnen, abzüglich einer Versicherungspauschale von monatlich 30,00 €.

Tipp:

Normalerweise ist das Krankengeld so hoch, dass man keinen Anspruch auf ALG-II hätte, da man nicht als hilfebedürftig im Sinne des SGB II gilt. Allerdings kommt es vor, dass die gesetzliche Krankenkasse die Krankengeldzahlung einstellt, obwohl der Krankengeldbezieher nach seinen behandelnden Ärzten immer noch krank ist und der Kran-

kengeldanspruch zeitlich nicht ausgeschöpft ist, z. B. weil der medizinische Dienst der Krankenkassen im Gegensatz zum behandelnden (Haus-)Arzt zu dem medizinischen Ergebnis kommt, dass der Krankengeldbezieher zwar nicht seinen Job ausüben kann, jedoch irgendeine andere leichte Tätigkeit auf dem Arbeitsmarkt von mindestens 15 Stunden wöchentlich ausüben kann.
Dann sollte zur Wahrung aller Rechte: 1) gegen die Einstellung des Krankengeldes Widerspruch eingelegt werden, 2) ein Antrag auf Arbeitslosengeld I bei der zuständigen Agentur für Arbeit und 3) ein Antrag auf ALG-II gestellt werden, um sicherzustellen, dass keine Ansprüche „verlorengehen" und man mittellos ist.

Rechtsgrundlage:

§§ 44 ff. SGB V; § 125 Abs. 1 SGB III; § 6 ALG-II-Verordnung

Weitere Hinweise: →*Leistungsbeginn;* →*Antrag;* →*Anrechnung (von anderen Sozialleistungen)*

▶ Krankenhaus-/Reha-Aufenthalt

→*Stationäre Unterbringung*

▶ Krankenversicherung

Leistungsberechtigte sind kraft Gesetzes pflichtversichert in der gesetzlichen Krankenversicherung, sofern sie nicht als Angehöriger einer anderen Person familienversichert sind, ALG-II nur darlehensweise erhalten oder nur Leistungen nach § 24 Abs. 3 Satz 1 SGB II (Erstausstattungen und Anschaffung/Reparatur orthopädischer Schuhe/therapeutischer Geräte) bekommen.

Sozialgeldempfänger sind nicht pflichtversichert.

Hinweis:

Wenn man nicht pflicht- oder familienversichert ist, muss man sich bei einer Krankenkasse freiwillig versichern. Der Antrag auf freiwillige Versicherung muss innerhalb von drei Monaten nach Beendigung einer Pflichtversicherung gestellt werden.

Beiträge für die gesetzliche oder eine freiwillige Krankenversicherung werden vom Jobcenter übernommen.

Das gilt auch für Beiträge zu einer privaten Krankenversicherung. Nach dem Wortlaut der maßgebenden Vorschriften erfolgt die Übernahme zwar nur anteilig. Das Bundessozialgericht hat aber im Urteil von 18. 1. 2011 entschieden, dass die gesetzliche Regelung unvollständig und stattdessen der volle Beitrag (bis zur Höhe des halben Basistarifes) zu übernehmen ist.

Rechtsgrundlage:
§§ 5 Abs. 1 Nr. 2 a SGB V; 26 SGB II

Gerichtsentscheidungen:
www.bundessozialgericht.de:
Bundessozialgericht, Urteil vom 18. 1. 2011, Az. B 4 AS 108/10 R

Weitere Hinweise:
www.arbeitsagentur.de:
Veröffentlichungen/Weisungen/Arbeitslosengeld II/Geschäftsanweisungen (GA) 08/2011

→*Familienversicherung;* →*Private Krankenversicherung*

▶ Krankheit

Auch Leistungsberechtigte können krank werden. Arbeitslose gelten als arbeitsunfähig, wenn sie krankheitsbedingt nicht mehr in der Lage sind, leichte Arbeiten in einem zeitlichen Umfang zu verrichten, für den sie sich (bei der Agentur für Arbeit) zur Verfügung gestellt haben.

Auf die den Unterhalt sichernden Leistungen wirkt sich die Krankheit nicht unmittelbar aus. Insbesondere erhalten arbeitsunfähige Leistungsberechtigte nach sechs Wochen Arbeitsunfähigkeit kein Krankengeld von der Krankenkasse, sondern weiterhin ALG-II.

Allerdings stehen Arbeitsunfähige dem Arbeitsmarkt nicht zur Verfügung. Daher kann die Arbeitsunfähigkeit Auswirkungen auf die Vermittlungsfähigkeit und etwaige Maßnahmen zur Eingliederung in Arbeit haben. Aus diesem Grund müssen auch Leistungsberechtigte dem Jobcenter ihre Arbeitsunfähigkeit unverzüglich anzeigen und vor Ablauf des dritten Kalendertages nach Eintritt der Arbeitsunfähigkeit eine Arbeitsunfähigkeitsbescheinigung vorlegen.

Tipp:

Die Pflicht trifft nur erwerbsfähige Leistungsberechtigte, nicht Kinder unter 15 Jahren, die Sozialgeld beziehen.

Bei längerer Krankheit (voraussichtlich länger als sechs Monate) prüft das Jobcenter, ob der Leistungsberechtigte noch erwerbsfähig ist. Das ist nur der Fall, wenn er täglich noch mindestens drei Stunden unter den allgemein üblichen Bedingungen des Arbeitsmarktes leichte Tätigkeiten verrichten kann. Liegt Erwerbsunfähigkeit vor, bekommt man kein ALG-II mehr, sondern Erwerbsminderungsrente und/oder Grundsicherungsleistungen im Alter und bei Erwerbsminderung nach dem SGB XII.

Tipp:

Beim Übergang von ALG-II-Leistungen auf Leistungen der Rentenversicherung kann es zu Zahlungslücken kommen, weil ALG-II monatlich im Voraus gezahlt wird, während die Rentenversicherung zum Monatsende zahlt. Für diesen Fall kann aber ein Darlehen beantragt werden.

Rechtsgrundlage:
§§ 7 Abs. 4, 8, 44 a, 56 SGB II; § 43 SGB VI

Weitere Hinweise:
www.g-BA.de (Suchwort: Arbeitsunfähigkeitsrichtlinien)
→*Arbeitsunfähigkeit;* →*Erwerbsfähigkeit/Erwerbsunfähigkeit;* →*Ärztliche Untersuchung;* →*Zahlungslücken*

▶ Kredittilgung

Grundsätzlich übernimmt das Jobcenter keine Raten für eine private Kredittilgung.

Die Tilgungsraten können auch nicht vom Einkommen abgesetzt werden, außer es handelt sich um betrieblich bedingte Raten von selbstständigen Leistungsberechtigten. Doch auch hier prüft das Jobcenter sehr genau, ob diese betrieblichen Raten notwendig für die Ausübung der selbstständigen Tätigkeit sind.

Bei Vorliegen von besonderen Voraussetzungen können für ein Eigenheim die Kreditzinsen und die Tilgungsraten übernommen werden. Dies gilt nach der Rechtsprechung des Bundessozialgerichts jedenfalls dann, wenn der Leistungsberechtigte anderenfalls gezwungen wäre, seine Wohnung aufzugeben. In solchen Fällen sind die gesamten Finanzierungskosten, soweit sie unvermeidbar sind, bis zur Höhe der abstrakt angemessenen Kosten einer Mietwohnung zu übernehmen und zwar als Zuschuss und nicht nur als Darlehen. Sollte die unvermeidliche Tilgungsleistung die angemessenen Kosten einer Mietwohnung übersteigen, könnte darüber hinaus ein Darlehen in Betracht kommen.

Rechtsgrundlage:
§§ 19, 22 SGB II; § 3 ALG-II-Verordnung

Gerichtsentscheidungen:
www.sozialgerichtsbarkeit.de:
Bundessozialgericht, Urteil vom 18. 6. 2006, Az. B 14/11b AS 67/06 R

Weitere Hinweise: →*Eigenheim/Eigentumswohnung*; →*Schulden;* →*Darlehen;* →*Schuldnerberatung*

▶ Kühlschrank

Ein Kühlschrank gehört zu den notwendigen Haushaltsgeräten, die im Rahmen einer Erstausstattung einer Wohnung vom Jobcenter bezahlt werden. Die Ersatzbeschaffung ist hingegen aus dem Regelbedarf zu decken.

Tipp:

Wenn für die Ersatzbeschaffung kein Geld da ist, kann für die Anschaffungskosten ein Darlehen beim Jobcenter beantragt werden.

Rechtsgrundlage:
§§ 19, 24 Abs. 1 Nr. 1 SGB II

Weitere Hinweise: →*Erstausstattung*; →*Darlehen vom Jobcenter*

▶ Kürzung von Leistungen

Bei Verstößen gegen die Pflichten nach dem SGB II kann das Jobcenter Leistungen kürzen und unter bestimmten Umständen sogar die Leistungen ganz einstellen.

Eine Kürzung der Leistungen droht immer, wenn Möglichkeiten zur Verringerung oder Beseitigung der Hilfebedürftigkeit nicht ernsthaft wahrgenommen werden.

Hierzu gehören Situationen, in denen erwerbsfähige Leistungsberechtigte ohne wichtigen Grund (der nachzuweisen ist!):

- sich weigern, die in der Eingliederungsvereinbarung (oder den sie ersetzenden Verwaltungsakt) festgelegten Pflichten zu erfüllen
- sich weigern, eine zumutbare Arbeit, Ausbildung, Arbeitsgelegenheit aufzunehmen, fortzuführen oder deren Anbahnung durch ihr Verhalten verhindern
- eine zumutbare Maßnahme zur Eingliederung in Arbeit nicht antreten, abbrechen oder Anlass für den Abbruch gegeben haben.

Leistungskürzungen gibt es auch, wenn Leistungsberechtigte

- nach Vollendung des 18. Lebensjahres ihr Einkommen oder Vermögen in der Absicht vermindert haben, die Voraussetzungen für die Gewährung oder Erhöhung des ALG-II herbeizuführen
- trotz Belehrung über die Rechtsfolgen oder deren Kenntnis ihr unwirtschaftliches Verhalten fortsetzen oder
- ihr Anspruch auf Arbeitslosengeld I ruht oder erloschen ist, weil die Agentur für Arbeit das Eintreten einer Sperrzeit oder das Erlöschen des Anspruchs nach den Vorschriften des SGB III festgestellt hat, oder
- sie die im SGB III genannten Voraussetzungen für das Eintreten einer Sperrzeit erfüllen, die das Ruhen oder Erlöschen eines Anspruchs auf Arbeitslosengeld I begründen.

Vorgesehen sind 3 Sanktionsstufen:

(1) Stufe: Kürzung des Regelbedarfs um 30 %

(2) Stufe: Kürzung des Regelbedarfs um 60 %

(3) Stufe: Kürzung des Regelbedarfs und der Kosten für Unterkunft und Heizung um 100 %.

Hinweis:

Bei unter 25-jährigen wird gleich in der ersten Stufe der volle Regelbedarf gekürzt und es werden nur noch Leistungen zur Unterkunft und Heizung gezahlt. Ab zweiter Stufe entfallen alle Leistungen.

Die jeweils nächste Stufe wird erreicht, wenn wiederholt Pflichten verletzt werden. Dies gilt aber nur, wenn die frühere Pflichtverletzung bereits festgestellt ist und der Beginn des früheren Minderungszeitraums nicht länger als ein Jahr zurück liegt.

Erklären sich Betroffene, deren Leistung ganz entfallen ist, nachträglich bereit, ihren Pflichten nachzukommen, kann das Jobcenter die Minderung der Leistungen ab diesem Zeitpunkt auf 60 % des für sie maßgebenden Regelbedarfs begrenzen. Bei Unter 25-jährigen kann das Jobcenter ab diesem Zeitpunkt wieder die Mietkosten übernehmen.

Neben den Kürzungen für die o. g. Pflichtverletzungen gibt es noch Sanktionen für Meldeversäumnisse. Bei Nichterscheinen zu einem Meldetermin oder einem ärztlichen oder psychologischen Untersuchungstermin, wird das ALG-II um 10 % gekürzt, es sei denn, ein wichtiger Grund kann dargelegt werden.

Die Leistung wird jeweils für drei Monate abgesenkt. Bei unter 25-jährigen kann der Zeitraum auf sechs Wochen verkürzt werden.

Tipp:

Die Sanktion kann nur bis zu sechs Monaten nach der Pflichtverletzung verhängt werden und ist auch nur dann zulässig, wenn der Leistungsberechtigte vorher über die Folgen seines (Fehl-)Verhaltens belehrt worden ist. Dazu reicht aber schon ein Merkblatt aus.

Das Jobcenter kann bei einer Kürzung des ALG-II um mehr als 30 % auf Antrag in angemessenem Umfang ergänzende Sachleistungen oder geldwerte Leistungen erbringen. Es muss ergänzende Sachleistungen, wie z. B. Lebensmittelgutscheine, erbringen, wenn Leistungsberechtigte mit minderjährigen Kindern in einem Haushalt leben. Bei einer Kürzung des ALG-II um mindestens 60 % sollen die Mietkosten an den Vermieter oder andere Empfangsberechtigte gezahlt werden.

Tipp:

Einige Gerichte sind der Auffassung, dass bei einer kompletten Kürzung des Regelbedarfes immer Sachleistungen, wie z. B. Lebensmittelgutscheine, zu erbringen sind.

Achtung!

Bei vollständigem Wegfall des ALG-II und wenn auch keine Sachleistungen, z. B. Lebensmittelgutscheine, gewährt werden, kann der Kranken- und Pflegeversicherungsschutz gefährdet sein.

Rechtsgrundlage:
§§ 31, 31 a, 32 SGB II

Gerichtsentscheidungen:
www.sozialgerichtsbarkeit.de:
Bundessozialgericht, Urteil vom 15. 12. 2010, Az. B 14 AS 92/09 R
Bundessozialgericht, Urteil vom 9. 11. 2010, Az. 4 AS 27/10 R
Bundssozialgericht, Urteil vom 18. 2. 2010, Az. B 14 AS 53/08 R
Landessozialgericht Berlin-Brandenburg, Beschluss vom 16. 12. 2008, Az. L 10 B 2154/08 AS ER

Weitere Hinweise: →*Lebensmittelgutschein;* →*Meldepflicht;* →*Mitwirkungspflichten;* →*Bußgeld*

L

▶ Lebensmittelgutschein

Wenn die Regelleistung um mehr als 30 % gekürzt wird, kann das Jobcenter im angemessenem Umfang ergänzende Sachleistungen oder geldwerte Leistungen als Zuschuss erbringen. Hierzu zählen vor allem Lebensmittelgutscheine.

Nach den Weisungen der Bundesagentur für Arbeit werden die Gutscheine allerdings nur für den Bedarf an Ernährung, Körperpflege und Hygiene erteilt. Der hierfür vorgesehene Anteil im Regelsatz beträgt derzeit ca. 145 €.

Da das Gesetz bis 30 % Kürzung keine zusätzlichen Sachleistungen vorsieht, sollen durch die Gutscheine auch nur bis höchstens 70 % des Anteils für Ernährung und Gesundheitspflege aufgestockt werden.

BEISPIEL: Kürzung um 60 % des Regelsatzes. Es kann ein Lebensmittelgutschein über einen Wert von 30 % von 145,00 €, d. h. 43,50 € gewährt werden. Zusätzlich erhält der Leistungsberechtigte noch 40 % vom Regelsatz, d. h. (364/100x40=) 145,60 € ausgezahlt.

Dies gilt jedenfalls, solange der volle Bedarf für Ernährung und Körperpflege durch die Zahlung von ALG-II und den ergänzenden Gutschein gedeckt ist. Ist das nicht der Fall, ist der Gutschein auf bis zu 100 % des Bedarfs für Ernährung und Körperpflege/Hygiene zu erhöhen.

BEISPIEL: Bei einer Kürzung um 100 % ist ein Lebensmittelgutschein über 145,00 € auszustellen.

In Fällen des kompletten Wegfalls des ALG-II-Anspruches und der zeitgleichen Gewährung von Sachleistungen, wie Lebensmittelgutscheinen, bleibt der Kranken- und Pflegeversicherungsschutz erhalten.

Tipp:

Das Jobcenter kann während des Sanktionszeitraumes zusätzlich die Abschläge für Stromzahlungen in nachgewiesener Höhe als Darlehen gewähren und direkt an den Energieversorger zahlen. Stromschulden werden so vermieden.

Rechtsgrundlage:
§§ 31 a SGB II; Art. 1 GG

Gerichtsentscheidungen:
www.sozialgerichtsbarkeit.de:
Landessozialgericht Berlin-Brandenburg, Beschluss vom 16. 12. 2008, Az. L 10 B 2154/08 AS ER

Weitere Hinweise:
www.arbeitsagentur.de:
Veröffentlichungen/Weisungen/Arbeitslosengeld II/Fachliche Hinweise zu §§ 31, 31 a, 31 b SGB II

→*Kürzung von Leistungen;* →*Sachleistungen*

► Lebenspartnerschaft

→*Bedarfsgemeinschaft;* →*Einstehens- und Verantwortungsgemeinschaft;* →*Eheähnliche Gemeinschaft*

► Lebensversicherung

Die Lebensversicherung eines Leistungsberechtigten kann im Rahmen des Bezuges von ALG-II mehrfach Bedeutung haben.

Zum einen stellt sich die Frage, ob eine Lebensversicherung als geschütztes Vermögen gilt, zum anderen, ob die Beiträge vom Einkommen abgesetzt werden können.

Als Vermögen unberücksichtigt bleiben Lebensversicherungen, wenn sie der Altersvorsorge dienen und zwar bis zu einer Höhe von 750,00 € je vollendetem Lebensjahr.

Die Obergrenze ist nach Geburtsjahrgängen gestaffelt:

- 48.750,00 € für die Jahrgänge bis einschließlich 1957
- 49.500,00 € für die Jahrgänge 1958 bis 1963
- 50.250,00 € für die Jahrgänge ab 1964.

Voraussetzung ist allerdings, dass die Verwertung der Lebensversicherung vor Eintritt in den Ruhestand vertraglich unwiderruflich ausgeschlossen ist.

Tipp:

Eine Kapitallebensversicherung ist als Vermögen im Sinne des SGB II nicht verwertbar, wenn sie mit einer Zweckbindung zur Altersvorsorge nach § 168 Abs. 3 VVG verbunden wird, mithin vor einer Verwertung vor Erreichen der Altersgrenze geschützt ist. Das Jobcenter muss den Leistungsberechtigten sogar im Rahmen seiner Beratungspflicht bei der Prüfung von einsetzbarem Vermögen darauf hinweisen. Stellt sich dies im Nachhinein raus, kann im Wege eines sozialrechtlichen Herstellungsanspruches der entstandene Schaden geltend gemacht werden.

Lebensversicherungen, die nicht mit einem Verwertbarkeitsausschluss versehen sind, werden abzüglich etwaiger Grundfreibeträge (soweit diese noch nicht anderweitig verbraucht sind) als verwertbares Vermögen angerechnet. Maßgeblich für die Anrechnungshöhe ist der Rückkaufswert. Als Rückkaufswert wird der Betrag bezeichnet, der bei einer Kündigung zurückgezahlt wird. Liegt der Rückkaufswert höher als die Grundfreibeträge von 150,00 € pro vollendetem Lebensjahr, muss die Versicherung verkauft oder beliehen werden.

Tipp:

Eine Verwertung kann unterbleiben, wenn sie offensichtlich unwirtschaftlich ist. Unwirtschaftlichkeit kommt in Betracht, wenn der Rückkaufswert (deutlich) mehr als 10 % unter der Summe der eingezahlten Beiträge liegt.

Beiträge zu Versicherungen können zudem im gewissen Rahmen einkommensmindernd berücksichtigt werden. Dies gilt, wenn die Versicherung der Altersvorsorge dient und öffentlich gefördert wird, wenn man von der Versicherungspflicht in der gesetzlichen Rentenversicherung befreit ist, oder wenn die Versicherung der Einkommenserzielung dient (z. B. zur Sicherung eines Betriebsmittelkredites).

Tipp:

Sollte die Versicherung zur Finanzierung eines Darlehens für die Anschaffung von Wohneigentum dienen, handelt es sich um Kosten der Unterkunft, die sogar vom Jobcenter übernommen werden können.

Rechtsgrundlage:

§§ 11 b Abs. 1 Nr. 3, 12 SGB II

Gerichtsentscheidungen:

www.sozialgerichtsbarkeit.de:

Bundessozialgericht, Urteile vom 15. 4. 2008, Az. B 14 AS 27/07 R und B 14/7b AS 68/06 R

Bundessozialgericht, Urteil vom 18. 6. 2006, Az. B 14/11b AS 67/06 R

Weitere Hinweise: →*Vermögen/Vermögensanrechnung;* →*Altersvorsorge;* →*Riester-Rente;* →*Kredittilgung;* →*Eigenheim/Eigentumswohnung*

► Leistungsbeginn

ALG-II ist eine Sozialleistung, die nur auf Antrag gezahlt wird. Der Antrag ist aber nicht nur Voraussetzung für die Leistungen, sondern legt auch fest, ab wann gezahlt wird. Leistungen nach dem SGB II erhält man nämlich grundsätzlich erst ab Antragstellung. Allerdings wirkt ein Antrag auf Unterhalt sichernde Leistungen, der im Laufe eins Monats gestellt wird, auf den Beginn des Monats zurück.

Tipp:

Deshalb ist es sehr wichtig, immer rechtzeitig und im zeitlichen Vorfeld einen Antrag oder auch Folge- bzw. Weiterbewilligungsantrag zu stellen.

ALG-II wird monatlich im Voraus gezahlt.

Rechtsgrundlage:
§ 37 Abs. 2 SGB II

Weitere Hinweise: →*Antrag;* →*Änderungs-/Aktualisierungsantrag;* →*Folgeantrag;* →*Bewilligungszeitraum;* →*Vorschuss*

▶ Leistungsberechtigte

Leistungsberechtigte sind diejenigen, die Anspruch auf Leistungen nach dem SGB II haben.

Das sind einzelne Personen und Mitglieder einer Bedarfsgemeinschaft (z. B. Ehegatten, Lebenspartner, Jungendliche). Vor der Reform zum 1. 4. 2011 wurden sie Berechtigte oder auch Hilfebedürftige genannt.

Rechtsgrundlage:
§ 7 SGB II

Weitere Hinweise: →*Anspruch/Anspruchsvoraussetzungen;* →*Bedarfsgemeinschaft*

▶ Lernförderung

Schüler bis 25 Jahre, die eine allgemeinbildende oder berufsbildende Schule besuchen, können auf Antrag außerschulische Lernförderung (Nachhilfe) erhalten, sofern die Förderung erforderlich und geeignet ist.

Erforderlich ist die Förderung z. B., wenn die Klassenversetzung gefährdet ist. Sie kommt nach den Richtlinien der Bundesagentur für Arbeit jedoch nicht in Betracht, um eine bessere Schulartempfehlung zu bekommen oder um unentschuldigte Fehlzeiten auszugleichen.

Weitere Voraussetzung ist, dass die kostenlosen Fördermöglichkeiten bereits ausgenutzt wurden.

Die Erforderlichkeit soll von der Schule bescheinigt werden. Bei der Behörde gibt es dafür Formulare, die von der Schule ausgefüllt werden sollen. In der Bescheinigung sind das jeweilige schlechte Fach, Angaben über die Erfolgsaussichten der Förderung und die Gefährdung des Klassenziels anzugeben. Ebenfalls ist anzugeben, wie lange die Förderung notwendig ist.

Tipp:

Wenn die Schule sich weigert mitzuwirken, kann die Notwendigkeit der Maßnahme auch auf andere Weise, z. B. durch Zeugnisse und Zensuren nachgewiesen werden.

Geeignet sind Maßahmen nur, wenn sie von zugelassenen Anbietern erfolgen und kurzfristig eine Verbesserung der Leistungen erwarten lassen.

Die Höhe der Förderung ist vom Einzelfall abhängig. Die Betroffenen erhalten hierfür Gutscheine oder die Kosten werden direkt an den Anbieter gezahlt.

Tipp:

Fragen Sie das Jobcenter vor Inanspruchnahme, von wem und in welcher Höhe die Nachhilfe durchgeführt werden darf und rechnen Sie damit, die Verwendung der Mittel/Gutscheine nachweisen zu müssen.

Rechtsgrundlage:
§§ 28, 29 SGB II

Weitere Hinweise: →*Bildungsgutscheine/Teilhabegutscheine*; →*Schüler*

M

▶ Maklergebühren

Wenn man ohne Makler keine neue Wohnung finden kann, können die Maklerkosten vom Jobcenter übernommen werden. Maklergebühren sind nämlich den Wohnungsbeschaffungskosten zuzuordnen und unter der Voraussetzung der Angemessenheit einer über einen Makler beschafften Wohnung auch erstattungsfähig. Dies natürlich nur dann, wenn das Jobcenter vor dem Umzug seine Zustimmung erteilt hat.

Es muss in solchen Fällen aber dargelegt werden, dass die üblichen Maßnahmen, wie Zeitungsannoncen und Internetrecherche nicht ausreichen, um eine Wohnung zu finden. Auf dem ländlichen Gebiet wird dieser Nachweis schwieriger zu führen sein als in Ballungszentren wie Berlin, Hamburg, Frankfurt oder München.

Rechtsgrundlage:
§ 22 SGB II

Gerichtsentscheidungen:
www.sozialgerichtsbarkeit.de:
Bayerisches Landessozialgericht, Beschluss vom 5. 9. 2008, Az. L 7 B 647/08 AS PKH
Sozialgericht Frankfurt (Hessen), Beschluss vom 31. 3. 2006, Az. S 48 AS 123/06 ER

Weitere Hinweise: →*Miete;* →*Kostensenkung;* →*Umzug*

▶ Medizinische Rehabilitation

Hilft im Falle einer Arbeitsunfähigkeit eine normale ärztliche Behandlung nicht weiter, um die Erwerbsfähigkeit eines Leistungsbeziehers zu verbessern oder wiederherzustellen, so können Maßnahmen der medizinischen Rehabilitation in Betracht kommen. Diese sollen mit physiotherapeutischen- und ergotherapeutischen Maßnahmen oder mit Mitteln der klinischen Psychologie oder mit Anleitungen zur Selbstaktivierung die Wiederherstellung von körperlichen Funktionen, Organfunktionen und gesellschaftlicher Teilhabe erreichen.

Die Leistungen zur medizinischen Rehabilitation werden zum Teil vom Rentenversicherungsträger und zum Teil von den Krankenkassen erbracht.

Rechtsgrundlage:
§ 40 SGB V; § 39 SGB I; § 25 SGB II

Weitere Hinweise: →*Arbeitsunfähigkeit*; →*Erwerbsfähigkeit/Erwerbsunfähigkeit*; →*Krankheit*

▶ Mehraufwandsentschädigung

→*Arbeitsgelegenheiten*

▶ Mehrbedarf/Mehraufwendungen

Grundsätzlich wird davon ausgegangen, dass mit dem Regelbedarf (und den Kosten für die Unterkunft und Krankenversicherung) alle Kosten, die mit dem Lebensunterhalt zusammenhängen, gedeckt werden können.

Für besondere Lebensumstände gewährt das Jobcenter jedoch einen bestimmten zusätzlichen Geldbetrag, der als Mehrbedarf bezeichnet wird.

Für folgende Lebensumstände sind Zuschläge vorgesehen:

1. Mehrbedarf bei Schwangerschaft

Schwangere Leistungsberechtigte erhalten einen Zuschlag in Höhe von 17 % des jeweiligen Regelbedarfes nach Vollendung der 12. Schwangerschaftswoche. Eine alleinstehende Schwangere erhält also monatlich bis zur Geburt ab dem 1. 1. 2011 einen Zuschlag von 61,88 €. Lebt die Schwangere mit einem Partner zusammen, beträgt der Zuschlag 55,76 €.

Tipp:

Die dargestellten Mehrbedarfszuschläge umfassen nicht Kosten für eine erste Schwangerschaftsbekleidung oder die Baby-Erstausstattung. In diesen Fällen können Anträge auf eine einmalige Gewährung als Sonderbedarf gestellt werden.

2. Mehrbedarf für Alleinerziehende

Alleinerziehende wenn sie mit einem Kind unter sieben Jahren oder mit zwei oder drei Kindern unter 16 Jahren zusammen leben erhalten einen Zuschlag von 36 % des Regelbedarfes. Das sind ausgehend von dem Regelbedarf in Höhe von 364,00 € monatlich 131,04 €. Bei mehr als drei minderjährigen Kindern wird ein Zuschlag in Höhe von 12 % für jedes Kind gewährt. Höchstens wird ein Zuschlag in Höhe von 60 % des Regelbedarfes gezahlt.

3. Mehrbedarf für behinderte Menschen

Behinderte Leistungsberechtigte, denen von anderen Behörden

- Leistungen zur Teilhabe am Arbeitsleben oder
- Eingliederungshilfen nach § 54 Abs. 1 SGB XII zur Schulbildung oder Ausbildung

gewährt werden, erhalten einen Zuschlag von 35 % des maßgebenden Regelbedarfes. Bei einem alleinstehenden behinderten Leistungsberechtigten sind dies 127,40 € zusätzlich.

4. Mehrbedarf für kostenaufwändigere Ernährung bei bestimmten Erkrankungen

Leistungsberechtigte, die unter gesundheitlichen Einschränkungen leiden und aus medizinischen Gründen einer besonderen Ernährung bedürfen, die oft teurer ist als eine normale Ernährung, können einen Anspruch auf einen Mehrbedarf haben.

Viele Jobcenter legen der Ermittlung der Mehrbedarfe und der jeweiligen Erkrankungen die Vorschlagliste des Deutschen Vereins für öffentliche und private Fürsorge zugrunde. Die Mehrbedarfszuschläge liegen danach bei 10 % bis 20 % des Regelsatzes.

Tipp:

Wenn der behandelnde Arzt eines Leistungsberechtigten meint, dass ein höherer Bedarf bzw. eine kostenaufwändigere Ernährung notwendig ist, so kann ein gesonderter Antrag gestellt werden, den das Jobcenter zu prüfen und zu bescheiden hat. Dem Antrag sollte eine entsprechende Bescheinigung des behandelnden Arztes beigefügt werden. Dies gilt ebenfalls für Erkrankungen, die nicht in der Liste des Deutschen Vereins für öffentliche und private Fürsorge, aufgelistet sind.

5. Härtefall

Bei Leistungsberechtigten wird ein Mehrbedarf anerkannt, soweit im Einzelfall ein unabweisbarer, laufender, nicht nur einmaliger besonderer Bedarf besteht. Der Mehrbedarf ist unabweisbar, wenn er insbesondere nicht durch die Zuwendungen Dritter sowie unter Berücksichtigung von Einsparmöglichkeiten der Leistungsberechtigten gedeckt ist und seiner Höhe nach erheblich von einem durchschnittlichen Bedarf abweicht.

Wann ein solcher Härtefall vorliegt, muss das Jobcenter im Einzelfall entscheiden. Jedenfalls gehören höhere Telefon- oder Internetkosten oder höhere Stromkosten nicht dazu. Erhöhte Kosten für die Beschaffung von Hautpflegemitteln eines an Neurodermitis erkranktem Leistungsberechtigten in Höhe von monatlich 30,00 € können aber z. B als Härtefall angesehen werden.

6. Mehrbedarf für Warmwasser

Bei Leistungsberechtigten wird ein Mehrbedarf anerkannt, soweit Warmwasser durch in der Unterkunft installierte Vorrichtungen erzeugt wird (dezentrale Warmwassererzeugung, z. B. elektrischer Boiler) und deshalb im Rahmen der Miete keine Bedarfe für zentral bereitgestelltes Warmwasser anerkannt werden.

Die Höhe des Mehrbedarfes richtet sich für jede Person nach einem bestimmten Prozentsatz der für sie geltenden Regelbedarfsstufe. Die Mehrbedarfe für Warmwasser werden ab dem 1. 1. 2012 geringfügig erhöht.

Regelbedarfsstufe	Normaler Regelbedarf	Mehrbedarf bis zum 31. 12. 2011
1	364,00 €	8,00 €
2	328,00 €	8,00 €
3	291,00 €	7,00 €
4	287,00 €	4,00 €
5	251,00 €	3,00 €
6	215,00 €	2,00 €

Rechtsgrundlage:

§ 21, 22 SGB III

Gerichtsentscheidungen:

www.sozialgerichtsbarkeit.de:

Sozialgericht Bremen, Beschluss vom 18. 2. 2011, Az. S 22 AS 2474/10 ER

Weitere Hinweise:

www.arbeitsagentur.de:

Veröffentlichungen/Weisungen/Arbeitslosengeld II/Fachliche Hinweise zu § 21 SGB II

www.deutscher-verein.de

→*Regelbedarf/Regelleistung;* →*Einmalleistungen;* →*Erstausstattung;* →*Alleinerziehende;* →*Geburt;* →*Warmwasserpauschale;* →*Härtefall;* →*Darlehen vom Jobcenter*

▶ Meister-BAföG

Das „Meister-BAföG" ist im Aufstiegsfortbildungsförderungsgesetz (AFBG) geregelt und begründet einen Anspruch auf Förderung von beruflichen Aufstiegsfortbildungen. Das sind z. B. Meisterkurse oder andere vergleichbare Lehrgänge (z. B. Weiterbildung zur Leitung einer Pflegeeinheit). Das „Meister-BAföG" soll den Ausbau beruflicher Qualifizierung und die Motivation zur Fortbildung stützen.

Im Rahmen des „Meister-BAföG" werden die Maßnahmekosten (Lehrgangs- und Prüfungsgebühren) übernommen. Zudem wird ein Unterhaltsbeitrag gezahlt, letzterer teilweise als Darlehen. Alleinerziehende können zudem einen Zuschuss zu den notwendigen Kosten der Kinderbetreuung erhalten.

Der Maßnahmebeitrag und der Kindererziehungszuschuss werden nicht auf das ALG-II angerechnet. Anders ist es beim Unterhaltsbeitrag, der demselben Zweck dient, wie die Grundsicherungsleistungen nach dem SGB II. Er ist in voller Höhe als Einkommen zu berücksichtigen, selbst wenn die Leistungen als Darlehen erbracht werden. Selbstverständlich können vorher die üblichen Abzüge erfolgen.

Tipp:

Es nützt nichts, das Meister-BAföG nicht in Anspruch zu nehmen. In solchen Fällen rechnet das Jobcenter das Einkommen fiktiv an.

Rechtsgrundlage:
Aufstiegsfortbildungsförderungsgesetz (AFBG); §§ 11, 11 a, 11 b, 12 a SGB II

Weitere Hinweise:
www.meister-bafoeg.info
www.arbeitsagentur.de:
Veröffentlichungen/Weisungen/Arbeitslosengeld II/Fachliche Hinweise zu §§ 11, 11 a, 11 b SGB II
→*Einkommen/Einkommensanrechnung;* →*Anrechnung (von anderen Sozialleistungen);* →*Auszubildende*

▶ Meldepflicht

Jeder Leistungsberechtigte, auch Sozialgeldempfänger, muss sich persönlich melden oder zu einer ärztlichen oder psychologischen Untersuchung erscheinen, wenn das Jobcenter ihn dazu auffordert.

Die Aufforderung kann zu jedem sachlich gerechtfertigten Zweck erfolgen (wie vor allem der Überprüfung von Leistungsvoraussetzungen, der Eingliederung in Arbeit usw.), aber natürlich nicht willkürlich sein.

Leistungsberechtigte müssen sich zu dem vom Jobcenter vorgegebenen Zeitpunkt melden.

Tipp:

Nach den fachlichen Weisungen der Agentur für Arbeit reicht es aber, wenn man sich zu einem anderen Zeitpunkt am selben Tag meldet. Gleiches soll gelten, wenn ein Meldepflichtiger beim Jobcenter bereits vor dem eigentlichen Meldetermin vorspricht. Voraussetzung ist aber in beiden Fällen, dass der Zweck der Meldung erreicht wird.

Das Jobcenter muss bei der Festlegung des Meldetermins die Belange des Meldepflichtigen berücksichtigen, z. B. Verkehrsverbindungen in ländlichen Gebieten, familiäre Verhältnisse usw.

Im Allgemeinen muss man persönlich beim Jobcenter erscheinen. Eine telefonische Meldung ist nur ausreichend, wenn dies den Zweck erfüllt. Das ist z. B. der Fall, wenn nur kurz etwas abgestimmt werden soll, der persönlicher Ansprechpartner bzw. Fallmanager z. B. über das Ergebnis einer Vorstellung beim Arbeitgeber informiert werden soll, oder wenn der Leistungsberechtigte erkrankt ist.

Tipp:

Das Verlangen einer sogenannten „Bettlägerigkeitsbescheinigung" ist in der Regel nicht zulässig.

Die notwendigen Fahrtkosten, die dem Leistungsberechtigten und ggf. der erforderlichen Begleitperson aus Anlass der Meldung entstehen, können auf Antrag übernommen werden.

Bei Nichterscheinen zu einem Meldetermin oder zu einem ärztlichen oder psychologischen Untersuchungstermin wird das ALG-II um 10 % gekürzt, es sei denn, ein wichtiger Grund kann dargelegt werden.

Rechtsgrundlage:
§§ 32, 59 SGB II

Gerichtsentscheidungen:
www.sozialgerichtsbarkeit.de:
Bundessozialgericht, Urteil vom 9. 11. 2010, Az. B 4 AS 27/10 R
Landessozialgericht Rheinland-Pfalz, Urteil vom 23. 7. 2009, Az. L 5 AS 131/08
Hessisches Landessozialgericht, Beschluss vom 5. 11. 2007, Az. L 6 AS 279/07 ER

Weitere Hinweise: →*Erreichbarkeit;* →*Mitwirkungspflichten;* →*Fahrtkosten;* →*Kürzung von Leistungen*

▶ Miete

Das Jobcenter ist dazu verpflichtet, neben den Leistungen zur Sicherung des Lebensunterhaltes auch die angemessene Miete für Wohnraum zu zahlen.

Die Miete wird entweder zusammen mit den Regelleistungen an den Leistungsberechtigten gezahlt oder direkt an den Vermieter.

Die zu übernehmende Warmmiete wird vom Jobcenter als Kosten der Unterkunft und Heizung bezeichnet (abgekürzt: KdU).

	Kaltmiete
+	Nebenkosten/Betriebskosten
+	Heizkosten
=	Kosten der Unterkunft und Heizung (Warmmiete)

Übernahme der Miete bei Erstantragstellung: Das Jobcenter zahlt grundsätzlich für einen Zeitraum von bis zu sechs Monaten den größten Teil der Warmmiete.

Von der Miete zu übernehmen sind:

(1) Kaltmiete, egal wie hoch

(2) die kalten Nebenkosten, wie z. B. Straßenreinigung, Wasser, Abwasser, Müllgebühren, Schornsteinfeger, etc.

(3) die Heizkosten.

Stromkosten werden nicht übernommen. Sofern man einen Mietvertrag hat, in dem der Strom in der Pauschalmiete enthalten ist, kürzt die Behörde einen Teil der Miete, da die Stromkosten schon in der Regelleistung enthalten sind.

Tipp:

Bei Antragstellung alle Unterlagen, die mit der Wohnung zusammenhängen, einreichen (Mietvertrag, Nebenkostenabrechnung, Heizkostenabrechnung, Abwasser und Wasserabrechnungen). Oft werden Mietkostenanteile nicht übernommen, weil das Jobcenter davon keine Kenntnis hat. Normalerweise sind die Kosten für Abwasser und Wasser in den Nebenkosten enthalten. Vereinzelt werden jedoch die Kosten für Wasser und Abwasser extra von den Stadtwerken berechnet.

Übernahme der Mietkosten nach einer Schonfrist von maximal sechs Monaten: Das Jobcenter zahlt nicht unbegrenzt die ganze Miete. Nach dem Gesetz wird die Miete für einen maximalen Zeitraum von sechs Monaten in tatsächlicher Höhe übernommen. Nach Ablauf dieser Schonfrist werden nur noch die sogenannten angemessenen Mietkosten übernommen.

In welcher Höhe Mietkosten als angemessen anzusehen sind, richtet sich nach der Personenzahl und den örtlichen Gegebenheiten und ist nicht gesetzlich geregelt. Je mehr hilfebedürftige Personen in der Wohnung leben, umso höher darf die Miete sein. Erfragen lässt sich die Höhe der angemessenen Miete beim örtlichen Jobcenter.

Als Orientierung für die Festlegung, in welcher Höhe eine Miete übernommen wird, dienen den Behörden zunächst die Richtlinien für die Wohnraumförderungen. So wird z. B. einer alleinstehenden Person meist ein Wohnraum von bis zu 50 qm zugebilligt. Für jede weitere Person kommen 10 qm bis 15 qm hinzu.

In der Regel sind folgende maximale Wohnungsgrößen einzuhalten:	
45 qm – 50 qm	für eine Person
50 qm – 65 qm	für zwei Personen
65 qm – 75 qm	für drei Personen
75 qm – 85 qm	für vier Personen
85 qm – 95 qm	für fünf Personen
10 qm – 15 qm	für jede weitere Person

In besonderen Einzelfällen billigt das Jobcenter eine größere Wohnfläche und damit eine höhere Miete zu:

- Schwangere erhalten in der Regel 10 qm –15 qm zusätzlich
- bei Schwerbehinderten – kommt auf den Einzelfall an
- bei Selbstständigen darauf, ob sie ein Arbeitszimmer brauchen und
- wenn ein regelmäßiger Besuch von leiblichen minderjährigen Kindern in Ausübung des Umgangsrechtes erfolgt.

Tipp:

Die Berücksichtigung zusätzlichen Wohnraums zur Ausübung des Umgangsrechts wird wenig genutzt, da dies nicht allgemein bekannt ist und vom Jobcenter selten darauf hingewiesen wird.

Ist die zulässige Wohnungsgröße herausgefunden, so setzt die Behörde in den meisten Fällen eine angemessene Nettokaltmiete pro qm fest. Nun multipliziert sie dies mit der zulässigen Wohnungsgröße und kommt zu einer sogenannten Mietobergrenze.

BEISPIEL: Wenn die angemessene Nettokaltmiete 5,00 €/qm beträgt, ist die Mietobergrenze für eine alleinstehende Person 50 qm × 5,00 € = 250,00 €. Die Nettokaltmiete darf also nicht mehr als 250,00 € betragen.

In anderen Fällen legen die Behörden eine Grenze für die Bruttokaltmiete fest. Die Bruttokaltmiete besteht aus der Kaltmiete und den kalten Nebenkosten bzw. Betriebskosten.

Übersteigen diese Kosten die jeweilige Mietobergrenze, so wird nach Ablauf der Schonfrist nur der Teil bis zur Mietobergrenze übernommen. Der darüber hinausgehende Teil muss selber gezahlt werden.

Hinweis:

Allein die Größe einer Wohnung ist für die Frage der Übernahme der Miete nicht ausschlaggebend. Maßgeblich ist der Mietpreis bzw. die Einhaltung der Mietobergrenze.

BEISPIEL: Ein Alleinstehender wohnt in einer 50 qm großen Wohnung.

Die Nettokaltmiete beträgt	300,00 €
Die kalten Nebenkosten/Betriebskosten betragen	80,00 €
Die Heizkosten betragen monatlich	50,00 €
Warmmiete	430,00 €

Die Heizung läuft über eine Zentralheizung (Öl oder Gas), die Warmwasserkosten werden nicht extra ausgewiesen. Die Mietobergrenze beträgt für den Alleinstehenden in dem Beispiel nur 250,00 €.

Die Nettokaltmiete aus dem Beispiel ist damit um 50,00 € zu teuer. Nach Ablauf der Schonfrist von in der Regel sechs Monaten wird daher nur noch die angemessene Nettokaltmiete von 250,00 €, statt der tatsächlichen 300,00 € übernommen.

Hinzu kommen die kalten Nebenkosten in tatsächlicher Höhe, soweit keine Anzeichen für Verschwendung vorliegen. Als Orientierungshilfe kann hierzu ein örtlicher Betriebskostenspiegel oder der vom Mieterbund erstellte Bundes-Betriebskostenspiegel dienen. Informationen hierzu erhält man vom Mieterverein oder im Internet.

Im Beispiel betragen die Nebenkosten 80,00 € und die Heizkosten betragen monatlich 50,00 €. Anzeichen für Verschwendung liegen hier nicht vor. Zusätzlich zur angemessenen Nettokaltmiete von 250,00 € werden daher die kalten Nebenkosten von 80,00 € übernommen sowie die vollen Heizkosten in Höhe von 50,00 €.

Die Warmwasserpauschale wird nicht mehr abgezogen. Die Kosten für die Erwärmung des Wassers gehören nun zu den Heizkosten.

Das Jobcenter zahlt daher nach höchstens sechs Monaten nur noch eine Gesamtmiete von 380,00 € statt der vertraglich geschuldeten Miete von 430,00 €. Die Differenz von 50,00 € muss der Leistungsberechtigte selber tragen.

Hinweis:

Soll die Miete direkt an den Vermieter gezahlt werden, so wird oft vereinbart, dass die gesamte Miete überwiesen wird, einschließlich der Differenz zwischen Mietobergrenze und tatsächlicher Miete. Die Differenz wird dann von der Regelleistung abgezogen. Der Leistungsberechtigte erhält in diesem Fall weniger Geld ausbezahlt.

Im Beispiel könnte es sein, dass 430,00 € vom Jobcenter direkt an den Vermieter überwiesen werden. Die Behörde muss aber nur 380,00 € übernehmen. Die Differenz von 50,00 € wird daher von der Regelleistung in Höhe von derzeit 364,00 € abgezogen. Zum Leben hat der Leistungsberechtigte nur noch 314,00 €. Davon müssen noch Strom und gegebenenfalls Telefon bezahlt werden.

Da in diesen Fällen das Leben schwieriger wird, weist die Behörde schon im Vorfeld darauf hin, dass die jeweilige Miete ggf. zu hoch ist. Übersteigt die Miete die Mietobergrenze so erhält man eine Aufforderung innerhalb eines bestimmten Zeitraumes (meist sechs Monate) die Kosten für die Unterkunft durch Untervermietung oder Umzug zu senken (sogenannte Kostensenkungsaufforderung). Nach Ablauf der Frist zahlt die Behörde nur noch die Miete in Höhe der Mietobergrenze, es sei denn, der Leistungsberechtigte kann nachweisen, dass er alles Erdenkliche getan hat, um die Miete zu senken.

Rechtsgrundlage:

§ 22 SGB II

Gerichtsentscheidungen:

www.sozialgerichtsbarkeit.de:

Bundessozialgericht, Urteil vom 7. 11. 2006, Az. B 7b AS 18/06 R

Bundessozialgericht, Urteil vom 19. 10. 2010, Az. B 14 AS 2/10 R

Weitere Hinweise:

www.tacheles-sozialhilfe.de:

Bundesweite Richtlinien/KdU-Richtlinien, KdU-Empfehlungen, Landesrechtliche Bestimmungen zur Angemessenheit von Unterkunftskosten

→*Heizkosten;* →*Betriebskosten;* →*Warmwasserpauschale;* →*Mietkaution;* →*Kostensenkung;* →*Umzug*

▶ Mietkaution

Bei einem Umzug in eine neue Wohnung muss an den Vermieter in der Regel eine Mietkaution (oder bei Wohnungsgenossenschaften ein Genossenschaftsanteil) gezahlt werden.

Eine Mietkaution wird auf Grundlage der Nettokaltmiete berechnet und darf die Höchstgrenze von drei Nettokaltmieten nicht überschreiten. Der Vermieter ist verpflichtet, die Kautionszahlung verzinst auf einem gesonderten Konto anzulegen.

Die Mietkaution wird in der Regel vom Jobcenter des neuen Wohnortes als Darlehen gewährt. Sie ist also an die Behörde zurückzuzahlen, zumal bei Auszug aus der Wohnung ein Anspruch auf Rückzahlung der Mietkaution gegen den Vermieter besteht.

Das Jobcenter gewährt ein Darlehen für die Mietkaution jedoch nur, wenn für den Umzug eine Zustimmung oder Genehmigung der Behörde vorliegt. Wurde für den Umzug keine Zustimmung erteilt, egal ob vor dem Umzug oder nach dem Umzug, muss die Behörde kein Darlehen bewilligen.

Tipp:

Da man die Wohnung meistens erst erhält, wenn die Mietkaution bezahlt wird, ist es wichtig, vor Anmietung der neuen Wohnung einen Antrag auf Übernahme der Mietkaution und die Zustimmung zum Umzug zu beantragen

Die Mietkaution wird von der Behörde direkt an den Vermieter gezahlt. Bei Auszug aus der Wohnung zahlt der Vermieter die Kaution an die Behörde zurück. Dies allerdings nur, wenn die Kaution nicht für das Reparieren von Wohnungsschäden eingesetzt werden muss, die vom Mieter verursacht wurden. In diesem Fall muss die Mietkaution vom Leistungsberechtigten ans Jobcenter zurückgezahlt werden.

Tipp:

Wird die Mietkaution als Darlehen gewährt, darf dieses Darlehen in Höhe von 10 % des maßgebenden Regelsatzes mit den laufenden Leistungen zum Lebensunterhalt aufgerechnet werden. Das Jobcenter braucht also nicht die Bewilligung eines Darlehens von der Einwilligung in eine monatliche Rückzahlung des Darlehens abhängig machen.

Rechtsgrundlage:
§§ 16, 22 Abs. 6, 42 a Abs. 2 SGB II

Gerichtsentscheidungen:
Landessozialgericht Berlin-Brandenburg, Urteil vom 11. 5. 2010, Az. L 5 AS 25/09

Landessozialgericht Hessen, Beschluss vom 5. 9. 2007, Az. L 6 AS 145/07

Landessozialgericht Schleswig-Holstein, Urteil vom 25. 11. 2009, Az. L 6 AS 24/09

Weitere Hinweise:
www.tacheles-sozialhilfe.de:
Bundesweite Richtlinien/KdU-Richtlinien, KdU-Empfehlungen, Landesrechtliche Bestimmungen zur Angemessenheit von Unterkunftskosten
→*Umzug;* →*Darlehen vom Jobcenter;* →*Renovierungskosten/Schönheitsreparaturen;* →*Aufrechnung*

▶ Mietnebenkosten

→*Betriebskosten;* →*Heizkosten;* →*Warmwasserpauschale;* →*Miete;* →*Regelbedarf/Regelleistungen*

▶ Mietschulden

→*Räumungsklage;* →*Darlehen vom Jobcenter;* →*Schuldnerberatung*

▶ Mini-Job

Unter einem Mini-Job versteht man eine geringfügige Beschäftigung mit einem monatlichen Höchsteinkommen von bis zu 400,00 €. Diese Beschäftigung erfolgt sozialversicherungsfrei.

Bei einem Bruttoeinkommen von 400,01 € bis 800,00 €, spricht man von einem Midi-Job. Im Gegensatz zu einem Mini-Job werden bei einem Midi-Job Kranken-, Pflege-, Arbeitslosen- und Rentenversicherungsbeiträge abgeführt.

Einkommen aus einem Mini-Job (ebenso wie aus einem Midi-Job) wird auf die ALG-II-Leistungen angerechnet. Die ersten 100,00 € sind anrechnungsfrei. Von einem Betrag von 100,00 € bis 400,00 € bleiben weitere 20 % frei, also bis zu 60,00 €. Von dem Einkommen in Höhe von 400,00 € werden also nur 240,00 € als Einkommen auf die Leistungen angerechnet.

Rechtsgrundlage:
§§ 11, 11 b SGB II; § 8 SGB IV

Weitere Hinweise:
www.minijob-zentrale.de
→*Aufstocker;* →*Einkommen/Einkommensanrechnung;* →*Erwerbstätigenfreibeträge;* →*Geringfügige Beschäftigung*

▶ Mittagsverpflegung Kinder/Schüler

Prinzipiell ist die Mittagsverpflegung im Regelbedarf, also im ALG-II und Sozialgeld, enthalten. Das Mittagessen in einer Schule oder in einer Kindertageseinrichtung ist allerdings in der Regel teurer als zuhause. Diese Mehrkosten werden vom Jobcenter übernommen, soweit sie nicht nach dem Kindergeldrecht vorrangig (von einem anderen Leistungsträger) zu erbringen sind.

Anspruchsberechtigt sind Personen unter 25 Jahren, die eine allgemein- oder berufsbildende Schule besuchen oder eine Kindertageseinrichtung. Eine Ausbildungsvergütung darf nicht bezogen werden.

Bezuschusst werden nur gemeinschaftliche Mittagessen, die von der Schule oder der Kindertagesstätte angeboten werden. Zuschüsse für auswärtiges Mittagessen oder Verpflegung, die am Kiosk gekauft wird, gibt es nicht.

Übernommen werden die tatsächlichen Mehrkosten, wobei 1,00 € pro Mittagessen als Eigenanteil angerechnet wird.

Um die Leistung zu bekommen, muss ein gesonderter Antrag gestellt und die Anmeldung zur Mittagsverpflegung nachgewiesen werden. Die Leistung kann vom Jobcenter als Gutschein oder im Wege der Zahlung an die Schule/Einrichtung erbracht werden.

Rechtsgrundlage:
§§ 28 Abs. 6, 29 SGB II

Weitere Hinweise: →*Bildungsgutschein/Teilhabegutscheine;* →*Schüler;* →*Kinder;* →*Subsidiaritätsprinzip;* →*Anrechnung (von anderen Sozialleistungen)*

▶ Mitwirkungspflichten

Wenn jemand Sozialleistungen beantragt oder erhält, ist er verpflichtet, das Jobcenter bei der Feststellung des Sachverhalts und anderer wesentlicher Umstände zu unterstützen. Konkret muss man

- alle Tatsachen angeben, die für die Leistung erheblich sind
- auf Verlangen der Erteilung erforderlicher Auskünfte durch Dritte zustimmen

- Änderungen in den Verhältnissen, die erheblich sind, unverzüglich mitteilen
- Beweismittel bezeichnen und ggf. Beweisurkunden vorlegen.

Darüber hinaus besteht die Pflicht,

- bestimmte Vordrucke zu benutzen, soweit diese vorgesehen sind
- persönlich zum Zwecke der mündlichen Erörterung des Antrages oder zur Vornahme anderer notwendiger Maßnahmen bei der Behörde zu erscheinen
- und an ärztlichen oder psychologischen Untersuchungsmaßnahmen, die für die Leistung erforderlich sind, teilzunehmen.

Weitere Mitwirkungspflichten sind auf Überwindung der Hilfebedürftigkeit gerichtet (z. B. Teilnahme an Maßnahmen zur Eingliederung in Arbeit).

Allerdings gibt es Grenzen für die Mitwirkung. Die Mitwirkungspflichten entfallen,

- soweit sie in keinem angemessenen Verhältnis zu der Sozialleistung oder ihrer Erstattung stehen
- unzumutbar sind
- oder wenn sich die Behörde mit geringerem Aufwand als der Antragsteller die erforderlichen Kenntnisse selbst beschaffen kann.

Für Behandlungen und Untersuchungen gibt es noch weitere Ausschlussgründe. Sie muss man nicht dulden,

- wenn ein Schaden für Leben und Gesundheit nicht mit hoher Wahrscheinlichkeit ausgeschlossen werden kann
- sie mit erheblichen Schmerzen verbunden sind oder einen erheblichen Eingriff in die körperliche Unversehrtheit bedeuten.

Zudem muss der Leistungsberechtigte keine Angaben machen, die ihn oder eine nahe stehende Person der Gefahr aussetzen, wegen einer Straftat oder Ordnungswidrig verfolgt zu werden.

Wenn gegen Mitwirkungspflichten verstoßen wird, hat dies Folgen. Das Jobcener kann ohne weitere Ermittlungen die Leistung ganz oder teilweise versagen oder entziehen, soweit die Voraussetzungen für die Leistung nicht nachgewiesen sind. Entsprechendes gilt auch für den Fall, dass der Leistungsberechtigte die Aufklärung des Sachverhaltes in anderer Weise erheblich erschwert.

Tipp:

Sozialleistungen dürfen wegen fehlender Mitwirkung nur versagt oder entzogen werden, wenn der Leistungsberechtigte auf die Folgen zuvor schriftlich hingewiesen worden ist und seinen Mitwirkungspflichten nicht innerhalb einer ihm gesetzten angemessenen Frist nachgekommen ist. Das übersehen Jobcenter bisweilen.

Die Leistungsentziehung oder -versagung darf nur bis zur Nachholung der Mitwirkungshandlung andauern. Im Falle der Nachholung kann (Ermessen!) das Jobcenter die Leistung ganz oder teilweise rückwirkend erbringen.

Darüber hinaus sieht das SGB II besondere Sanktionen bei Verstößen gegen Mitwirkungspflichten zur Vermeidung oder Überwindung von Hilfebedürftigkeit vor.

Rechtsgrundlage:
§§ 60 – 67 SGB I; §§ 31,31 a SGB II

Weitere Hinweise: →*Meldepflicht*; →*Kürzung von Leistungen;* →*Bußgeld*

▶ Möbel

Das Jobcenter gewährt einem Leistungsberechtigten nur die notwendigen Einrichtungsgegenstände, die zu einem menschenwürdigen Leben unerlässlich sind. Hierzu zählen auch Möbel. Sie werden vom Jobcenter im Rahmen der Erstausstattung für die Wohnung übernommen.

Die Kosten für die Ersatzbeschaffung von Wohnungsmöbeln oder für nicht erforderliche Möbel sind in der Regelleistung enthalten. Das heißt, dass von dem Regelbedarf in Höhe von zur Zeit 364,00 € jeden Monat ein gewisser Betrag angespart werden soll, um sich ein neues Möbelstück zu kaufen.

Tipp:

Ist ein notwendiges Möbelstück zerstört oder unbrauchbar geworden, so kann das Jobcenter in besonderen Situationen ein Darlehen gewähren.

Rechtsgrundlage:
§ 24 Abs. 3 SGB II

Gerichtsentscheidungen:
www.sozialgerichtsbarkeit.de:
Bundessozialgericht, Urteil vom 20. 8. 2009, Az. B 14 AS 45/08 R
Bundessozialgericht, Urteil vom 1. 7. 2009, Az. B 4 AS 77/08 R
Bundessozialgericht, Urteil vom 19. 9. 2008, Az. B 14 AS 64/ 07 R

Weitere Hinweise:
→*Erstausstattung;* →*Mehrbedarf/Mehraufwendungen;* →*Einmalleistungen;* →*Darlehen vom Jobcenter;* →*Härtefall*

▶ Musikunterricht

Kinder unter 18 Jahren erhalten Gutscheine für Teilhabe am sozialen und kulturellen Leben in Höhe von 10,00 € monatlich. Diese können sie z. B. für Mitgliedsbeiträge für Kulturvereine oder Sportvereine, für Museums- oder Theaterbesuche oder für privaten Musikunterricht einsetzen.

Tipp:

Die Gutscheine müssen vor jedem Bewilligungszeitraum für jedes Kind beantragt werden.

Rechtsgrundlage:
§§ 28, 29 SGB II

Weitere Hinweise: →*Bildungsgutscheine/Teilhabegutscheine*

▶ Mutterschaftsgeld

Mutterschaftsgeld ist eine Lohnersatzleistung nach dem Mutterschutzgesetz für die Zeit des Mutterschutzes von in der Regel sechs Wochen vor und acht Wochen nach der Geburt.

Mutterschaftsgeld wird bei Vorliegen der Voraussetzungen von den Krankenkassen gezahlt oder vom Bundesversicherungsamt.

Die Höhe entspricht dem monatlichen Nettogehalt der letzten drei abgerechneten Kalendermonate vor Beginn der Schutzfrist. Die Krankenkasse zahlt allerdings höchstens 13,00 € kalendertäglich, d. h. ca. 390,00 € im Monat. Mutterschaftsgeldzahlungen des Bundesversicherungsamtes sind sogar auf 210,00 € monatlich begrenzt.

Die Differenz zwischen der Zahlung des Mutterschaftsgeldes in Höhe von 13,00 € kalendertäglich und dem Nettoarbeitsentgelt zahlt der Arbeitgeber und in besonderen Fällen das Bundesversicherungsamt. Man nennt dies den „Zuschuss zum Mutterschaftsgeld".

Sofern Empfänger von ALG-II oder Sozialgeld ausnahmsweise Mutterschaftsgeld oder Zuschüsse zum Mutterschaftsgeld erhalten, ist das Geld unter Abzug einer Versicherungspauschale von 30,00 € als Einkommen anzurechnen.

Rechtsgrundlage:
§§ 13,14 MuschG; § 11 SGB II; § 6 ALG-II-Verordnung

Weitere Hinweise: →*Anrechnung (von anderen Sozialleistungen)*; →*Einkommen/Einkommensanrechnung;* →*Geburt;* →*Mehrbedarf/Mehraufwendungen;* →*Erstausstattung*

N

▶ Nachhilfe

→*Lernförderung;* →*Bildungsgutscheine/Teilhabegutscheine*

▶ Nachzahlung von Leistungen

→*Anspruchsdauer;* →*Antrag;* →*Bewilligungszeitraum;* →*Änderungs-/Aktualisierungsantrag;* →*Aufhebungsbescheid (Aufhebung eines Verwaltungsaktes);* →*Neufeststellung/Überprüfungsbescheid*

▶ Nebenkosten

→*Betriebskosten;* →*Heizkosten;* →*Warmwasserpauschale;* →*Miete;* →*Regelbedarf/Regelleistung*

▶ Nettokaltmiete

→*Betriebskosten;* →*Miete*

▶ Neufeststellung/Überprüfungsbescheid

Unter einer Neufeststellung versteht man die erneute Überprüfung und Entscheidung über einen Sachverhalt durch eine Behörde. Sie ist auch im Nachhinein möglich, selbst wenn die erste Entscheidung schon bestandskräftig geworden ist. Das Verfahren dient der Korrektur falscher Entscheidungen und der Verwirklichung materiellen

Rechts. Einen solchen Vorgang kann man durch einen Überprüfungsantrag einleiten.

Voraussetzungen:

- ein von Anfang an rechtswidriger und nicht begünstigender Bescheid (Verwaltungsakt) z. B. aufgrund
  - unrichtiger Anwendung des Rechts (Anspruchsgrundlage wurde nicht gesehen) oder
  - Zugrundelegung eines unzutreffenden Sachverhalts (anrechnungsfreie Einkünfte oder Vermögen wurden zu Unrecht berücksichtigt) oder
  - der Nichtigkeit des Bescheids (wegen schwerstwiegender Verfahrensfehler)
- der den Antragsteller belastet.

Rechtsfolge: Aufhebung/Rücknahme des unrichtigen, belastenden Verwaltungsaktes (und neue Entscheidung) und zwar auch, wenn der Bescheid schon bestandskräftig ist. Die Aufhebung/Rücknahme erfolgt mit Wirkung für die Vergangenheit. Ausgenommen hiervon sind Fälle, in denen der Antragsteller wesentliche Angaben unrichtig oder unvollständig gemacht hat und der Bescheid darauf beruht. In diesen Fällen ist er nicht für die Vergangenheit, sondern nur für die Zukunft aufzuheben/zurückzunehmen. Ob darüber hinaus eine Aufhebung/Rücknahme für die Vergangenheit erfolgt, steht im Ermessen des Jobcenters.

Die Überprüfung erfolgt durch die zuständige Behörde, auch wenn der erste, belastende Verwaltungsakt von einer anderen, unzuständigen Behörde erlassen wurde.

Hinweis:

Die Aufhebung/Rücknahme kann nicht nur auf Antrag sondern auch von Amts wegen durchgeführt werden.

Im Fall der Neufeststellung werden im Bereich des SGB II Sozialleistungen für die Vergangenheit allerdings längstens für die Zeit ab dem 1. 1. des Kalenderjahres erbracht, das der Entscheidung über die Neufeststellung bzw. dem Antrag hierauf vorangeht.

BEISPIEL: Das Jobcenter kürzt den Regelsatz seit 1. 10. 2009 zu Unrecht monatlich um 10 %. Im September 2011 wird ein Überprüfungsantrag gestellt, der im Januar 2012 dazu führt, dass die Kürzung rückwirkend aufgehoben wird. Anspruch auf Nachzahlung der zu Unrecht einbehaltenden Beträge besteht ab 1. 1. 2010 (= Jahr vor Antragstellung).

Rechtsgrundlage:
§ 44 SGB X; § 40 Abs. 1 SGB II

Weitere Hinweise: →*Überprüfungsantrag*; →*Änderungs-/Aktualisierungsantrag;* →*Fehlerhafter Bescheid (Verwaltungsakt);* →*Widerspruch/Widerspruchsverfahren*

▶ Nicht-eheliche Lebensgemeinschaft

→*Bedarfsgemeinschaft;* →*Einstehens- und Verantwortungsgemeinschaft;* →*Eheähnliche Gemeinschaft*

▶ Notlage

→*Hilfen zur Überwindung besonderer sozialer Schwierigkeiten;* →*Härtefall;* →*Darlehen vom Jobcenter;* →*Beratung*

O

▶ Obdachlose

Auch Obdachlose können ALG-II erhalten. Dies ist nicht an das Vorhandensein einer Unterkunft geknüpft. Allerdings muss der Obdachlose für das Jobcenter erreichbar sein, damit er eingegliedert werden kann. Hierfür reicht es aber, wenn eine tägliche Vorsprache bei einer Betreuungs- oder Beratungsstelle für Nichtsesshafte oder ähnlichen Stellen, z. B: für Personen mit besonderen sozialen Schwierigkeiten, erfolgt, so dass der Obdachlose seine Post jeden Werktag persönlich zur Kenntnis nehmen kann. Der Obdachlose und die Betreuungs- oder Beratungsstelle haben dazu eine entsprechende Erklärung abzugeben.

Tipp:

Obdachlose können beim Jobcenter erfragen, welche Betreuungs- und Beratungsstellen als „Anlaufstellen" in Betracht kommen.

Obdachlose erhalten die üblichen Leistungen einschließlich einer etwaigen Nutzungsentschädigung für eine Obdachlosenunterkunft. Unter Umständen können sogar Mietkosten für einen Lagerraum, der während der unbestimmten Zeit der Unterkunft in einer Übergangswohnanlage der Einlagerung von persönlichen Gegenständen dient, vom Jobcenter übernommen werden.

Rechtsgrundlage:
§ 7 Abs. 4 a SGB II

Gerichtsentscheidungen:

www.sozialgerichtsbarkeit.de:

Landessozialgericht Berlin-Brandenburg, Entscheidung vom 3. 4. 2008, Az. L 29 B 2228/07 AS ER

Bundessozialgericht, Entscheidung vom 16. 12. 2008, Az. B 4 AS 1/08 R

Weitere Hinweise:

www.arbeitsagentur.de:

Veröffentlichungen/Weisungen/Arbeitslosengeld II/Fachliche Hinweise zu § 7 SGB II (Stand 1. 2010) unter 7.79; Durchführungsanweisungen der Bundesagentur für Arbeit zu § 119 SGB III (Stand 1. 2005) unter 3.1.3.5

→Anspruch/Anspruchsvoraussetzungen; →Aufenthaltsort

▶ Orthopädische Schuhe, Geräte

Nicht vom Regelbedarf umfasst ist u. a. der Bedarf für die Anschaffung und Reparatur von orthopädischen Schuhen, Reparaturen von therapeutischen Geräten und Ausrüstungen sowie die Miete von therapeutischen Geräten.

Leistungen für diese Bedarfe werden seit den Reformen vom 1. 4. 2011 gesondert erbracht und zwar auch dann, wenn Leistungsberechtigte keine Leistungen zur Sicherung des Lebensunterhalts einschließlich der angemessenen Kosten für Unterkunft und Heizung benötigen, den Bedarf für die orthopädischen Schuhe und Geräte jedoch aus eigenen Kräften und Mitteln nicht voll decken können. In diesem Fall kann das Einkommen berücksichtigt werden, das Leistungsberechtigte innerhalb eines Zeitraumes von bis zu sechs Monaten nach Ablauf des Monats erwerben, in dem über die Leistung entschieden wird.

Rechtsgrundlage:

§ 24 Abs. 3 SGB II

Weitere Hinweise: *→Einkommen/Einkommensanrechnung; →Mehrbedarf/Mehraufwendungen; →Einmalleistungen; →Härtefall; →Darlehen vom Jobcenter*

▶ Ortsabwesenheit

Ortsabwesenheit wird dann zum Problem, wenn der Leistungsberechtigte nicht mehr zeitnah für Maßnahmen zur Eingliederung in Arbeit zur Verfügung steht. Er braucht in solchen Fällen die Zustimmung des Jobcenters zur Abwesenheit, sonst verliert er Ansprüche nach dem SGB II.

Ein Leistungsberechtigter muss sich also immer abmelden, wenn der Aufenthaltsort/Wohnort für einige Zeit verlassen werden soll.

Das Jobcenter muss die Zustimmung erteilen, wenn für den Aufenthalt außerhalb des zeit- und ortsnahen Bereichs ein wichtiger Grund vorliegt und die Eingliederung in Arbeit nicht beeinträchtigt wird. Ein wichtiger Grund liegt insbesondere vor bei

- Teilnahme an einer ärztlich verordneten Maßnahme der medizinischen Vorsorge oder Rehabilitation
- Teilnahme an einer Veranstaltung, die staatspolitischen, kirchlichen oder gewerkschaftlichen Zwecken dient oder sonst im öffentlichen Interesse liegt, oder
- Ausübung einer ehrenamtlichen Tätigkeit.

Tipp:

Abwesenheiten aus wichtigem Grund sind auf die Abwesenheiten ohne wichtigen Grund nicht anzurechnen.

Die Zustimmung kann auch erteilt werden, wenn für den Aufenthalt außerhalb des zeit- und ortsnahen Bereichs kein wichtiger Grund vorliegt und die Eingliederung in Arbeit nicht beeinträchtigt wird. Die Dauer der Abwesenheiten soll in diesem Fall insgesamt drei Wochen im Kalenderjahr nicht überschreiten. Das bedeutet: Solange kann auch ein Leistungsberechtigter Urlaub anderenorts machen.

Hinweis:

Eine Verlängerung dieses Zeitraumes ist nur ausnahmsweise möglich, z. B. bei schwerer Erkrankung oder höherer Gewalt, die die rechtzeitige Rückkehr verhindern. Das muss dann dem Jobcenter mitgeteilt und nachgewiesen werden.

Verstöße gegen diese Vorgaben können sanktioniert werden und zu Rückzahlungen führen.

Rechtsgrundlage:
§ 7 Abs. 4 a SGB II; Erreichbarkeitsanordnung

Weitere Hinweise: →*Aufenthaltsort*; →*Erreichbarkeit;* →*Mitwirkungspflichten;* →*Meldepflicht*

P

▶ Pauschalen

Das SGB II verwendet bei der Gewährung, Bemessung und Zahlung von ALG-II und Sozialgeld in mehrfacher Hinsicht Pauschalen.

So werden die Regelleistungen, also die Leistungen zur Sicherung des Lebensunterhaltes, als Pauschalen gewährt. Auch werden sog. „Aufstockern“, das sind Personen, die ergänzend zu ihrem Einkommen ALG-II erhalten, „pauschale“ Freibeträge gewährt, so dass nicht ihr ganzes Einkommen angerechnet wird.

Zudem wird zur Arbeitsvereinfachung durch die Jobcenter in der täglichen Praxis mit Pauschalen gearbeitet, etwa bei Anschaffungen im Rahmen der Erstausstattung mit Hausratspauschalen statt Kostenerstattung für jedes einzelne Teil.

Weitere Hinweise: →*Regelbedarf/Regelleistung*; →*Einkommen/Einkommensanrechnung*; →*Erstausstattung*; →*Aufstocker*

▶ Persönlicher Ansprechpartner

Persönliche Ansprechpartner (PAP) heißen die Mitarbeiter des Jobcenters, die für die Leistung zur Eingliederung in Arbeit zuständig sind. Man nennt sie auch Fallmanager oder Arbeitsvermittler. Für die Auszahlung des ALG-II sind in der Regel andere Mitarbeiter zuständig.

Hinweis:

Bei einem Jobcenter gibt es verschiedene Abteilungen. Die Abteilung, die für die Berechnung und Auszahlung des ALG-II zuständig ist, wird oft Leistungsabteilung genannt. Sie ist für den Antragsteller und Leistungsberechtigten meistens weder persönlich noch telefonisch zu erreichen.

Rechtsgrundlage:
§ 14 Satz 2 SGB II

Weitere Hinweise: →*Fallmanager;* →*Jobcenter;* →*Eingliederung (-maßnahme/-leistungen/-zuschüsse);* →*Eingliederungsvereinbarung*

▶ Pfändung

Laufende Leistungen nach dem SGB II sind wie Arbeitseinkommen pfändbar. Daher gelten bestimmte Pfändungsfreigrenzen, die dazu führen, das ALG-II einem Leistungsberechtigten nicht gepfändet werden kann.

Auch Ansprüche auf einmalige Geldleistungen können nur gepfändet werden, soweit nach den Umständen des Falles, insbesondere nach den Einkommens- und Vermögensverhältnissen des Leistungsberechtigten, die Pfändung der Billigkeit entspricht. Dies ist bei Leistungen nach dem SGB II regelmäßig nicht der Fall.

Tipp:

Personen, die eigene Einkünfte haben, die aber nicht höher sind, als das ALG-II wären, können ggf. einen Antrag auf Anhebung des unpfändbaren Betrages stellen. Dazu müssen sie nachweisen, dass der notwendige Lebensunterhalt im Sinne des SGB II für sich und für die Personen, denen sie Unterhalt zu gewähren haben, nicht gedeckt ist.

Dass Leistungen nach dem SGB II von Dritten nicht gepfändet werden können, bedeutet leider nicht, dass das Jobcenter mit etwaigen Gegenansprüchen, z. B. auf Erstattung überzahlten ALG-II, nicht aufrechnen und die laufenden Leistungen auf diese Weise um bis zu 30 % des Regelbedarfs kürzen kann.

Rechtsgrundlage:
§ 54 Abs. 4 SGB I; §§ 850 c und 850 f ZPO

Weitere Hinweise: →*Aufrechnung;* →*Rückforderung/-zahlung von Leistungen*

▶ Pflege von Angehörigen

Ziel des SGB II ist es, einen Leistungsberechtigten, der erwerbsfähig ist, wieder in eine Arbeit zu vermitteln und in den Arbeitsmarkt zu integrieren. Um den Leistungsberechtigten, die betreuungsbedürftige Kinder haben oder Angehörige, die sie pflegen müssen, dies zu ermöglichen, kann das Jobcenter die Betreuung minderjähriger oder behinderter Kinder oder die häusliche Pflege von Angehörigen unterstützen, damit der Erwerbsfähige trotz dessen einer Beschäftigung nachgehen kann.

Rechtsgrundlage:
§ 16 a SGB II

Weitere Hinweise: →*Eingliederung (-maßnahme/-leistungen/-zuschüsse)*; →*Beratung*

▶ Pflegegeld

Pflegegeld gibt es für verschiedene Zwecke. Erhält ein Leistungsberechtigter Pflegegeld, so kann dieses als Einkommen anzurechnen sein. Dabei ist zwischen den verschiedenen Formen des Pflegegeldes zu unterscheiden.

(1)	Pflegegeld als Erziehungshilfe (§ 39 SGB VIII):	Keine Anrechnung für die ersten zwei Kinder, für das dritte Kind werden 75 % und ab 4. Kind das volle Pflegegeld angerechnet
(2)	Pflegegeld für Tagespflege (§ 23 SGB VIII):	ab 1.1.2012 volle Anrechnung. Bis dahin wie Ziffer 1
(3)	Pflegegeld (§ 37 SGB XI):	Keine Anrechnung
(4)	Pflegegeld aus privater Pflegeversicherung:	Keine Anrechnung, soweit sie den Leistungen der gesetzlichen Pflegeversicherung entsprechen.

Tipp:

Wird das Pflegegeld an die Pflegeperson, die die Leistungen der Grundpflege und der hauswirtschaftlichen Versorgung erbringt, weitergeleitet, kann es auch bei ihr anrechnungsfrei sein.

Anrechnungsfrei sind nämlich Einnahmen einer Pflegeperson für Leistungen der Grundpflege und hauswirtschaftlichen Versorgung, soweit sie steuerfrei sind. Das sind Einnahmen bis zur Höhe des Pflegegeldes nach § 37 SGB XI, wenn die Pflegeperson Angehöriger des Pflegebedürftigen ist oder jemand, der eine sittliche Pflicht gegenüber dem Pflegebedürftigen erfüllt.

Rechtsgrundlage:
§§ 11 a Abs. 3, 77 Abs. 2 SGB II; § 13 Abs. 5 SGB XI; § 1 Abs. 1 Ziffer 4 ALG-II-Verordnung; § 3 Nr. 36 EStG

Weitere Hinweise: →*Einkommen/Einkommensanrechnung*; →*Anrechnung (von anderen Sozialleistungen)*

▶ Pflegeheim

→*Stationäre Unterbringung*

▶ Pflegeversicherung

Leistungsberechtigte sind, in der Zeit, für die sie ALG-II beziehen, pflichtversichert in der gesetzlichen Pflegeversicherung, soweit sie nicht ohnehin in der gesetzlichen Krankenversicherung familienversichert sind. Das gilt allerdings nur, wenn die Leistungen nach dem SGB II nicht nur darlehensweise gewährt werden.

Die Beiträge zur gesetzlichen Pflegeversicherung werden vom Jobcenter übernommen und zwar auch dann, wenn die Leistungsberechtigten nicht gesetzlich, sondern privat pflegeversichert sind.

Rechtsgrundlage:
§ 20 Abs. 1 Ziffer 2 a SGB XI; § 26 Abs. 2 SGB II

Weitere Hinweise: →*Krankenversicherung*; →*Familienversicherung*

▶ Praktikum

Als Praktikum bezeichnet man eine kurzfristige Beschäftigung ohne Entgelt, die dazu dient, einen Betrieb oder eine Tätigkeit kennen zu lernen.

Tipp:

Wenn ein Praktikum abgebrochen wird, führt dies in der Regel nicht zu einer Sanktion, weil es sich bei einem unentgeltlichen Praktikum nicht um eine Arbeit, Ausbildung oder Arbeitsgelegenheit im Sinne des SGB II handelt.

Rechtsgrundlage:
§ 31 Abs. 1 SGB II

Gerichtsentscheidungen:
www.sozialgerichtsbarkeit.de:
Landessozialgericht Nordrhein-Westfalen, Entscheidung vom 2. 5. 2008, Az. L 7 B 321/07 AS ER

Weitere Hinweise: →*Eingliederung (-maßnahmen/-leistungen/-zuschüsse)*; →*Arbeitsgelegenheiten*

▶ Praxisgebühr

Die Kosten für die Praxisgebühr sind in der Pauschale der Regelleistung enthalten und werden nicht extra erstattet.

Tipp:

Es gibt Belastungsgrenzen. Wenn diese erreicht sind, kann man für den Rest des Jahres von weiteren Zuzahlungen von der Krankenkasse befreit werden.

Die Belastungsgrenze beträgt 2 % der jährlichen Bruttoeinnahmen zum Lebensunterhalt. Für chronisch Kranke, die wegen derselben schwerwiegenden Krankheit in Dauerbehandlung sind, beträgt sie 1 % der jährlichen Bruttoeinnahmen zum Lebensunterhalt.

Dabei ist bei Versicherten, die Leistungen zur Sicherung des Lebensunterhalts nach dem SGB II erhalten, als Bruttoeinnahme zum Lebensunterhalt für die gesamte Bedarfsgemeinschaft nur die Regelleistung maßgeblich.

Rechtsgrundlage:
§§ 61, 62 SGB V; § 20 Abs. 2 SGB II

Gerichtsentscheidungen:
www.bundessozialgericht.de:
Bundessozialgericht, Urteile vom 22. 4. 2008, Az. B 1 KR 5/07 R, B 1 KR 10/07 R, B 1 KR 18/07 R, B 1 KR 20/07 R

Weitere Hinweise: →*Rezeptgebühr*; →*Regelbedarf/Regelleistung;* →*Krankheit;* →*Arbeitsunfähigkeit;* →*Attestkosten*

► Private Krankenversicherung

Normalerweise sind die meisten Leistungsberechtigten gesetzlich krankenversichert. Die Beiträge zur gesetzlichen Krankenversicherung werden vom Jobcenter übernommen.

Problematischer ist es für Leistungsberechtigte – meist Selbstständige – die unerwartet arbeitslos bzw. hilfebedürftig werden, direkt auf ALG-II angewiesen und in einer privaten Krankenversicherung Mitglied sind. Die monatlichen Beiträge zur privaten Krankenversicherung sind in der Regel wesentlich höher, als die zur gesetzlichen Krankenversicherung.

Leistungsberechtigte trifft in diesem Fall die Obliegenheit, die Beiträge zur privaten Krankenversicherung durch einen Tarifwechsel zu senken, um Hilfebedürftigkeit zu vermeiden oder zu reduzieren. Die privaten Krankenkassen ihrerseits sind verpflichtet, ab dem 01. 1. 2009 einen Basistarifvertrag anzubieten, dessen Beitragshöhe den Höchstbeitrag der gesetzlichen Krankenversicherung nicht übersteigen darf. Im Fall der Hilfebedürftigkeit nach dem SGB II, halbiert sich der Beitrag. Bis zur Höhe diesen halben Basistarifes hat das Jobcenter die Krankenversicherungsbeiträge zu übernehmen.

Rechtsgrundlage:
§§ 3 Abs. 3 Satz 1, 26 SGB II; § 12 Abs. 1 c Satz 5 und 6 VAG

Gerichtsentscheidungen:
www.sozialgerichtsbarkeit.de:
Bundessozialgericht, Urteil vom 18. 1. 2011, Az. B 4 AS 108/10

Weitere Hinweise: →*Beratung*; →*Mitwirkungspflichten;* →*Selbstständigkeit*

► Prozesskostenhilfe

Wenn man einen Rechtstreit vor Gericht führen muss, kann dies Geld kosten, das ALG-II-Bezieher in der Regel nicht haben. In solchen Fällen besteht die Möglichkeit, Prozesskostenhilfe (PKH) in Anspruch zu nehmen. Die Prozesskostenhilfe wird parallel zur Klageinreichung beantragt. Meist wird der beauftragte Rechtsanwalt die Antragstellung übernehmen.

Sie wird bewilligt, wenn

- das Gerichtsverfahren hinreichend Aussicht auf Erfolg hat,
- nicht mutwillig erscheint und
- der Antragsteller nicht in der Lage ist, die Kosten des Verfahrens aus eigenen Mitteln aufzubringen.

Je nach den wirtschaftlichen Verhältnissen gibt es Prozesskostenhilfe mit und ohne Ratenzahlung. Ratenfreie Prozesskostenhilfe wird gewährt, wenn das Einkommen nach Abzug der nachstehenden Positionen 15,00 € nicht übersteigt. Abzusetzen sind:

- Steuern, Vorsorgeaufwendungen, Werbungskosten
- Freibeträge (Stand ab 30. 3. 2011):
  - Grundfreibetrag für die Partei 400,00 €
  - zusätzlicher Freibetrag für die erwerbstätige Partei 182,00 €
  - Grundfreibetrag für Ehegatten oder Lebenspartner der Partei 400,00 €
  - für jede weitere Person, der die Partei aufgrund gesetzlicher Unterhaltspflicht Unterhalt leistet, in Abhängigkeit von ihrem Alter
    (a) Erwachsene 320,00 €
    (b) Jugendliche vom Beginn des 15. bis zur Vollendung des 18. Lebensjahres 316,00 €
    (c) Kinder vom Beginn des siebten bis zur Vollendung des 14. Lebensjahres 276,00 €
    (d) Kinder bis zur Vollendung des sechsten Lebensjahres 237,00 €
- die Wohnkosten einschließlich Heizung, es sei denn, diese Kosten stehen in einem auffälligen Missverhältnis zu den Lebensverhältnissen der Partei.

Wenn man mehr als 15,00 € nach Abzug aller absetzbaren Beträge übrig hat, muss man sich an den Kosten durch Zahlung angemessener Raten beteiligen.

Leistungsberechtigte werden in der Regel Prozesskostenhilfe erhalten, ohne Raten zahlen zu müssen. Dies könnte nur daran scheitern, dass der Antragsteller über nennenswertes Vermögen verfügt, da Prozesskostenhilfe in solchen Fällen nicht gewährt wird.

Die Staatskasse übernimmt im Fall einer PKH-Bewilligung die Gerichtsgebühren, die in sozialrechtlichen Verfahren allerdings in der Regel ohnehin nicht anfallen, sowie die Kosten des Rechtsanwalts des Antragstellers.

Hinweis:

Geht der Prozess verloren, ist man in der Regel verpflichtet, der Gegenseite die Kosten zu erstatten. In solchen Fällen hilft die Prozesskostenhilfe nicht weiter und die Kosten des gegnerischen Rechtsanwaltes müssen trotzdem gezahlt werden.
In sozialrechtlichen Gerichtsverfahren, in denen es um die Gewährung von Leistungen nach dem SGB II geht, spielt dies allerdings keine große Rolle. Zum einen lässt sich die beklagte Behörde, z. B. das Jobcenter, in der Regel nicht durch Rechtsanwälte vertreten. Zum anderen sind die Kosten einer beklagten Behörde in solchen Verfahren ohnehin nicht erstattungsfähig.

Die Gewährung der Prozesskostenhilfe kann bis zu vier Jahre im Nachhinein – auch nach Ende des Verfahrens – überprüft werden. Kommt man in der Zeit wieder zu Geld, kann die Prozesskostenhilfe aufgehoben werden. Die entstandenen Kosten sind dann ganz oder teilweise an die Staatskasse zu erstatten.

Rechtsgrundlage:
§§ 114ff. ZPO; § 193 Abs. 3 SGG

Weitere Hinweise:
www.justiz.nrw.de (Suchwort: Prozesskostenhilfe)
→*Anwaltskosten*→*Gerichtskosten;* →*Beratungshilfe;* →*Klage*

▶ Psychosoziale Betreuung

Ziel des SGB II ist es, einen Leistungsberechtigten, der ALG-II bezieht und erwerbsfähig ist, wieder in eine Arbeit zu vermitteln und in den Arbeitsmarkt zu integrieren. Um den Leistungsberechtigten dies zu ermöglichen, kann das Jobcenter auch Leistungen in Form einer psychosozialen Betreuung erbringen, soweit diese erforderlich sind. Die Leistung wird nicht als Geld, sondern als Sach- bzw. Dienstleistung erbracht. In der Regel berät oder betreut das Jobcenter aber nicht selber, sondern bedient sich hierzu freier Träger, wie z. B. Wohlfahrtsverbänden, mit denen es entsprechende Vereinbarungen trifft.

Tipp:

Nach Beratungsstellen vor Ort kann man sich beim Jobcenter erkundigen oder im Internet.

Rechtsgrundlage:
§§ 16 a, 17 SGB II

Weitere Hinweise: →*Eingliederung (-maßnahmen/-leistungen/-zuschüsse)*; →*Sachleistungen*; →*Beratung*

Q

▶ Qualifizierung

→*Eingliederung (-maßnahmen/-leistungen/-zuschüsse)*; →*Eingliederungsvereinbarung;* →*Mitwirkungspflichten*

R

▶ Radio

Ein Radio gehört zu den notwendigen Einrichtungsgegenständen, die im Rahmen einer Erstausstattung gewährt werden müssen.

Tipp:

Von der GEZ-Gebührenpflicht für Radio und Fernseher kann eine Befreiung bei der GEZ beantragt werden.

Rechtsgrundlage:
§ 24 Abs. 3 Ziffer 1 SGB II

Gerichtsentscheidungen:
www.sozialgerichtsbarkeit.de:
Schleswig-Holsteinisches Landessozialgericht, Urteil vom 9. 12. 2009, Az. L 9 SO 5/09
Bundessozialgericht, Urteil vom 19. 2. 2009, Az. B 4 AS 48/08 R

Weitere Hinweise: →*Erstausstattung;* →*GEZ-Gebühren/Gebührenbefreiung*

▶ Raten(-rück)zahlungen

Sollte ein Leistungsberechtigter Zahlungen zu Unrecht erhalten haben, so wird er in der Regel vom Jobcenter aufgefordert, diese zurückzuzahlen. Dazu erhält er zunächst einen Aufhebungs- und Erstattungsbescheid bzw. Rückforderungsbescheid und anschließend eine Zahlungsaufforderung des jeweiligen Forderungsmanagements der Bundesagentur für Arbeit. In dieser sind die Gesamtforderung und das Fälligkeitsdatum angegeben.

Tipp:

Wenn die Forderung berechtigt ist, aber nicht in einer Summe zurückgezahlt werden kann, weil der/die Betroffene nicht genug Geld hat, sollte er/sie beim Forderungsmanagement anrufen und unter Angabe des Kassenzeichens um eine Ratenzahlung bitten. Diese wird in der Regel gewährt.

Weitere Hinweise: →*Rückforderung/-zahlungen von Leistungen*; →*Aufrechnung*; →*Widerspruch/Widerspruchsverfahren*; →*Aufschiebende Wirkung*

▶ Räumungsklage

Mietschulden können zur Kündigung und sogar zur Zwangsräumung der Wohnung führen.

Eine fristlose Kündigung durch den Vermieter ist gemäß § 543 BGB immer dann möglich, wenn

- zwei Monatsmieten nicht gezahlt wurden (§ 543 Abs. 2 Nr. 3 a BGB)
- in zwei aufeinanderfolgenden Monaten die Miete teilweise nicht bezahlt wurde und der Rückstand eine Monatsmiete und mehr umfasst (§ 543 Abs. 2 Nr. 3 a i. V. m. § 569 Abs. 3 Nr. 1 BGB)
- die Miete mehr als zwei Monate hintereinander teilweise nicht bezahlt wurde und die Mietrückstände zwei Monatsmieten oder mehr betragen (§ 543 Abs. 2 Nr. 3 b BGB).

Tipp:

Nebenkostennachforderungen im Rahmen einer Jahresabrechnung berechtigen allerdings nicht zu einer fristlosen Kündigung.

Eine fristlose Kündigung muss schriftlich erfolgen und der dafür erforderliche wichtige Grund der Kündigung muss im Kündigungsschreiben angegeben werden.

Kündigt der Vermieter fristlos und wird die Wohnung nicht freiwillig geräumt, so kann der Vermieter die Räumung der Wohnung mittels einer Räumungsklage gerichtlich durchsetzen.

Hinweis:

Erhebt der Vermieter die Räumungsklage wegen Mietrückständen, so soll das zuständige Gericht das Jobcenter automatisch davon in Kenntnis setzen, wenn die Kündigung wegen Mietrückständen erfolgte. Die Behörde kann nämlich Mietschulden als Darlehen übernehmen, wenn dies zur Sicherung der Unterkunft gerechtfertigt und notwendig ist und sonst Wohnungslosigkeit einzutreten droht.

Die Kündigung wegen Mietschulden und die Räumung der Wohnung kann dann abgewendet werden,

- wenn der Mietrückstand vor oder „unverzüglich" nach Erhalt der Kündigung bezahlt wird (§ 543 Abs. 2 Nr. 3 Satz 2 BGB)
- wenn der Mietrückstand innerhalb von zwei Monaten bezahlt wird, nachdem die Räumungsklage rechtshängig ist (§ 569 Abs. 3 Nr. 2 BGB). Die Frist beginnt mit der Zustellung der Räumungsklage an den Mieter oder
- wenn innerhalb von zwei Monaten nach Zustellung der Räumungsklage dem Vermieter eine Erklärung der Behörde vorgelegt wird, dass die rückständige Miete übernommen wird (§ 569 Abs. 3 Nr. 2 BGB). Diese Zusage muss sich auf die Mietrückstände beziehen, nicht auf künftige Mieten.

Als Bedingung für eine Übernahme der Mietschulden kann das Jobcenter verlangen, dass die zu zahlende Miete direkt an den Vermieter überwiesen wird, so dass zukünftige Zahlungen gewährleistet sind. Des Weiteren muss die Übernahme der Mietschulden den Wohnraum tatsächlich sichern. Dies ist nicht der Fall, wenn noch andere zum Beispiel verhaltensbedingte Kündigungsgründe vorliegen oder der Vermieter einer Fortsetzung des Mietverhältnisses bereits ausdrücklich widersprochen hat.

Hinweis:

Das Jobcenter übernimmt die Mietschulden in der Regel nur einmal und auch nur dann, wenn die Miete im Bereich der sogenannten Mietobergrenze liegt. Nur in Ausnahmefällen kann das Jobcenter Mietschulden auch zum wiederholten Male als Darlehen übernehmen.

Die Abwendung der Kündigung bzw. der Räumungsklage durch Ausgleich der Mietrückstände innerhalb der Schonfrist von zwei Monaten ist ebenfalls nur möglich, wenn nicht innerhalb der vergangenen zwei Jahre schon einmal eine fristlose Kündigung auf diese Weise unwirksam gemacht worden ist.

Eine Kündigung des Mietverhältnisses wegen Mietschulden ist nicht mehr möglich, wenn ein Insolvenzverfahren läuft und der Vermieter die Kündigung auf Mietschulden stützt, die vor Beantragung der Insolvenz entstanden sind.

Rechtsgrundlage:
§ 22 SGB II

Gerichtsentscheidungen:
www.sozialgerichtsbarkeit.de:
Landessozialgericht Nordrhein-Westfalen, Urteil vom 5. 1. 2010, Az. L 1 B 25/09 AS
Bundessozialgericht, Urteil vom 16. 12. 2008, Az. B 4 AS 49/07 R

Weitere Hinweise: →*Darlehen vom Jobcenter;* →*Miete;* →*Schuldnerberatung*

▶ Rechtsanwalt

→*Rechtsberatung;* →*Anwaltskosten;* →*Beratungshilfe;* →*Prozesskostenhilfe*

▶ Rechtsbehelfe

Unter einem Rechtsbehelf versteht man ein von der Rechtsordnung zugelassenes verfahrensrechtliches Mittel, mit dem Entscheidungen von Gerichten oder Behörden angegriffen werden können. Sie verfolgen das Ziel, die Entscheidung noch einmal zu überprüfen und abzuändern.

Man unterscheidet förmliche und formlose Rechtsbehelfe. Förmliche Rechtsbehelfe sind an bestimmte Formen und/ oder Fristen gebunden, formlose nicht.

Eine spezielle Form von förmlichen Rechtsbehelfen sind die sog. Rechtsmittel, die zum einen verhindern, dass eine Entscheidung rechtskräftig wird, und zum anderen einen Rechtsstreit vor ein höheres Gericht bringen. Zu den Rechtsmitteln zählen die Berufung und die Revision.

Anderen förmlichen Rechtsbehelfen, die keine Rechtsmittel sind, fehlen die oder zumindest eine der oben beschriebenen Wirkungen.

Bekannte Rechtsbehelfe im Verwaltungsverfahren sind der Widerspruch oder der Einspruch.

Tipp:

Über die Möglichkeit einen förmlichen Rechtsbehelf einzulegen, muss die Behörde oder das Gericht in der Regel belehren. Man nennt dies die Rechtsbehelfsbelehrung.

Zu den formlosen Rechtsbehelfen zählen die Dienstaufsichtsbeschwerde, die Gegenvorstellung sowie Petitionen.

Rechtsgrundlage:
Verfahrensgesetze, z. B. SGB X; Sozialgerichtsgesetz

Weitere Hinweise: →*Widerspruch/Widerspruchsverfahren;* →*Aufschiebende Wirkung*

▶ Rechtsberatung

Rechtsberatung kann man an unterschiedlichen Stellen erhalten, z. B. bei Gewerkschaften oder verschiedenen Interessenverbänden (z. B. Sozialverband, Wohlfahrtsverbände, Mieterverein, Arbeitsloseninitiativen usw.). In Vereinen oder Verbänden muss man häufig Mitglied sein oder werden. Zum Teil gibt es auch öffentliche Rechtsberatungen bei den Kommunen oder beim Land. In Schleswig-Holstein gibt es z. B. eine Bürgerbeauftragte für soziale Angelegenheiten, die die Aufgabe hat, alle Hilfesuchenden in sozialen Angelegenheiten – kostenfrei – zu informieren und zu beraten sowie ihre Anliegen gegenüber Behörden zu vertreten. Im Bereich der Sozialversicherung (z. B. Kranken- oder Rentenversicherung) kann man Hilfe bei den sog. „gemeinsamen Servicestellen“ finden.

Wenn keine andere Stelle zur Verfügung steht, kann man sich in jedem Fall an Rechtsanwälte wenden. Dabei sollte man darauf achten, dass sie besondere Kenntnisse in dem Bereich haben, in dem man Beratung benötigt. Für die meisten Rechtsgebiete gibt es mittlerweile „Fachanwälte“, die auf ihrem Gebiet besondere Erfahrungen haben, z. B. für Sozialrecht, Arbeitsrecht, Familienrecht oder Mietrecht. Um die Qualifikation herauszufinden helfen Telefonbücher, das Internet oder eine Anfrage bei der Rechtsanwaltskammer weiter. Der Nachteil ist, Anwälte nehmen Geld für ihre Leistungen.

Tipp:

Wenn man sich keinen Anwalt leisten kann, gibt es die Möglichkeit, Beratungshilfe zu beantragen. Dann übernimmt der Staat die Kosten. Den Antrag kann man selber schon bevor man einen Rechtsanwalt aufsucht beim für den Wohnort zuständigen Amtsgericht stellen oder über den Anwalt. Die Anwälte bevorzugen es, wenn der Beratungshilfebewilligungsschein gleich mitgebracht wird.

Weitere Hinweise:

www.landtag.ltsh.de/beauftragte/bb:
Informationen zur Bürgerbeauftragten für soziale Angelegenheiten in Schleswig-Holstein auf der Homepage des Schleswig-Holsteinischen Landtags

→*Anwaltskosten;* →*Beratungshilfe;* →*Kosten des Verfahrens;* →*Prozesskostenhilfe;* →*Gerichtskosten*

▶ Rechtsmittel

→*Rechtsbehelfe*

▶ Regelbedarf/Regelleistung

Zur Sicherung des Lebensunterhaltes wird ALG-II und/oder Sozialgeld gezahlt. Die Höhe wird dabei nicht individuell bemessen, sondern als Pauschale berechnet. Diese wird Regelsatz genannt.

Im Regelsatz ist nach Ansicht des Gesetzgebers alles für das normale Leben in einem Monat eingerechnet. Hinzu kommen noch die Kosten für angemessenen Wohnraum und Heizung sowie die Beiträge zur Krankenversicherung. Für bestimmte Lebenssituationen gibt es darüber hinaus noch Leistungen als Erstausstattung, für Mehrbedarfe und als Darlehen.

Die Höhe des zustehenden Regelsatzes ist unterschiedlich. Je nach Alter und Größe einer Familie oder für allein lebende Menschen bestimmt der Gesetzgeber unterschiedliche Werte.

Dazu hat er Untersuchungen durchgeführt, anhand derer er für folgende Dinge des Lebens einen bestimmten Geldbetrag für notwendig erachtet.

Für eine alleinstehende Person liegen folgende Ergebnisse vor:

1. Abteilung	Nahrungsmittel, alkoholfreie Getränke	128,46 €
3. Abteilung	Bekleidung und Schuhe	30,40 €
4. Abteilung	Wohnen, Energie und Wohnungsinstandhaltung	30,24 €
5. Abteilung	Innenausstattung, Haushaltsgeräte und -gegenstände	27,41 €
6. Abteilung	Gesundheitspflege	15,55 €
7. Abteilung	Verkehr	22,78 €
8. Abteilung	Nachrichtenübermittlung	31,96 €
9. Abteilung	Freizeit, Unterhaltung, Kultur	39,96 €
10. Abteilung	Bildung	1,39 €
11. Abteilung	Beherbergungs- und Gaststättendienstleistungen	7,16 €
12. Abteilung	Andere Waren und Dienstleistungen	26,50 €

Die Summe ergibt einen errechneten Wert von 361,81 €, der auf 364,00 € aufgerundet wurde.

Der Gesetzgeber hat den einzelnen Leistungsberechtigten sogenannte Regelbedarfsstufen zugeordnet:

Regelbedarfsstufen	Lebenssituation	Regelsatz ab 1. 1. 2011
Regelbedarfsstufe 1	Erwachsene Person, die als alleinstehende oder alleinerziehende Person einen eigenen Haushalt führt	364,00 €
Regelbedarfsstufe 2	Zwei Erwachsene, die als Ehegatten, Lebenspartner, in eheähnlicher oder lebenspartnerschaftsähnlicher Gemeinschaft einen gemeinsamen Haushalt führen	je 328,00 €
Regelbedarfsstufe 3	Erwachsene Person, die weder einen eigenen Haushalt führt, noch als Ehegatte, Lebenspartner oder in eheähnlicher oder lebenspartnerschaftsähnlicher Gemeinschaft einen gemeinsamen Haushalt führt	291,00 €
Regelbedarfsstufe 4	Jugendliche vom Beginn des 15. bis zur Vollendung des 18.Lebensjahres	287,00 €

Regelbedarfsstufen	Lebenssituation	Regelsatz ab 1. 1. 2011
Regelbedarfsstufe 5	Kind vom Beginn des siebten bis zur Vollendung des 14. Lebensjahres	251,00 €
Regelbedarfsstufe 6	Kind bis zur Vollendung des sechsten Lebensjahres.	215,00 €

Ab dem 1. 1. 2012 soll der Regelsatz um 3,00 € zusätzlich um einen bestimmten Faktor der Preisentwicklung und der Gehaltsentwicklung erhöht und erweitert werden.

Hinweis:

Das Bundesverfassungsgericht hat in seiner Entscheidung vom 9. 2. 2010 die bis dahin geltenden Berechnungen als verfassungswidrig verworfen. Darauf hin wurden die neuen Berechnungen vom Gesetzgeber durchgeführt und das SGB II geändert. Ob diese neuen Regeln verfassungsgemäß sind, ist umstritten. Sie sind aber aktuell geltendes Recht und werden demgemäß angewendet.

Rechtsgrundlage:
§ 20 SGB II

Gerichtsentscheidungen:
www.bundesverfassungsgericht.de:
Bundesverfassungsgericht, Entscheidung vom 9. 2. 2010, Az. 1 BvL 1/09, Az. 1 BvL 3/09, Az. 1 BvL 4/09

Weitere Hinweise:
www.gesetze-im-internet.de:
Regelbedarfsermittlungsgesetz vom 24. 3. 2011
→*Mehrbedarf/Mehraufwendungen;* →*Erstausstattung;* →*Einmalleistungen;* →*Miete;* →*Härtefall;* →*Darlehen vom Jobcenter*

▶ Reisekosten

→*Fahrtkosten*

▶ Renovierungskosten/ Schönheitsreparaturen

Renovierungskosten und Schönheitsreparaturen sind grundsätzlich vom Jobcenter zu übernehmen, wenn der Mieter laut Mietvertrag bei Einzug, regelmäßig in gewissen Abständen oder bei Auszug dazu verpflichtet ist. Ansonsten ist der Vermieter zuständig.

Schönheitsreparaturen sind Maßnahmen zur Beseitigung von Mängeln, die durch normales Wohnen entstanden sind. Sie sind grundsätzlich notwendig, wenn Wände, Decken oder der Lackanstrich der Wohnung stark abgenutzt sind (Nutzungsspuren von Kindern, Flecken, deutliche Ränder von Möbeln und Bildern). Auch Rauchen kann Anlass dazu sein, da selbst starkes Rauchen in der Regel noch einen vertragsgemäßen Gebrauch darstellt, aber die Abnutzungen entfernt werden müssen. Unter Schönheitsreparaturen fallen ausschließlich Malerarbeiten innerhalb der Wohnung, wie zum Beispiel

das Streichen und Tapezieren von Wänden und Decken,

das Lackieren von Heizkörpern einschließlich Heizungsrohren, Innentüren, Scheuerleisten und über Putz verlegten Versorgungs- und Abflussleitungen sowie Fenster und Außentüren von innen,

Arbeiten zur Beseitigung von Untergrundschäden (diese gehören nur dann zu den Schönheitsreparaturen, wenn es sich um übliche und kleinere Vorarbeiten vor dem Anstreichen und Tapezieren handelt).

Ansonsten muss man im Einzelnen unterscheiden:

1. Kosten für eine Einzugsrenovierung

Einen Zuschuss für eine Einzugsrenovierung muss das Jobcenter nur dann gewähren, wenn es im konkreten Ort üblich ist, eine Wohnung unrenoviert anzumieten. Ist es im konkreten Ort nicht üblich, eine Wohnung unrenoviert anzumieten, muss das Jobcenter die Kosten für eine Einzugrenovierung nicht übernehmen, weil die Wohnung renoviert überlassen wird.

2. Regelmäßige Schönheitsreparaturen

Die Übernahme von Kosten für regelmäßige in gewissen Abständen vorzunehmende Schönheitsreparaturen kommt nur in Betracht, wenn die Durchführung von Schönheitsreparaturen vertraglich wirksam vereinbart und diese notwendig sind. Ob die Überwälzung der Pflicht zur Vornahme von Schönheitsreparaturen vom Vermieter auf den Mieter rechtlich wirksam ist, muss genau überprüft werden.

Die Mietervereine geben dazu Auskunft. Ob eine Schönheitsreparatur notwendig ist, hängt davon ab, wie die Wohnung abgewohnt ist. Die oftmals strengen Fristen in den Mietverträgen sind dabei höchstens ein Indiz. Bei Kleinkindern und bei der notwendigen Nutzung durch technische Geräte wie Rollstühlen kann es zu einer schnelleren Abnutzung kommen als bei Wohnraum, der durch einen Alleinstehenden bewohnt wird. Das Jobcenter kann zur Prüfung, ob eine Schönheitsreparatur notwendig ist, die Wohnung besichtigen lassen.

3. Übernahme von Kosten bei Auszug

Das Jobcenter übernimmt die Kosten für eine Auszugsrenovierung nur, wenn einem Umzug zugestimmt wurde und die Auszugsrenovierung mit dem Vermieter vertraglich vereinbart wurde.

Außerdem muss man dann noch nach den Kosten im Speziellen differenzieren:

Kosten: Die Renovierungen sind grundsätzlich selber oder mit Hilfe von Familienangehörigen oder Freunden und Bekannten durchzuführen. Die meisten Jobcenter gewähren hierfür eine Helferpauschale. Nur wenn nachgewiesen werden kann, dass die Renovierung aufgrund Krankheit oder Behinderung nicht möglich ist und auch keine Freunde oder Bekannten helfen können, werden die Kosten für einen professionellen Handwerker bezahlt. Hierzu müssen dem Jobcenter drei Kostenvoranschläge vorgelegt werden.

Keinen Zuschuss gibt es für:

- Kosten für Instandhaltungs- und Instandsetzungsmaßnahmen, die keine Schönheitsreparaturen darstellen. Hierbei handelt es sich um Kosten für die Erhaltung des vertrags- und ordnungsgemäßen Zustands der Mietsache, also Beseitigung von durch Abnutzung, Alter und Witterungseinfluss entstehende bauliche und sonstige Mängel. Sie betreffen die Beseitigung von Schäden, die nicht durch Malerarbeiten zu beseitigen sind. Hierunter fallen insbesondere Austausch von Fensterscheiben, Reparatur von Türschlössern, Ausbessern von Schäden am Fußboden, Beseitigung von Feuchtigkeitsschäden, größere Putzarbeiten am Mauerwerk. Diese sind in der Regel durch den Vermieter zu übernehmen. Hierunter fallen aber auch kleinere Instandhaltungen bzw. Instandsetzungen, wie

z. B. der Austausch defekter Perlatoren in Wasserhähnen, defekte Untertischgeräte etc. Diese Kosten werden oft ebenfalls auf den Mieter übertragen und sind dann vom Regelsatz umfasst

- Schönheitsreparaturen nach Modernisierungs- oder Instandsetzungs- bzw. Instandhaltungsarbeiten
- Kosten für Schönheitsreparaturen außerhalb der Wohnung, wie z. B. das Streichen der Fenster und Wohnungstür von außen, das Streichen der Kellerräume, die Renovierung der Kellerräume oder Renovierungsarbeiten in Treppenhaus und Waschküche
- Sonstige Reparaturen, die auf anderen Ursachen beruhen oder anderen Zwecken dienen, also nicht den oben definierten Schönheitsreparaturen zuzuordnen sind. Hierzu gehört zum Beispiel das Erneuern von Teppichböden, die der Vermieter verlegt hat oder das Abschleifen und Versiegeln von Holzböden
- Schäden, die aufgrund nicht vertragsgemäßen Gebrauchs durch den Mieter verursacht worden sind. Diese muss der Mieter aus eigenen Mitteln – in der Regel beim Auszug – beseitigen. Hierzu gehören z. B. Styroporverkleidungen an Wand und Decken; Rauputz; Kunststofffolien an Türen und Fenstern; übermalte Fliesen; Brandlöcher oder Schäden durch Pfennigabsätze im Bodenbelag; Schäden durch Tierhaltung etc.

Tipp:

Das Jobcenter immer erst vorher informieren und sich über die Möglichkeiten einer Kostenübernahme erkundigen.

Rechtsgrundlage:
§ 22 SGB II

Gerichtsentscheidungen:
www.sozialgerichtsbarkeit.de:
Landessozialgericht Nordrhein-Westfalen, Urteil vom 5. 1. 2010, Az. L 1 B 25/09 AS
Bundessozialgericht, Urteil vom 16. 12. 2008, Az. B 4 AS 49/07 R
Bundessozialgericht, Urteil vom 19. 3. 2008, Az. B 11b AS 312/06 R

Weitere Hinweise: →*Miete;* →*Umzug;* →*Darlehen vom Jobcenter*

▶ Rente

Es gibt eine Vielzahl von Renten und Sozialleistungen bzw. Versicherungsträgern, die diese gewähren. Neben den Renten der gesetzlichen Unfallversicherung (Verletztenrente, Witwer/Witwen- und Waisenrente), den Renten aus sog. sozialer Entschädigung (Versorgungs-/ oder Beschädigten-Grundrente, und sonstigen Renten nach dem Bundesversorgungsrecht), Renten für bestimmte Rentnergruppen (z. B. Bergmannsrenten, Altershilfen für Landwirte) sind dies vor allem die Leistungen der Rentenversicherung. Hervorzuheben sind dort die Erwerbsminderungsrente, die Altersrente und die Hinterbliebenenrente.

Hinzu kommen Zahlungen aus privaten Versicherungen, für die auch die Bezeichnung „Rente“ verwendet wird (z. B. Riester- oder Rürup-Rente).

Grundsätzlich gilt für Leistungsberechtigte im Bereich des SGB II, dass bis auf wenige Ausnahmen solche Rentenzahlungen als Einkommen ganz oder teilweise angerechnet werden.

Der Bezug von Altersrenten nach dem SGB VI oder ähnliche Leistungen (zum Beispiel Ruhegehalt für Beamte, Soldaten) führt sogar zum Wegfall des Anspruchs auf SGB II Leistungen. Dabei ist unerheblich, ob die Rente mit oder ohne Abschläge gezahlt wird. Es muss sich allerdings um Vollrenten handeln. Der Bezug von Teilaltersrenten reicht nicht aus.

Altersrente erhält man, wenn man mindestens 60 Pflichtbeitragsmonate in der gesetzlichen Rentenversicherung erworben hat, z. B. in dem man fünf Jahre lang rentenversicherungspflichtig beschäftigt war, Beiträge in die gesetzliche Rentenversicherung eingezahlt, und das Renteneintrittsalter erreicht hat. Dieses liegt je nach Geburtsjahrgang derzeit zwischen 65 und 67 Jahren.

Hinweis:

Bei Personen, die vor dem 1. 7. 1947 geboren sind, ist das Renteneintrittsalter das vollendete 65. Lebensjahr. Für im Jahr 1947 Geborene verschiebt sich der Renteneintritt um 1 Monat, für den Jahrgang 1948 um 2 Monate und so weiter bis zur Vollendung des 67. Lebensjahres für alle Personen, die 1964 und später geboren wurden.

Tipp:

Man kann die persönliche Rentenaltersgrenze in § 7 a SGB II nachlesen oder bei der Rentenversicherung erfragen.

Zum Teil kann man die Altersrente vorzeitig in Anspruch nehmen, muss dann aber mit Abschlägen rechnen.

Hinweis:

Ab dem 1. 1. 2011 sind SGB II-Bezieher nicht mehr in der gesetzlichen Rentenversicherung pflichtversichert. Das Jobcenter zahlt seit dem keine Beiträge mehr zur gesetzlichen Rentenversicherung und Leistungsberechtigte erwerben durch die Inanspruchnahme von ALG-II keine Rentenanwartschaften mehr.

Mit Erreichen des Rentenalters und bei Bezug von Rente endet der Anspruch auf ALG-II.

Nach den Neuregelungen wird die Zahlung von ALG-II allerdings nicht mehr einen Tag vor dem maßgebenden Stichtag, z. B. dem 65. Geburtstag, eingestellt, sondern erst mit Ablauf des Monats, in dem der Stichtag erreicht wird. Am Folgetag beginnt dann die Rente.

BEISPIEL: Liegt der 65. Geburtstag am 22. 5., endet der ALG-II-Bezug am 31. 5. und Rente gibt es ab dem 1. 6.

Früher bestand die Gefahr, dass zwischen dem Ende des ALG-II-Bezuges und dem Beginn der Rentenleistungen eine Lücke war. Dies soll durch die Neuregelung verhindert werden.

Eingliederungsleistungen werden bereits mit der Stellung des Rentenantrags eingestellt.

Aber nicht nur Personen, die eine Altersrente beziehen, erhalten keine Leistungen nach dem SGB II mehr, sondern auch Personen, die eine Altersrente beziehen können, sind vorrangig auf die Inanspruchnahme von Rente zu verweisen, soweit sie das 63. Lebensjahr vollendet haben. Sie können vom Jobcenter aufgefordert werden, die Altersrente vorzeitig in Anspruch zu nehmen, selbst wenn dies zu Rentenabschlägen führt.

Hinweis:

Vom sog. Zwang zur Frühverrentung ausgenommen sind die sog. 58er Fälle im Bereich des SGB III. Bisher durften Arbeitslose, die das 58. Lebensjahr vollendet haben, sich vom Arbeitsmarkt zurückzuziehen und konnten trotzdem Arbeitslosengeld beziehen. Es handelt sich jedoch um eine auslaufende Regelung, die nur noch für Personen gilt, die vor dem 1. 1. 2008 arbeitslos wurden und damals mindestens 58 Jahre alt waren.

Tipp:

Von einer Frühverrentung kann abgesehen werden, wenn diese unbillig ist.
Zur Frage der Unbilligkeit hat das Bundesministerium für Arbeit und Soziales im Jahr 2008 eine Verordnung erlassen, in der Fälle der Unbilligkeit beispielhaft aufgezählt sind. Unbilligkeit ist zum Beispiel gegeben, wenn

- Leistungen nach dem SGB II nur ergänzend, z. B. neben Arbeitslosengeld I oder Krankengeld in Anspruch genommen werden und diese Ansprüche bei der Frühverrentung verloren gehen würden
- die Altersrente innerhalb der nächsten sechs Monate abschlagsfrei in Anspruch genommen werden könnte
- die Eingliederung in Arbeit bevorsteht oder die Hilfebedürftigkeit innerhalb der nächsten sechs Monate durch den Partner überwunden werden kann
- oder die Rentenabschläge dazu führen würden, dass dauerhaft weiter Sozialleistungen in Anspruch genommen werden müssen, wenn dies bei abschlagsfreier Rente später nicht der Fall wäre.

Umstritten ist, ob das Jobcenter die SGB II-Leistungen einfach einstellen kann, wenn der Leistungsberechtigte nicht mitwirkt.

Wenn die Altersrente nicht ausreichen sollte, um den Lebensunterhalt zu decken, kann man Leistungen der Grundsicherung im Alter nach dem SGB XII beantragen.

Rechtsgrundlage:
§§ 7 Abs. 1 Nr. 1, Abs. 4 S. 1, 7 a, 12 a, 65 Abs. 4 SGB II; § 428 Abs. 1 SGB III; Unbilligkeitsverordnung vom 14. 4. 2008

Weitere Hinweise:
www.arbeitsagentur.de:
Veröffentlichungen/Weisungen/Arbeitslosengeld II/Fachliche Hinweise zu §§ 7 und 12 a SGB II

→*Erwerbsminderungsrente;* →*Verletztenrente;* →*Altersvorsorge;* →*Grundsicherung im Alter und bei Erwerbsminderung;* →*Zahlungslücken*

▶ Rentenbeiträge

Seit dem 1. 1. 2011 sind Personen, die ALG-II beziehen, nicht mehr pflichtversichert in der gesetzlichen Rentenversicherung. Daher fallen auch keine Beiträge mehr an.

Muss man Rentenversicherungsbeiträge aus anderen Gründen zahlen (z. B. „Aufstocker", die einer sozialversicherungspflichtigen Arbeit nachgehen), werden diese vom Jobcenter ebenfalls nicht übernommen. Allerdings kann man sie einkommensmindernd berücksichtigen.

Rechtsgrundlage:
§ 11 Abs. 1 Nr. 2 SGB II

Weitere Hinweise: →*Rente;* →*Altersvorsorge;* →*Riester-Rente;* →*Aufstocker;* →*Erbwerbstätigenfreibeträge;* →*Einkommen/Einkommensanrechnung*

▶ Rezeptgebühr

Die Kosten für Rezeptgebühren sind in der Pauschale der Regelleistung enthalten und werden nicht extra erstattet.

Tipp:

Es gibt Belastungsgrenzen. Wenn diese erreicht sind, kann man für den Rest des Jahres von weiteren Zuzahlungen von der Krankenkasse befreit werden.

Die Belastungsgrenze beträgt 2 % der jährlichen Bruttoeinnahmen zum Lebensunterhalt. Für chronisch Kranke, die wegen derselben schwerwiegenden Krankheit in Dauerbehandlung sind, beträgt sie 1 % der jährlichen Bruttoeinnahmen zum Lebensunterhalt.

Bei Versicherten, die Leistungen zur Sicherung des Lebensunterhalts nach dem SGB II erhalten, ist als Bruttoeinnahme zum Lebensunterhalt für die gesamte Bedarfsgemeinschaft nur die Regelleistung maßgeblich.

Rechtsgrundlage:
§§ 31, 61, 62 SGB V; § 20 Abs. 2 SGB II

Gerichtsentscheidungen:
www.bundessozialgericht.de:
Bundessozialgericht, Urteil vom 22. 4. 2008, Az. B 1 KR 18/07 R

Weitere Hinweise: →*Praxisgebühr;* →*Regelbedarf/Regelleistung;* →*Krankheit;* →*Attestkosten*

▶ Riester-Rente

Die Beiträge zu einer privaten Riester-Rente werden vom Jobcenter nicht übernommen. ALG-II-Bezieher, die ein zusätzliches Einkommen beziehen (Aufstocker), können die Beiträge zur Riester-Rente allerdings einkommensmindernd berücksichtigen. Die ersparten Beträge zählen, soweit sie nicht vorzeitig verwendet werden, zudem zum sog. Schonvermögen, das nicht zur Bedarfsdeckung oder -minderung eingesetzt werden muss.

Rechtsgrundlage:
§§ 11 b Abs. 1 Ziff. 4, 12 Abs. 2 Ziffer 2 SGB II

Weitere Hinweise: →*Aufstocker;* →*Erwerbstätigenfreibeträge;* →*Vermögen/Vermögensanrechnung;* →*Altersvorsorge;* →*Lebensversicherung*

▶ Rückforderung /-zahlung von Leistungen

Grundsätzlich sind zuviel erbrachte Leistungen, insbesondere zu viel gezahltes ALG-II, zurückzuzahlen.

Sach- und Dienstleistungen sind in Geld zu erstatten. Dies gilt auch für Bildungsgutscheine, es sei denn, sie wurden vom Leistungsberechtigten noch nicht eingelöst. Dann können die Gutscheine als solche zurückgegeben werden.

Die Jobcenter gewähren die Leistungen nach dem SGB II häufig unter dem Vorbehalt, die Rechtmäßigkeit, vor allem die Höhe von ALG-II, später noch einmal zu kontrollieren. Dies liegt daran, dass viele Leistungsberechtigte ALG-II als Aufstocker beziehen und das geringfügige Einkommen meist schwankend ist. Ebenso kann das

Jobcenter im Nachhinein Geld zurückfordern, wenn sich später herausstellt, dass der Leistungsberechtigte Vermögen oder Einkommen verschwiegen hat, also Leistungen zu Unrecht erhalten hat.

Bevor es zur Rückforderung kommt, erhält ein Leistungsberechtigter vom Jobcenter zunächst eine Anhörung zur Überzahlung. Der Leistungsberechtigte soll u. a. angeben, warum er in einem gewissen Zeitraum Einkommen oder Vermögen nicht angegeben hat.

Der Anhörung folgt dann ggf. der sog. Aufhebungs- und Erstattungsbescheid oder auch Rückforderungsbescheid genannt.

Tipp:

Wenn die Leistungen nachträglich im vollen Umfang aufgehoben werden, müssen trotzdem nur 56 % der bei der Berechnung des ALG-II und des Sozialgeldes berücksichtigten Bedarfe für Unterkunft zurückgezahlt werden. Dadurch soll erreicht werden, dass den Hilfeempfängern Leistungen in Höhe des durchschnittlichen Wohngeldes verbleiben. Diese Ausnahme von der Erstattungspflicht wird in der Praxis manchmal übersehen.

Die Begünstigung entfällt allerdings, wenn

- der Leistungsberechtigte die Überzahlung durch unwahre Angaben oder Unterlassen von Änderungsmitteilungen pflichtwidrig herbeigeführt hat
- der Leistungsberechtigte wusste oder hätte wissen können, dass er die Leistungen zu Unrecht erhalten hat oder
- die ursprüngliche Bewilligung nur teilweise aufgehoben wird.

Das Jobcenter hat im Übrigen auch die Möglichkeiten, die Überzahlung mit zukünftigen Leistungen zu verrechnen. Dann erhält ein Leistungsberechtiger durch diese sog. Aufrechnung weniger ALG-II ausgezahlt.

Gegen den Erstattungs-/Rückforderungsbescheid kann man innerhalb eines Monats nach Zugang Widerspruch einlegen. Der Widerspruch führt dazu, dass der geforderte Betrag erst einmal nicht zurückgezahlt werden muss, da der Widerspruch zum Teil aufschiebende Wirkung hat. Sollte dem Widerspruch nicht abgeholfen werden, so kann gegen diesen Widerspruchsbescheid wiederum einen Monat nach Zugang des Widerspruchsbescheides Klage beim zuständigen Sozialgericht erhoben werden. Die Klageeinreichung führt ebenfalls dazu, dass der Erstattungsbetrag bis zum rechtskräftigen Urteil nicht bezahlt werden muss.

Tipp:

Ein Leistungsberechtigte sollte stets darauf achten, auf jeden Rückforderungsbescheid und jede Zahlungsaufforderung des Forderungsmanagements der Bundesagentur für Arbeit zu reagieren, damit keine Vollstreckung eingeleitet wird.
Sollte ein Leistungsberechtigter im Rahmen einer Rückforderung eine Vollstreckungsankündigung durch das zuständige Hauptzollamt erhalten, so sollte er sich dort telefonisch unter Angabe des Vollstreckungsaktenzeichens melden und eine Aussetzung der Vollstreckung erwirken, um zunächst die Rechtmäßigkeit der Rückforderung mit dem Jobcenter klären zu können.

Rechtsgrundlage:

§ 40 SGB II i. V. m. §§ 44, 45, 48, 50 SGB X; §§ 328, 330 SGB III

Gerichtsentscheidungen:

www.sozialgerichtsbarkeit.de:

Sächsisches Landessozialgericht, Entscheidung vom 28. 4. 2009, Az. L 7 B 566/07 AS-ER

Weitere Hinweise:

www.bundestag.de:

Dokumente/Drucksachen/BT-Drucks. 17/3404 vom 26. 10. 2010, S. 188f.

→*Aufschiebende Wirkung;* →*Anhörung;* →*Aufrechnung;* →*Pfändung;* →*Widerspruch/Widerspruchsverfahren;* →*Raten(-rück)zahlungen*

▶ Rücknahmebescheid (Rücknahme eines Verwaltungsaktes)

Hat ein Jobcenter einen Bewilligungsbescheid erlassen und stellt sich nachträglich heraus, dass dieser rechtswidrig ist, soll in der Regel die gewährte Leistung zurückgefordert werden. Das ist aber nicht so einfach.

Wenn Bescheide (Verwaltungsakte) erlassen worden sind, sind sie für die Beteiligten verbindlich. Das gilt vor allem auch für das Jobcenter, das sich an seine Entscheidung halten muss. Wenn es diese im Nachhinein ändern will, geht dies nur unter bestimmten im Gesetz genannten Voraussetzungen.

Von besonderer Bedeutung sind dabei die sog. begünstigenden Verwaltungsakte, die dem Antragsteller eine Leistung zusprechen oder eine Feststellung zu seinen Gunsten treffen.

Ob und in wieweit der Verwaltungsakt wieder zurückgenommen werden kann, hängt davon ab, ob der Begünstigte Vertrauensschutz genießt oder nicht.

Wenn Vertrauensschutz besteht, darf der Verwaltungsakt nicht zurückgenommen werden, soweit der Begünstigte auf den Bestand des Verwaltungsaktes vertraut hat und sein Vertrauen unter Abwägung mit dem öffentlichen Interesse an der Rücknahme schutzwürdig ist. Eine Rücknahme kommt in solchen Fällen nur mit Wirkung für die Zukunft in Betracht.

Praktisch bedeutsamer sind die Fälle, in denen kein Vertrauensschutz besteht. Vertrauensschutz entfällt, wenn

- der Verwaltungsakt durch arglistige Täuschung oder Bestechung erwirkt wurde (=Wiederaufnahmegründe)
- der Verwaltungsakt auf Angaben beruht, die der Antragsteller vorsätzlich oder fahrlässig in wesentlicher Beziehung unrichtig und unvollständig gemacht hat (=Unredlichkeit)
- er die Rechtswidrigkeit des Bescheides (Verwaltungsaktes) kannte oder in Folge grober Fahrlässigkeit nicht kannte (=Bösgläubigkeit). Dabei liegt nach dem Gesetz grobe Fahrlässigkeit vor, wenn der Antragsteller die erforderliche Sorgfalt im besonders schweren Maße verletzt hat.

Bei fehlendem Vertrauensschutz ist eine Rücknahme auch mit Wirkung für die Vergangenheit möglich. Hierfür gibt es allerdings zeitliche Schranken. Besonders wichtig ist, dass eine Rücknahme für die Vergangenheit nur innerhalb eines Jahres nach Kenntnis der Behörde über die Tatsachen, die die Rücknahme rechtfertigen, zulässig ist.

Tipp:

Achten Sie auf diese Frist. Sie wird manchmal vom Jobcenter versäumt. Um Herauszufinden, wie lange das Jobcenter schon Kenntnis hat, sollte Akteneinsicht genommen werden.

Rechtsgrundlage:
§§ 45, 330 Abs. 2 SGB X; § 40 Abs. 2 Nr. 3 SGB II

Weitere Hinweise: →*Rückforderung/-zahlung von Leistungen*; →*Aufhebungsbescheid (Aufhebung eines Verwaltungsaktes)*; →*Neufeststellung/Überprüfungsbescheid*; →*Rechtsberatung*

▶ Rundfunkgebühr

→*GEZ-Gebühren/Gebührenbefreiung*

▶ Rürup-Rente

→*Altersvorsorge*; →*Vermögen/Vermögensanrechnung*

S

▶ Sachleistungen

Bei den unterhaltssichernden Leistungen des SGB II handelt es sich in der Regel um Geldleistungen, die an den Leistungsberechtigten ausgezahlt werden. Sie können ausnahmsweise ganz oder teilweise als Sachleistung erbracht werden, wenn der Leistungsberechtigte sich als ungeeignet erweist, mit der Regelleistung seinen Lebensbedarf zu decken, also mit Bargeld nicht umgehen kann.

Daneben gibt es einige Leistungen, die von Anfang an nur als Sachleistung gewährt werden. Hierzu zählen z. B. einzelne Leistungen zur Bildung und Teilhabe, die als Sach- oder Dienstleistung erbracht werden. In solchen Fällen bekommt man meist Gutscheine. Entsprechendes gilt im Bereich der Eingliederung in Arbeit. Hier sind Sach- oder Dienstleistungen gängig (Bildungsgutschein, verschiedene Beratungs- oder Betreuungsleistungen usw.)

Ebenso können (ergänzende) Sachleistungen in den Fällen einer Sanktion erbracht werden, wenn die Regelleistung wegen einer Pflichtverletzung um mehr als 30 % gemindert wird.

Rechtsgrundlage:
§§ 16, 16 a, 24, 29, 31 a Abs. 3 SGB II

Weitere Hinweise: →*Gutscheine (Sachleistungen)*; →*Mehrbedarf/Mehraufwendungen*; →*Bildungsgutscheine/Teilhabegutscheine*; →*Eingliederung (-maßnahme/-leistungen/-zuschüsse)*; →*Kürzung von Leistungen*; →*Lebensmittelgutschein*

▶ Sanktionen

→*Kürzung von Leistungen*; →*Lebensmittelgutschein;* →*Bußgeld*

▶ Scheidung

Im Rahmen eines Scheidungsverfahrens vor den Zivilgerichten müssen sich die oder zumindest ein Ehepartner durch einen Anwalt vertreten lassen. Es besteht ein sog. Vertretungszwang. Leistungsberechtigte können im Rahmen der Beratungs- oder Prozesskostenhilfe die Kostenübernahme einer anwaltlichen Beratung und Vertretung beantragen.

Das Jobcenter übernimmt keine Kosten im Zusammenhang mit dem Scheidungsverfahren.

Tipp:

Es können auch Ansprüche auf Prozesskostenvorschuss gegen den Ehepartner bestehen. Dann muss dieser die Gerichts- und Anwaltskosten des „armen" Ehepartners mit übernehmen.

Rechtsgrundlage:
§ 1360 a Abs. 4 BGB

Weitere Hinweise: →*Regelbedarf/Regelleistung;* →*Bedarfsgemeinschaft;* →*Prozesskostenhilfe;* →*Beratungshilfe;* →*Darlehen vom Jobcenter*

▶ Schenkungen

Schenkungen sind unter zwei Aspekten von Bedeutung:

Zum einen stellen Geschenke, die ein Leistungsberechtigter erhält, unter Umständen anrechenbares Einkommen dar.

Zum anderen sind Schenkungen, die der Leistungsberechtigte selber vor Eintritt seiner Hilfebedürftigkeit gemacht hat, ein Problem. Hier stellt sich die Frage, ob er die Schenkung zurückfordern kann. Dies ist der Fall, wenn der Schenker nach der Schenkung außerstande ist, seinen angemessenen Unterhalt zu bestreiten und seine Unterhaltspflichten zu erfüllen. Er kann in diesen Fällen von dem Beschenkten die Herausgabe des Geschenks fordern. Der Beschenkte kann die

Herausgabe durch Zahlung des für den Unterhalt erforderlichen Betrags abwenden.

Tipp:

Der Anspruch ist ausgeschlossen, wenn

- der Schenker seine Bedürftigkeit vorsätzlich oder durch grobe Fahrlässigkeit herbeigeführt hat
- zur Zeit des Eintritts seiner Bedürftigkeit seit der Leistung des geschenkten Gegenstandes zehn Jahre verstrichen sind oder
- der Beschenkte bei Berücksichtigung seiner sonstigen Verpflichtungen außerstande ist, das Geschenk herauszugeben, ohne dass sein standesgemäßer Unterhalt oder die Erfüllung der ihm kraft Gesetzes obliegenden Unterhaltspflichten gefährdet wird.

Wenn ein Rückforderungsanspruch besteht, geht dieser per Gesetz auf das Jobcenter über.

Rechtsgrundlage:
§§ 528, 529 BGB; § 33 SGB II

Weitere Hinweise: →*Geschenk*; →*Vermögen/Vermögensanrechnung;* →*Einkommen/Einkommensanrechnung*

► Schmerzensgeld

Als Schmerzensgeld bezeichnet man einen finanziellen Ausgleich für einen immateriellen Schaden, der nicht Vermögensschaden ist. Ein Anspruch auf Zahlung eines Schmerzensgeldes kann bestehen, wenn wegen einer Verletzung des Körpers, der Gesundheit, der Freiheit oder der sexuellen Selbstbestimmung Schadensersatz zu leisten ist.

Tipp:

Das Schmerzensgeld ist nicht als Einkommen beim ALG-II zu berücksichtigen.

Rechtsgrundlage:
§ 253 Abs. 2 BGB; § 11 a Abs. 2 SGB II

Weitere Hinweise: →*Einkommen/Einkommensanrechnung*

▶ Schönheitsreparaturen

→*Renovierungskosten/ Schönheitsreparaturen*; →*Miete*

▶ Schonvermögen

→*Vermögen/Vermögensanrechnung;* →*Einkommen/Einkommensanrechnung*

▶ Schrebergarten

→*Vermögen/Vermögensanrechnung;* →*Grundstück*

▶ Schulausflüge

→*Klassenfahrt*

▶ Schulbedarf/-kosten

→*Bildungsgutschein/Teilhabegutschein*; →*Lernförderung;* →*Mittagsverpflegung Kinder/Schüler;* →*Klassenfahrt;* →*Schüler*

▶ Schulden

Die Jobcenter übernehmen grundsätzlich keine Schulden eines Leistungsberechtigten. Dies kommt nur in Ausnahmefällen in Betracht, wenn die Schulden zu einer gegenwärtigen Notlage führen. Besonders bedeutend sind hier Miet- oder Energiekostenrückstände. Sie können daher übernommen werden, soweit dies zur Sicherung der Unterkunft oder zur Behebung einer vergleichbaren Notlage gerechtfertigt ist. Droht Obdachlosigkeit sollen sie übernommen werden. Allerdings muss der Leistungsberechtigte zuvor sein Vermögen einsetzen.

Das Geld für die Tilgung der Schulden erhält man regelmäßig nur als Darlehen.

Tipp:

Wenn Schulden bestehen und es deswegen zu Problemen kommt, sollte man mit dem Jobcenter reden und einen Antrag auf (darlehensweise) Übernahme stellen.

Rechtsgrundlage:

§ 22 Abs. 8 SGB II

Weitere Hinweise: →*Darlehen vom Jobcenter;* →*Stromschulden;* →*Räumungsklage;* →*Schuldnerberatung;* →*Kredittilgung;* →*Härtefall*

► Schuldnerberatung

Ziel des SGB II ist es einen Leistungsberechten, der ALG-II bezieht und erwerbsfähig ist, wieder in eine Arbeit zu vermitteln und in den Arbeitsmarkt zu integrieren. Um den Leistungsberechtigten dies zu ermöglichen, kann das Jobcenter auch Leistungen in Form einer Schuldnerberatung erbringen. Die Leistung wird als Sach- bzw. Dienstleistung erbracht.

In der Regel berät das Jobcenter aber nicht selber, sondern bedient sich hierzu freier Träger. Die Schuldnerberatungsstellen helfen kostenlos oder gegen geringe Gebühren weiter.

Tipp:

Es bietet sich an, dass Leistungsberechtigte, die den Überblick über ihre Schulden verloren haben, so schnell wie möglich eine solche Beratungsstelle aufsuchen. Nach Beratungsstellen vor Ort kann man sich beim Jobcenter erkundigen oder im Internet.

Rechtsgrundlage:

§§ 16 a, 17 SGB II

Weitere Hinweise: →*Beratung;* →*Eingliederung (-maßnahmen/-leistungen/-zuschüsse)*

► Schüler

Schüler, die jünger als 15 Jahre alt sind, erfüllen nicht die Mindestaltersgrenze für einen Anspruch auf ALG-II. Dennoch können Sie Anspruch auf Leistungen vom Jobcenter haben, wenn sie mit einer erwerbsfähigen Person in einer sog. Bedarfsgemeinschaft leben. Es wird sich dabei regelmäßig um ihre Eltern handeln. Die Kinder erhalten in diesem Fall das sog. Sozialgeld, ebenfalls einen Leistung des SGB II. Das Sozialgeld umfasst den Regelbedarf sowie die Kosten für Unterkunft und Heizung und etwaige Mehrbedarfe.

Hinweis:

Schüler ab vollendetem 15. Lebensjahr können ALG-II erhalten, wenn sie erwerbsfähig sind. Sind Schüler ab vollendetem 15. Lebensjahr nicht erwerbsfähig, können sie weiter Sozialgeld beziehen, wenn sie in einer sogenannten Bedarfsgemeinschaft mit jemandem leben, der erwerbsfähig ist. Das jedoch nur, soweit sie keinen Anspruch auf Leistungen der Grundsicherung wegen Alter und Erwerbsminderung nach dem SGB XII haben. Diese Leistung, die frühestens ab Vollendung des 18. Lebensjahres gezahlt wird, wäre, wenn auf sie dann ein Anspruch besteht, vorrangig.

Neben dem Sozialgeld bzw. ALG-II (Regelbedarf, Kosten der Unterkunft, Mehrbedarfe) stehen Schülern verschiedene Bildungs- und Teilhabeleistungen nach dem SGB II zu, wie z. B. Leistungen zur Ausstattung mit persönlichem Schulbedarf, die Übernahme von Kosten für Schulausflüge, Mittagsverpflegung oder die Schulbeförderung sowie Leistungen zur Lernförderung.

Als weitere Leistung erhalten Schüler bzw. ihre Eltern für sie regelmäßig Kindergeld von der Familienkasse und ggf. einen Kinder(geld)zuschlag.

Eine Besonderheit besteht bei Schülern, die vom Grundsatz her Anspruch auf Leistungen nach dem Bundesausbildungsförderungsgesetz (BAföG) haben.

Dies sind Schüler, die

- weiterführende allgemeinbildende Schulen (z. B. Haupt-, Real- und Gesamtschulen, Gymnasien) ab Klasse 10
- Berufsfachschulen, deren Besuch eine abgeschlossene Berufsausbildung nicht voraussetzt, einschließlich der Klassen aller Formen der beruflichen Grundbildung (z. B. Berufsvorbereitungsjahr), ab Klasse 10
- Fach- und Fachoberschulklassen, deren Besuch eine abgeschlossene Berufsausbildung nicht voraussetzt

besuchen, wenn sie nicht bei den Eltern wohnen und notwendig auswärts untergebracht sind. Letzteres ist der Fall, wenn

- von der Wohnung der Eltern aus eine entsprechende zumutbare Ausbildungsstätte – z. B. wegen der Entfernung – nicht erreichbar ist
- sie einen eigenen Haushalt führen und verheiratet oder in eingetragener Lebenspartnerschaft verbunden sind oder waren
- sie einen eigenen Haushalt führen und mit mindestens einem Kind zusammenleben.

Unabhängig davon, ob sie bei ihren Eltern wohnen, haben Schüler Anspruch auf BAföG, die eine der folgenden Schulen besuchen:

- Berufsfachschulklassen und Fachschulklassen, deren Besuch eine abgeschlossene Berufsausbildung nicht voraussetzt, sofern sie in einem zumindest zweijährigen Bildungsgang einen berufsqualifizierenden Abschluss vermitteln
- Fach- und Fachoberschulklassen, deren Besuch eine abgeschlossene Berufsausbildung voraussetzt
- Abendhauptschulen, Berufsaufbauschulen, Abendrealschulen, Abendgymnasien und Kollegs
- höhere Fachschulen und Akademien.

Diese Schüler erhalten abhängig vom eigenen Einkommen und Vermögen und dem Einkommen ihrer Eltern und ggf. ihrer Ehegatten oder Lebenspartner BAföG. Die Bedarfssätze sind je nach Schulart und Unterkunft (bei den Eltern oder auswärts) unterschiedlich und können u. a. auf der Homepage des Bundesministeriums für Bildung und Forschung eingesehen werden.

Ist der Schulbesuch grundsätzlich förderfähig nach dem BAföG, bestehen für Schüler nur noch eingeschränkt Ansprüche nach dem SGB II (Ausnahmen: Schüler, die noch zu Hause wohnen und deshalb keinen oder nur einen gekürzten Anspruch (Mini-BAföG) auf Leistungen haben und Besucher einer Abendschule, die kein BAföG erhalten, weil sie zu alt sind).

Man geht in diesen Fällen davon aus, dass der Lebensunterhalt über das BAföG gedeckt werden kann. Nach dem SGB II besteht in diesen Fällen nur noch Anspruch auf ergänzende Leistungen nach § 27 SGB II und zwar

- auf Mehrbedarfe für werdende Mütter, für Alleinerziehende, für medizinisch erforderliche kostenaufwendige Ernährung sowie im Fall eines unabweisbaren, laufenden, nicht nur einmaligen besonderen Bedarfs
- auf eine Erstausstattung für Bekleidung und bei Schwangerschaft und Geburt
- auf Wohnkostenzuschuss
- auf Übernahme von Mietschulden, wenn dies erforderlich ist.

Tipp:

In besonderen Härtefällen können auch ausbildungsbedingte Unterhaltsleistungen zur Deckung des Regelbedarfs, des Bedarfs für Unterkunft und Heizung und notwendige Beiträge zur Kranken und Pflegeversicherung vom Jobcenter gewährt werden. Dies dann allerdings nur darlehensweise.

Für den Monat der Aufnahme der Schulausbildung kann man ebenfalls ein Darlehen bekommen, weil BAföG in der Regel nicht sofort gezahlt wird. Dadurch sollen Finanzierungslücken vermieden werden.

Etwaige Darlehen müssen erst nach Abschluss der Ausbildung zurückgezahlt werden.

Die o. g. ergänzenden Leistungen des SGB II stellen nach der gesetzlichen Regelung kein ALG-II dar. Das führt dazu, dass selbst bei laufenden Leistungen (z. B. wegen Mehrbedarf) keine Versicherungspflicht in der gesetzlichen Krankenkasse entsteht und damit kein Versicherungsschutz.

Sollte bei Schülern mit Anspruch auf BAföG ausnahmsweise keine Leistungseinschränkung nach dem Gesetz bestehen und sie sowohl Anspruch auf BafÖG wie auch ALG-II haben, wird das BAföG auf das ALG-II angerechnet. Allerdings nicht in voller Höhe. Da ein Teil des BAföG dazu bestimmt ist, die Kosten der Ausbildung zu decken, bleibt dieser Anteil anrechnungsfrei. Das Bundessozialgericht hat den Anteil pauschal mit 20 % des Betrages angesetzt, den ein Schüler als BAföG erhalten würde, der nicht zu Hause wohnt. Derzeit sind dies 465,00 €, so dass die Pauschale sich auf (465,00 € × 20/ 100 =)

93,00 € beläuft. Sind die tatsächlichen Fahrtkosten und das Ausbildungsmaterial insgesamt höher, können sie zusätzlich geltend gemacht werden, soweit sie die 20%-Pauschale übersteigen. Schulgeld ist allerdings nicht absetzbar. Abgezogen werden können jedoch noch die Versicherungspauschale in Höhe von 30,00 € und etwaige Kosten für eine Kfz-Haftpflichtversicherung.

Rechtsgrundlage:
§§ 7 Abs. 5 und 6, 19, 23, 27, 28 SGB II; § 1 Abs. 1 Nr. 10 ALG-II-Verordnung; BAföG

Gerichtsentscheidungen:
www.bundessozialgericht.de:
Bundessozialgericht, Urteile vom 17. 3. 2009, Az. B 14 AS 61/07 R, Az. B 14 AS 62/07 R, Az. B 14 AS 63/07 R

Weitere Hinweise:
www.bafoeg.bmbf.de
→*Bildungsgutscheine/Teilhabegutscheine;* →*Kinder;* →*Kindergeld;* →*Kinderzuschuss;* →*Regelbedarf/Regelleistung;* →*Bedarfsgemeinschaft;* →*Sozialgeld*

▶ Schülerjob

Einnahmen aus einem Schülerjob können als Einkommen beim ALG-II zu berücksichtigen sein und das ALG-II mindern.

Berücksichtigungsfrei sind nach der ALG-II-Verordnung Einnahmen aus Erwerbstätigkeit von Kindern, die das 15. Lebensjahr noch nicht vollendet haben, soweit sie einen Betrag von 100,00 € monatlich nicht übersteigen.

Einnahmen von Schülerinnen und Schülern allgemein- oder berufsbildender Schulen, die das 25. Lebensjahr noch nicht vollendet haben, aus Erwerbstätigkeiten, die in den Schulferien für höchstens vier Wochen je Kalenderjahr ausgeübt werden, werden nicht berücksichtigt, soweit diese einen Betrag in Höhe von 1.200,00 € kalenderjährlich nicht überschreiten. Das gilt allerdings nicht für Schülerinnen und Schüler, die einen Anspruch auf Ausbildungsvergütung haben.

Rechtsgrundlage:
§ 1 Abs. 1 Nr. 9 und Abs. 4 ALG-II-Verordnung

Weitere Hinweise: →*Einkommen/Einkommensanrechnung;* →*Bedarfsgemeinschaft;* →*Schüler;* →*Kinder*

▶ Schulspeisung

→*Mittagsverpflegung Kinder/Schüler*

▶ Schwangerschaft

→*Mehrbedarf/Mehraufwendungen*; →*Geburt;* →*Erstausstattung;* →*Härtefall*

▶ Selbstständigkeit

Auch Selbstständige können ALG-II erhalten, wenn ihr Einkommen aus der selbstständigen Tätigkeit nicht zur Deckung des Lebensunterhaltes ausreicht.

Besonders schwierig ist dabei allerdings die Ermittlung des berücksichtigungsfähigen Einkommens bei diesen Personen. Prinzipiell werden den Einnahmen des Betriebes die Ausgaben gegenübergestellt, wobei nur tatsächliche und angemessene Betriebsausgaben berücksichtigungsfähig sind. Daher können Beträge für Abschreibungen nicht abgesetzt werden.

Da es sich meist um schwankende Einkünfte handelt, wird in der Regel eine Durchschnittsberechnung bezogen auf den Bewilligungszeitraum oder ein ganzes Jahr zugrunde gelegt.

Tipp:

Selbstständige können im Rahmen der Leistungen zur Eingliederung in eine selbstständige Tätigkeit vom Jobcenter sogar Zuschüsse bis zu 5.000,00 € für die Beschaffung von Sachgütern erhalten, die für die Ausübung der selbstständigen Tätigkeit angemessen und notwendig sind. Zudem können Darlehen gewährt werden. Voraussetzung ist natürlich, dass das Konzept des Selbstständigen tragfähig ist und erwarten lässt, dass die Hilfebedürftigkeit in absehbarer Zeit überwunden wird.

Rechtsgrundlage:
§§ 11, 16 c SGB II; § 3 ALG-II-Verordnung

Weitere Hinweise:
www.arbeitsagentur.de:
Veröffentlichungen/Weisungen/Arbeitslosengeld II/Fachliche Hinweise zu §§ 11, 11 a, 11 b SGB II

→*Erwerbstätigenfreibeträge;* →*Einkommen/Einkommensanrechnung;* →*Existenzgründung;* →*Einstiegsgeld;* →*Eingliederung (-maßnahmen/-leistungen/-zuschüsse);* →*Darlehen vom Jobcenter*

▶ Sonderbedarf

→*Härtefall;* →*Einmalleistungen;* →*Erstausstattung*

▶ Sozialgeld

Um ALG-II zu erhalten, muss ein Leistungsberechtigter erwerbsfähig sein. Nichterwerbsfähige erhalten nur dann Leistungen nach dem SGB II, wenn sie mit erwerbsfähigen Leistungsberechtigten in einer Bedarfsgemeinschaft leben. Das Geld, das sie zum Bestreiten des Lebensunterhalts bekommen, nennt man Sozialgeld. Es wird in Höhe des Regelsatzes gezahlt, der für das jeweilige Alter festgesetzt wurde. Hinzu kommen Anteile für Unterkunft und Heizung und etwaige Mehrbedarfe.

Rechtsgrundlage:
§§ 19 Abs. 2, 23 SGB II

Weitere Hinweise: →*Regelbedarf/Regelleistung;* →*Erwerbsfähigkeit/Erwerbsunfähigkeit;* →*Bedarfsgemeinschaft*

▶ Sozialticket/-pass

Sozialtickets oder Sozialpässe gibt es in vielen Kommunen. Sie sollen helfen, Menschen, die nur geringe finanzielle Mittel haben, also auch Bezieher von ALG-II oder Sozialgeld, die Teilhabe am sozialen und kulturellen Leben zu ermöglichen. Dies erreicht man durch Vergünstigungen, Preisnachlässe usw.

Sozialtickets sind besonders günstige Fahrkarten für öffentliche Verkehrsmittel. Sie sollen die Mobilität der Menschen erhöhen.

Durch den Sozialpass können verschiedenste Vergünstigungen gewährt werden, wie z. B. freier oder vergünstigter Eintritt zu öffentlichen Einrichtungen (Museum, Theater, Oper) besonders günstige Konditionen für Musikschulen oder Kurse an Volkshochschulen, freier oder vergünstigter Eintritt in Schwimmbäder, Sportvereine usw.

Gesetzliche Vorgaben gibt es hierzu nicht, daher auch keine einheitlichen Regelungen.

Tipp:

Bei der Stadt- oder Gemeindeverwaltung kann man erfragen, ob es einen Sozialpass oder Sozialticket gibt.

Die Sozialpässe tragen häufig den Namen der Stadt, z. B. Berlinpass, Kielpass usw.

Weitere Hinweise: *→Bildungsgutscheine/Teilhabegutscheine; → Fahrtkosten*

▶ Sparguthaben

→Vermögen/Vermögensanrechnung

▶ Sperrzeit

Sperrzeiten sind Sanktionsmittel aus dem Bereich des SGB III. Am bekanntesten ist die Sperrzeit wegen Arbeitsaufgabe. Sie wird verhängt, wenn ein Arbeitnehmer seine Arbeitslosigkeit selbst herbeigeführt hat, ohne einen wichtigen Grund hierfür zu haben, z. B. durch Eigenkündigung oder vertragswidriges Verhalten. In solchen Fällen wird in der Regel eine Sperrzeit von zwölf Wochen verhängt. In dieser Zeit gibt es kein Arbeitslosengeld I von der Agentur für Arbeit.

Tipp:

Wenn man die Zeit finanziell nicht überbrücken kann, besteht die Möglichkeit ALG-II für die Dauer der Sperrzeit zu beantragen. Es wird gewährt, wenn die Voraussetzungen dafür gegeben sind.

Das SGB II kennt Sperrzeiten als Sanktionsmittel nicht. Es hat eigene Sanktionen. Danach wird das ALG-II im Fall einer Sperrzeit allerdings um 30 % gekürzt. Bei wiederholten Pflichtverstößen kann es zu weiteren Kürzungen bis hin zum Wegfall des Anspruchs kommen.

Rechtsgrundlage:
§§ 31 Abs. 2, Nr. 3, 4, 32 SGB II; §§ 128, 144 SGB III

Weitere Hinweise:
www.arbeitsagentur.de:
Veröffentlichungen/Weisungen/Arbeitslosengeld I Durchführungsanweisungen zu § 144 SGB III
→*Anspruch/Anspruchsvoraussetzungen;* →*Antrag;* →*Kürzung von Leistungen*

▶ Sportvereinsbeitrag

Beiträge zu Sport- oder anderen Vereinen müssen Erwachsene aus dem Regelsatz finanzieren.

Tipp:

Kinder und Jugendliche können hierfür zusätzliche Leistungen erhalten.

Rechtsgrundlage:
§ 28 Abs. 7 SGB II

Weitere Hinweise: →*Bildungsgutscheine/Teilhabegutscheine*

▶ Spülmaschine

Die Behörde übernimmt im Rahmen der Erstausstattung nur die Gegenstände, die zur Führung einer geordneten Haushaltsführung und für ein menschenwürdiges Leben notwendig sind. Dazu gehört nach allgemein verbreitender Ansicht keine Spülmaschine, kein Kaffeeautomat und auch keine Gefriertruhe. Auch bei einer Großfamilie sind diese Geräte nicht notwendig.

Rechtsgrundlage:
§ 24 SGB II

Gerichtsentscheidungen:
www.sozialgerichtsbarkeit.de:
Schleswig-Holsteinisches Landessozialgericht, Urteil vom 9. 12. 2009, Az. L 9 SO 5/09

Weitere Hinweise: →*Haushaltsgeräte;* →*Erstausstattung;* →*Darlehen vom Jobcenter*

▶ Stationäre Unterbringung

Stationär untergebrachte Personen sind von den Leistungen des SGB II ausgeschlossen.

Eine stationäre Einrichtung in diesem Sinne liegt vor, wenn es dem Untergebrachten aufgrund der Struktur der Einrichtung nicht möglich ist, drei Stunden täglich bzw. 15 Stunden wöchentlich einer Erwerbstätigkeit nachzugehen. Diese Abgrenzung ist getragen von dem Bemühen, jedem erwerbsfähigem Hilfedürftigen den Zugang zu den Leistungen des SGB II zu ermöglichen. Typische Beispiele sind Krankenhäuser, Rehabilitationseinrichtungen, Pflegeheime, Jugendheime, usw.

Von einer „Unterbringung" ist auszugehen, wenn die Gesamtverantwortung von der Einrichtung übernommen wird. Das ist zum Beispiel nicht der Fall, wenn nur Teile des Bedarfs befriedigt werden (z. B. in Tageseinrichtungen oder wenn nur Unterkunft gewährt wird).

Trotz stationärer Aufnahme erhalten Personen, die sich in Krankenhäusern und ähnlichen Einrichtungen aufhalten, weiterhin Leistungen nach dem SGB II, wenn sie voraussichtlich weniger als sechs Monate dort untergebracht sind.

Tipp:

Schließt sich an einem Krankenhausaufenthalt eine Rehabilitationsmaßnahme an, so werden die stationären Aufenthalte nicht zusammengerechnet. Mit Beginn der Rehabilitationsmaßnahme muss eine erneute Prognose über die voraussichtliche Aufenthaltsdauer gestellt werden.

Darüber hinaus haben auch diejenigen Anspruch auf Leistungen, die zwar in einer stationären Einrichtung untergebracht sind, aber unter den üblichen Bedingungen des allgemeinen Arbeitsmarktes mindestens 15 Stunden wöchentlich erwerbstätig sind.

Für Personen, die sich in einer Einrichtung zum Vollzug richterlich angeordneter Freiheitsentziehung aufhalten, gelten die gleichen Grundsätze wie bei stationär untergebrachten Personen. Fälle der richterlich angeordneten Freiheitsentziehung sind zum Beispiel die Untersuchungshaft, die Strafhaft, Maßregeln der Besserung und Sicherung, Unterbringung von Kindern durch Vormundschaftsgerichte wegen Vernachlässigung elterlicher Sorge. Freigänger, die einer mehr als 15 Wochenstunden umfassenden Beschäftigung nachgehen, können wiederum Leistungen nach dem SGB II erhalten.

Hinweis:

Bei einer stationären Leistungserbringung sind Leistungen nach dem SGB II weitgehend ausgeschlossen. Das bedeutet aber nicht, dass diese Personen überhaupt keine Unterstützung bekommen. Sie richtet sich gegebenenfalls nach dem SGB XII.
Der Wechsel vom SGB II zum SGB XII kann allerdings erhebliche Auswirkungen haben, weil es im SGB XII zum Beispiel viel geringeres Schonvermögen gibt.

Eine stationäre Unterbringung oder Haft wirkt sich nicht nur auf den stationär Untergebrachten, sondern unter Umständen auch auf die übrigen Mitglieder der Bedarfsgemeinschaft aus. Sie müssen, wenn kein weiterer volljähriger erwerbsfähiger hilfebedürftiger Mensch in der Bedarfsgemeinschaft lebt, künftig Sozialhilfe nach dem SGB XII beziehen, statt bisher Sozialgeld nach dem SGB II.

Rechtsgrundlage:
§ 7 Abs. 4 SGB II

Gerichtsentscheidungen:
www.sozialgerichtsbarkeit.de:
Bundessozialgericht, Urteile vom 6. 9. 2007, Az. B 14/ 7b AS 60/ 06 R und B 14/ 7b AS 16/07 R

Weitere Hinweise:
www.arbeitsagentur.de:
Veröffentlichungen/Weisungen/Arbeitslosengeld II/Fachliche Hinweise zu § 7 SGB II

▶ Staubsauger

Die Anschaffungskosten eines Staubsaugers hat ein ALG-II-Bezieher grundsätzlich aus der Regelleistung zu decken bzw. anzusparen. Nach Ansicht einiger Gerichte gehören Staubsauger allerdings zu den notwendigen Einrichtungsgegenständen, die im Rahmen einer Erstausstattung gewährt werden können.

Rechtsgrundlage:
§ 24 SGB II

Gerichtsentscheidungen:
www.sozialgerichtsbarkeit.de:
Landessozialgericht Niedersachsen-Bremen, Urteil vom 27. 4. 2010, Az. L 9 AS 267/10
Schleswig-Holsteinisches Landessozialgericht, Urteil vom 9. 12. 2009, Az. L 9 SO 5/09

Weitere Hinweise: →*Haushaltsgeräte;* →*Erstausstattung;* →*Darlehen vom Jobcenter*

▶ Stellenanzeige (Kosten)

Erwerbsfähige Leistungsberechtigte sind grundsätzlich verpflichtet, ihre Bedürftigkeit zu überwinden oder zu vermindern, insbesondere sich eine Arbeit zu suchen. Hierzu werden zum Teil auch Stellengesuche in der Zeitung oder Internetportalen aufgegeben.

Es besteht die Möglichkeit, die hierdurch entstehenden Kosten vom Jobcenter erstattet zu bekommen, da es sich um Kosten handelt, die mit der Anbahnung oder Aufnahme eines Arbeitsverhältnisses im Zusammenhang stehen. Voraussetzung ist, dass die Anzeige für die Eingliederung in Arbeit notwendig ist.

Die Übernahme von Kosten steht allerdings im Ermessen des Jobcenters. Man muss die Zuschüsse daher mit dem persönlichen Ansprechpartner bzw. Fallmanager beim Jobcenter abstimmen und dies unbedingt vor der Anzeige.

Tipp:

Versuchen Sie die Einzelheiten der Kostenerstattung mit ihrem persönlichen Ansprechpartner/Fallmanager in der Eingliederungsvereinbarung zu regeln.

Rechtsgrundlage:
§ 16 SGB II; §§ 45, 46 SGB III

Weitere Hinweise: →*Eingliederung (-maßnahmen/-leistungen/-zuschüsse);* →*Eingliederungsvereinbarung*

▶ Steuern (Steuererstattung)

Steuern, die man zu zahlen hat, sind bei der Ermittlung des bereinigten Einkommens von Bedeutung. Die Lohn- und Einkommenssteuern, der Solidaritätszuschlag und die Kirchensteuern sind von den laufenden Einkünften abzuziehen, ebenso wie Sozialversicherungsbeiträge.

Steuererstattungen, die man erhält, werden, soweit sie nach ALG-Antragstellung an den Leitungsberechtigten fließen, als Einkommen gewertet und nicht als Vermögen. Dies ist für die Leistungsberechtigten in der Regel ungünstig, weil beim Vermögen höhere Freibeträge bestehen.

Tipp:

Wenn absehbar ist, dass man ALG-II in Anspruch nehmen muss, sollte man rechtzeitig vorher den Lohnsteuerjahresausgleich für abgelaufene Kalenderjahre durchführen, damit der Erstattungsbetrag noch vor ALG-II-Antragstellung vom Finanzamt ausgezahlt wird. Dann zählt der Erstattungsbetrag zum Vermögen.

Rechtsgrundlage:
§§ 11 – 12 SGB II

Gerichtsentscheidungen:
www.bundessozialgericht.de:
Bundessozialgericht, Urteil vom 30. 9. 2008, Az. B 4 AS 57/07 R
Bundessozialgericht, Urteil vom 16. 12. 2008, Az. B 4 AS 48/07 R

Weitere Hinweise: →*Einkommen/Einkommensanrechnung;* →*Vermögen/Vermögensverwertung;* →*Erwerbstätigenfreibeträge*

▶ Strafanstalt

→*Stationäre Unterbringung*

▶ Strafhaft

→*Stationäre Unterbringung*

▶ Stromkosten

→*Betriebskosten;* →*Miete;* →*Regelbedarf/Regelleistung*

▶ Stromschulden

Energiekostenrückstände können vom Jobcenter ausnahmsweise übernommen werden, wenn dies zur Sicherung der Unterkunft oder zur Behebung einer vergleichbaren Notlage gerechtfertigt ist. Droht Obdachlosigkeit, sollen sie übernommen werden. Allerdings muss der Leistungsberechtigte zuvor sein Vermögen einsetzen.

Nach der Rechtsprechung stellt die Unterbrechung der Stromversorgung dabei eine der Wohnungslosigkeit nahe kommende Notlage dar. Sie führt zur faktischen Unbewohnbarkeit einer Wohnung und steht daher dem Verlust der Unterkunft gleich. Daher ist bei einer (drohenden) Stromsperre daher grundsätzlich von einer Ermessensreduzierung des Jobcenters zugunsten einer Schuldenübernahme auszugehen, die nur in atypischen Fällen versagt werden kann.

Das Geld für die Tilgung der Schulden erhält man regelmäßig nur als Darlehen.

Rechtsgrundlage:
§ 22 Abs. 8 SGB II

Gerichtsentscheidungen:
www.sozialgerichtsbarkeit.de:
Sozialgericht Bremen, Beschluss vom 11. 9. 2009, Az. S 23 AS 1629/09 ER

Weitere Hinweise: →*Darlehen vom Jobcenter;* →*Schuldnerberatung*

▶ Studierende/Studium

Studenten erhalten zur Sicherung in erster Linie Leistungen nach dem Bundesausbildungsförderungsgesetz (BAföG).

Das BAföG deckt den allgemeinen Lebensbedarf eines Studenten. Das ist der Betrag, den Studierende typischerweise für ihren Lebensunterhalt (Ernährung, Unterkunft, Bekleidung etc.) und ihre Ausbildung (Lehrbücher, Fahrtkosten zur Ausbildungsstätte etc.) benötigen.

Als monatlicher Bedarf sind im BAföG Pauschalbeträge vorgesehen, die sich im Jahr 2011 wie folgt zusammen setzen:

Grundbedarf	373,00 €
Wohnbedarf für Studenten	
die bei ihren Eltern (oder in einer Wohnung ihrer Eltern) wohnen	49,00 €
die auswärts wohnen	224,00 €
Kranken- und Pflegeversicherungszuschlag (bei Pflichtversicherung)	73,00 €

Studierende, die mit mindestens einem Kind, das das zehnte Lebensjahr noch nicht vollendet hat, in einem Haushalt leben, bekommen zusätzlich einen Kinderbetreuungszuschlag in Höhe von 113,00 € für das erste und 85,00 € für jedes weitere Kind.

Die Leistungen sind allerdings abhängig vom Einkommen und Vermögen des Studierenden sowie in der Regel auch vom Einkommen seines Ehegatten oder Lebenspartners und seiner Eltern. Sie werden zum Teil als Darlehen und zum Teil als Zuschuss erbracht.

Neben dem BAföG erhalten Studierende bzw. ihre Eltern für ihre Kinder bei Vorliegen der Voraussetzungen Kindergeld.

Leistungen nach dem SGB II bekommen Studenten hingegen nur eingeschränkt. Das beruht auf dem Gedanken, dass das BAföG vorrangig ist.

Hinweis:

Die Leistungseinschränkung für Studenten betrifft nicht nur Personen, die tatsächlich BAföG beziehen, sondern auch diejenigen, deren Studium dem Grunde nach förderungsfähig ist. Erhalten sie tatsächlich kein BAföG, weil sie oder ihre Eltern zum Beispiel zu hohe Einkünfte haben oder weil die Höchstförderdauer oder die Altersgrenzen überschritten sind, können sie in der Regel nicht auf die Unterhalt sichernden Leistungen des SGB II zurück greifen.
Die Leistungseinschränkung für Studierende erfasst nur sogenannte ausbildungsgeprägte Bedarfe. Dazu gehören vor allen die allgemeinen Lebenshaltungskosten und die Kosten der Ausbildung. Ausbildungsunabhängige Bedarfe, wie zum Beispiel Mehrbedarfe, können auch für Studenten bewilligt werden.

Tipp:

Seit dem 1. 4. 2011 sind die Leistungen, die es nach dem SGB II für Studierende (sowie Schüler und Auszubildende) gibt, in § 27 SGB II zusammengefasst. Anspruch besteht danach bei Vorliegen eines Mehrbedarfs für werdende Mütter, für Alleinerziehende, für medizinisch erforderliche kostenaufwendige Ernährung sowie im Fall eines unabweisbaren, laufenden, nicht nur einmaligen besonderen Bedarfs. Zudem können Studenten bei Vorliegen der Voraussetzungen eine

Erstausstattung für Bekleidung und bei Schwangerschaft und Geburt erhalten.
Besonders wichtig ist, dass auch Zuschüsse zu den ungedeckten Kosten der Unterkunft (Wohnkostenzuschuss) geleistet werden und sogar Mietschulden übernommen werden können, wenn dies erforderlich ist.

In besonderen Härtefällen können auch ausbildungsbedingte Unterhaltsleistungen zur Deckung des Regelbedarfs und notwendige Beiträge zur Kranken- und Pflegeversicherung vom Jobcenter gewährt werden; dies dann allerdings nur darlehensweise.

BEISPIEL: Darlehen zur Deckung des Lebensbedarfs in der Abschlussphase eines Studiums.

Einen solchen Härtefall begründen können z. B. Verzögerungen beim Studium oder fehlende Zuverdienstmöglichkeiten aufgrund der Geburt und Erziehung eines Kindes oder aufgrund von Krankheit oder Behinderung. Härtefälle können darüber hinaus gegeben sein, wenn begründeter Anlass besteht, dass bei Nichtgewährung der Leistung ein vor dem Abschluss stehendes Studium abgebrochen bzw. nicht beendet wird und in diesem Fall das Risiko zukünftiger Erwerbslosigkeit eintritt.

Tipp:

Für den Monat der Aufnahme des Studiums kann man ebenfalls ein Darlehen bekommen, weil BAföG in der Regel nicht sofort gezahlt wird. Dadurch sollen Finanzierungslücken vermieden werden.

Etwaige Darlehen müssen erst nach Abschluss der Ausbildung zurückgezahlt werden.

Leistungen nach § 27 SGB II an Studierende stellen nach der gesetzlichen Regelung kein ALG-II dar. Das führt dazu, dass selbst bei laufenden Leistungen (z. B. wegen Mehrbedarf) keine Versicherungspflicht in der gesetzlichen Krankenkasse entsteht und damit kein Versicherungsschutz.

Rechtsgrundlage:
§§ 7 Abs. 5, 27, § 42 a Abs. 5 SGB II; BAföG

Weitere Hinweise:
www.arbeitsagentur.de:
Veröffentlichungen/Weisungen/Arbeitslosengeld II/Fachliche Hinweise zu § 27 SGB II
www.bafoeg.bmbf.de
→*Wohnkostenzuschuss*

▶ Subsidiaritätsprinzip

Leistungen nach dem SGB II erhält nur wer hilfebedürftig ist. Hilfebedürftig im Sinne des SGB II ist ein Leistungsberechtigter dann nicht, wenn er sich selbst helfen, also seinen Bedarf selbst decken kann. Dazu muss zuerst eigenes Vermögen und/oder eigenes Einkommen genutzt werden (bis zu den Freigrenzen/Freibeträgen). Auch wenn man von einem anderen Sozialleistungsträger Leistungen erhalten kann, die vorrangig sind, sind diese vor Leistungen nach dem SGB II zu berücksichtigen und ggf. anzurechnen. Dies nennt man im juristischen Sinne Subsidiaritätsprinzip.

Rechtsgrundlage:
§ 9 Abs. 1 SGB I

Weitere Hinweise: →*Hilfebedürftigkeit;* →*Anrechnung (von anderen Einkünften);* →*Anrechnung (von anderen Sozialleistungen);* →*Einkommen/Einkommensanrechnung;* →*Vermögen/Vermögensanrechnung*

▶ Suchtberatung

Ziel des SGB II ist es einen Leistungsberechten, der ALG-II bezieht und erwerbsfähig ist, wieder in eine Arbeit zu vermitteln und in den Arbeitsmarkt zu integrieren. Um den Leistungsberechtigten dies zu ermöglichen, kann das Jobcenter auch Leistungen in Form einer Suchtberatung erbringen. Die Leistung wird als Sach- bzw. Dienstleistung erbracht.

In der Regel berät das Jobcenter aber nicht selber, sondern bedient sich hierzu freier Träger. Nach Beratungsstellen vor Ort kann man sich beim Jobcenter erkundigen oder im Internet.

Tipp:

Wenn die Leistung vom Jobcenter nicht gewährt wird, kann man sich auch an den Sozialhilfeträger wenden.

Rechtsgrundlage:
§§ 16 a, 17 SGB II; §§ 67 ff. SGB XII

Weitere Hinweise: →*Beratung;* →*Eingliederung (-maßnahmen/-leistungen/-zuschüsse);* →*Sachleistungen*

T

▶ Teilhabe am sozialen und kulturellen Leben

Ein gesetzgeberisches Ziel der SGB II-Reform 2011 war es, Kindern und Jugendlichen die Teilhabe am sozialen und kulturellen Leben zu ermöglichen, damit sie sich in Gemeinschaftsstrukturen integrieren und Kontakt zu Gleichaltrigen aufbauen können.

Dafür wurden besondere Mittel zur Verfügung gestellt, die für unterschiedliche Aktivitäten eingesetzt werden können.

In Betracht kommen

- Mitgliedsbeiträge für Vereine in den Bereichen Sport, Kultur, Spiele usw.
- Tanz-, Musik-, Malereiunterricht
- Teilnahme an Freizeiten
- Teilnahme an angeleiteten Aktivitäten, wie z. B. Museumsbesuchen.

Anspruch auf Teilhabeleistungen haben nur Kinder und Jugendliche unter 18 Jahren. Erforderlich ist zudem immer ein gesonderter Antrag. Erwachsene Leistungsempfänger müssen dies aus dem Regelsatz finanzieren.

Es werden maximal 10,00 € monatlich geleistet, jedoch nicht als Bargeld. Die Kinder erhalten Gutscheine oder die Leistungsanbieter, die von den Jobcentern zugelassen sein müssen, werden vom Jobcenter direkt vergütet.

Tipp:

Das Guthaben kann angesammelt werden. Es verfällt erst sechs Monate nach Ende des Bewilligungszeitraums.

Hinweis:

Erwachsene können eventuell Leistungen der Kommune in Anspruch nehmen, die mit sog. Sozialpässen oder Social-Cards die kostengünstige oder kostenfreie Teilnahme an kulturellen und sozialen Angeboten ermöglichen.

Rechtsgrundlage:
§§ 28 Abs. 7, 29 SGB II

Weitere Hinweise: →*Bildungsgutscheine/Teilhabegutscheine*; →*Sozialticket/-pass*

▶ Teilhabegutscheine

→*Bildungsgutscheine/Teilhabegutscheine*

▶ Telefon/Telefongebühren

Ein Telefon gehört nicht zu den notwendigen Einrichtungsgegenständen, die vom Jobcenter übernommen werden, auch nicht im Rahmen der Erstausstattung. Entsprechendes gilt auch für die Kosten eines Telefonanschlusses.

Auch ein Mobiltelefon (Handy) wird nicht finanziert.

Rechtsgrundlage:
§ 24 SGB II

Gerichtsentscheidungen:
www.sozialgerichtsbarkeit.de:
Sozialgericht Dresden, Urteil vom 1. 8. 2008, Az. S 6 AS 1786/06

Weitere Hinweise: →*Regelbedarf/Regelleistung;* →*Miete;* →*Betriebskosten*

▶ Temporäre Bedarfsgemeinschaft

Diese Form der Bedarfsgemeinschaft berücksichtigt die Situation getrennt lebender Eltern und ihre minderjährigen Kinder. Die Kinder leben in der Regel bei einem Elternteil und „besuchen“ den anderen in meist bestimmten Abständen und für bestimmte Zeiten. Für die Zeit des Aufenthalts beim umgangsberechtigten Elternteil bilden sie dort eine sog. temporäre Bedarfsgemeinschaft mit diesem. Auch dort haben sie, wenn Hilfebedürftigkeit besteht, einen Anspruch auf Leistungen zur Sicherung des Lebensunterhalts. Dabei ist unerheblich, wie lange sich das Kind beim Umgangsberechtigten aufhält, z. B. nur am Wochenende oder in den Ferien. Eine temporäre Bedarfsgemeinschaft besteht in der Regel an jedem Tag, an dem das Kind sich länger als zwölf Stunden in dieser Bedarfsgemeinschaft aufhält.

Der Anspruch auf Leistungen besteht zeitlich anteilig entsprechend der Dauer des Aufenthalts.

In einer solchen Lebenssituation kann zudem ein Anspruch eines ansonsten allein wohnenden Umgangsberechtigten auf eine größere Wohnung und höhere Kosten für Unterkunft und Heizung bestehen, z. B. wenn für das Kind ein Zimmer dauerhaft zur Verfügung stehen muss.

Tipp:

Anträge auf Leistungen nach dem SGB II konnten bisher nur vom Sorgeberechtigten gestellt werden. Dies wurde zum 1. 1. 2011 geändert. Jetzt ist auch der das Umgangsrecht wahrnehmenden Elternteil berechtigt, die Gewährung von Leistungen für sein Kind an sich zu beantragen und die Leistungen entgegenzunehmen.

Örtlich zuständig ist in diesen Fällen das Jobcenter, in dem der umgangsberechtigte Elternteil wohnt, bzw. seinen gewöhnlichen Aufenthaltsort hat.

Rechtsgrundlage:
§ 38 Abs. 2 SGB II

Gerichtsentscheidungen:
www.sozialgerichtsbarkeit.de:
Bundessozialgericht, Urteil vom 2. 7. 2009, Az. B 14 AS 75/08 R
Bundessozialgericht, Urteil vom 7. 11. 2006, Az. B 7b AS 14/06 R

Weitere Hinweise: →*Antrag;* →*Bedarfsgemeinschaft;* →*Miete*

▶ Teppichboden

Einen Zuschuss für die Anschaffung eines Teppichbodens muss das Jobcenter nur dann gewähren, wenn die neue Wohnung nicht mit einem Fußbodenbelag ausgestattet ist. Eine Wohnung mit PVC oder einfachen Bodenfliesen ist ausreichend. Die Kosten für einen Teppichboden zählen nicht zur Erstausstattung einer Wohnung, sondern gehören zu den erforderlichen Mietkosten. Hier muss die Behörde prüfen, ob es im konkreten Ort üblich ist, eine Wohnung ohne Fußbodenbelag anzumieten. Ist es im konkreten Ort nicht üblich, eine Wohnung ohne Fußbodenbelag anzumieten, muss das Jobcenter die Kosten für einen Teppichboden nicht übernehmen.

Ausnahmen:

- Bei Kleinkindern im Krabbelalter kann für das Kinderzimmer ein Zuschuss für einen Teppichboden gewährt werden.
- Sofern aus gesundheitlichen oder behinderungsbedingten Gründen die Notwendigkeit eines besonderen Bodenbelags gegeben ist, können die erforderlichen Mittel zusätzlich bewilligt werden, soweit die Wohnung nicht bereits vom Vermieter mit Auslegeware ausgestattet ist und ein entsprechendes medizinisches Gutachten durch das Gesundheitsamt vorliegt.

Hinweis:

Ist der schon vorhandene Teppichboden verschlissen oder sonst unbrauchbar geworden, sind die Instandsetzungskosten im Regelsatz enthalten und die Behörde muss die Kosten nicht gesondert tragen.

Rechtsgrundlage:
§ 22 SGB II

Gerichtsentscheidungen:
www.sozialgerichtsbarkeit.de:
Landessozialgericht Nordrhein-Westfalen, Urteil vom 5. 1. 2010, Az. L 1 B 25/09 AS
Bundessozialgericht, Urteil vom 16. 12. 2008, Az. B 4 AS 49/07 R

Weitere Hinweise: →*Erstausstattung;* →*Mehrbedarf/Mehraufwendungen;* →*Miete;* →*Renovierungskosten/Schönheitsreparaturen*

▶ Therapeutische Geräte

→*Orthopädische Schuhe, Geräte;* →*Mehrbedarf/Mehraufwendungen;* →*Einmalleistungen;* →*Härtefall;* →*Darlehen vom Jobcenter*

▶ Tiefkühltruhe

Das Jobcenter übernimmt im Rahmen der Erstausstattung nur die Gegenstände, die zur Führung einer geordneten Haushaltsführung und für ein menschenwürdiges Lebens notwendig sind. Dazu gehören nach allgemein verbreitender Ansicht keine Tiefkühltruhe, kein Kaffeeautomat und auch keine Spülmaschine. Auch bei einer Großfamilie sind diese Geräte nicht notwendig.

Rechtsgrundlage:
§ 24 SGB II

Gerichtsentscheidungen:
www.sozialgerichtsbarkeit.de:
Schleswig-Holsteinisches Landessozialgericht, Urteil vom 9. 12. 2009, Az. L 9 SO 5/09

Weitere Hinweise: →*Haushaltsgeräte;* →*Erstausstattung;* →*Darlehen vom Jobcenter*

▶ Tilgungskosten

→*Kredittilgung*

U

▶ Überbrückungsgeld

Das Überbrückungsgeld war eine staatliche, finanzielle Unterstützung zur Förderung einer Existenzgründung durch die Agentur für Arbeit bis zum 1. 8. 2006. Danach wurde sie durch den Existenzgründungszuschuss und das Einstiegsgeld abgelöst.

Weitere Hinweise: →*Einstiegsgeld*; →*Existenzgründung*; →*Selbstständigkeit*

▶ Übergangsgeld

Übergangsgeld ist eine Entgeltersatzleistung im Bereich der Förderung der Teilhabe behinderter Menschen am Arbeitsleben und im Falle der medizinischen Rehabilitation.

Im Rahmen der beruflichen Rehabilitation wird das Übergangsgeld während der Zeit einer Weiterbildung in einem Berufsförderungswerk oder in einer sonstigen Einrichtung zur beruflichen Rehabilitation gezahlt, die von der Agentur für Arbeit gefördert werden. Gleiches gilt für das Übergangsgeld während einer medizinischen Rehabilitation. Es müssen jedoch noch weitere Antragsvoraussetzungen gegeben sein.

Die Leistungen dienen der Sicherung des Lebensunterhalts und werden ggf. als Einkommen beim ALG-II berücksichtigt.

Rechtsgrundlage:
§§ 6, 44 SGB IX; §§ 11, 11 a SGB II

Gerichtsentscheidungen:
www.bundessozialgericht.de:
Bundessozialgericht, Urteil vom 7. 5. 2009, Az. B 14 AS 13/08 R

Weitere Hinweise: →*Anrechnung (von anderen Sozialleistungen)*; →*Einkommen/Einkommensanrechnung*

▶ Übergangsleistungen

Übergangsleistungen werden von der gesetzlichen Unfallversicherung für eine vorübergehende Zeit gezahlt, wenn ein Arbeitnehmer seine Arbeit aufgeben muss, weil eine Berufskrankheit eingetreten ist oder bei Fortsetzung der Tätigkeit einzutreten droht. Durch die Übergangsleistungen sollen finanzielle Nachteile, die die Berufsaufgabe mit sich bringt, aufgefangen bzw. gemildert werden.

Die Leistungen sind beim ALG-II als Einkommen zu berücksichtigen.

Rechtsgrundlage:
§ 3 Abs. 2 BKV; §§ 11, 11 a SGB II

Gerichtsentscheidungen:
www.bundessozialgericht.de:
Bundessozialgericht, Urteil vom 18. 2. 2010, Az. B 14 AS 76/08 R

Weitere Hinweise: →*Anrechnung (von anderen Sozialleistungen)*; →*Einkommen/Einkommensanrechnung*

▶ Überprüfungsantrag

Wenn man mit einer Entscheidung des Jobcenters nicht einverstanden ist, kann man innerhalb bestimmter Fristen Widerspruch dagegen einlegen. Wird die Frist versäumt, wird die Entscheidung bestandskräftig.

Aber selbst dann ist es noch möglich, eine erneute Überprüfung der Angelegenheit durch das Jobcenter zu beantragen. Das nennt man den sog. Überprüfungsantrag. Dem Überprüfungsantrag folgt ein Überprüfungsbescheid, die sog. Neufeststellung. Das Verfahren dient der Korrektur falscher Entscheidungen, vor allem wenn mit dem bestandskräftigen Bescheid zu Ungunsten des Antragstellers entschieden worden ist.

Ein solcher Antrag sollte gestellt werden, wenn Anhaltspunkte erkennbar sind (etwa durch eine Akteneinsicht), dass der (nicht begünstigende) Bescheid (Verwaltungsakt)

- von Anfang an rechtswidrig war z. B. aufgrund
  - unrichtiger Anwendung des Rechts (Anspruchsgrundlage wurde nicht gesehen) oder
  - Zugrundelegung eines unzutreffenden Sachverhalts (es werden sonstige Einkünfte oder Vermögen zu Unrecht als Einkommen berücksichtigt) oder
  - Nichtigkeit des Bescheids (schwerstwiegende Verfahrensfehler)
- und den Antragsteller belastet.

Tipp:

Ein Antrag auf Neufeststellung kann weiterhelfen, wenn die Widerspruchsfrist versäumt wurde.

Der Überprüfungsantrag hat allerdings keine aufschiebende Wirkung. Handelt es sich beim Ursprungsbescheid um einen Rückforderungsbescheid, ist der Erstattungsbetrag daher ganz (oder in Raten) zu zahlen, bis die Neufeststellung ggf. zu einer Änderung des Rückforderungsbescheides führt.

Rechtsgrundlage:
§ 44 SGB X; § 40 Abs. 1 SGB II

Weitere Hinweise: →*Akteneinsicht*; →*Neufeststellung/Überprüfungsbescheid;* →*Bescheid;* →*Widerspruch/Widerspruchsverfahren;* →*Fehlerhafter Bescheid (Verwaltungsakt)*

▶ Überprüfungsbescheid

→*Neufeststellung/Überprüfungsbescheid*; →*Überprüfungsantrag*

▶ Überzahlungen

→*Rückforderung/-zahlung von Leistungen*; →*Aufrechnung*

▶ Umschulung

→*Eingliederung (-maßnahmen/-leistungen/-zuschüsse)*; →*Eingliederungsvereinbarung;* →*Mitwirkungspflichten*

▶ Umzug

Jeder Leistungsberechtigte kann innerhalb des Bundesgebietes überall hinziehen. Niemand wird zu einem Umzug gezwungen, auch dann nicht, wenn die derzeitige Miete zu hoch ist. Dann können allerdings die Mietzahlungen durch das Jobcenter gekürzt werden. Will man deshalb oder aus anderen Gründen umziehen, muss geklärt werden, ob und wie ein Umzug finanziert werden kann und ob die Kosten der neuen Wohnung auch vom Jobcenter getragen werden (müssen).

Es geht also nur ums Geld.

Deshalb sollte vor einem Umzug beim Jobcenter eine Zustimmung oder Zusicherung zu einem Umzug eingeholt werden, damit das Jobcenter entscheiden kann, ob die Kosten für einen Umzug und auch die Miete der neuen Wohnung übernommen werden. Damit das Jobcenter die Möglichkeit hat, die Vorrausetzungen, ob eine Zustimmung erteilt werden kann oder nicht, zu überprüfen, muss neben den Gründen für einen Umzug auch ein konkretes Mietangebot einer neuen Wohnung vorliegen. Die Zustimmung zu einem Umzug kann auch nachträglich eingeholt werden. In diesem Fall kann es aber passieren, dass die Kosten wider Erwarten nicht getragen werden.

Die Zustimmung des Jobcenters ist wichtig, da ein Umzug hohe Kosten verursachen kann.

Liegt eine Zustimmung oder Genehmigung des Jobcenters zu einem Umzug in eine andere Wohnung vor, dann werden die notwendigen Umzugskosten vom Jobcenter übernommen. Dabei sollen die Kosten eines Umzugs möglichst gering gehalten werden.

Ein Umzug ist daher im Regelfall selbstorganisiert durchzuführen, gegebenenfalls unter Hinzuziehung von Hilfskräften und Mietwagen. Lediglich in Ausnahmefällen (Alter, Behinderung, Krankheit, Vorhandensein von Kleinkindern oder überhaupt keine Bekannten oder Verwandte und Freunde etc.) kommt die Übernahme der Kosten eines professionellen Umzugsunternehmens in Betracht. Die meisten Jobcenter zahlen neben den Kosten eines Mietwagens eine kleine Helferpauschale in Höhe von 50,00 € bis 100,00 €. Für die Anmietung eines Transportfahrzeuges verlangt das Jobcenter meistens die Vorlage von drei Kostenvoranschlägen.

Man muss zwischen einem Umzug

(1) mit Zustimmung des Jobcenters

(2) ohne Zustimmung des Jobcenters

(3) und zusätzlich bei Leistungsberechtigten, die in einer Bedarfsgemeinschaft mit den Eltern leben und unter 25 Jahre alt sind unterscheiden.

(1) Bei einem Umzug mit Zustimmung prüft das Jobcenter nach vorherigem Antrag, ob ein Umzug erforderlich ist und ob die Miete der neuen Wohnung angemessen ist. Erforderlich ist ein Umzug, wenn ein wichtiger nachvollziehbarer Grund vorliegt. Dieser liegt in der Regel vor, wenn auch ein Nichthilfeempfänger sich zu einem Umzug entscheiden würde.

Nachvollziehbar sind Gründe:

- wenn eine sogenannte Kostensenkungsaufforderung durch das Jobcenter vorliegt, d. h. wenn die bisherige Wohnung die angemessene Mietobergrenze überschritten hat
- wenn die Wohnung zu klein ist
- wenn die Ausstattung der Wohnung oder das Wohnumfeld nicht zumutbar ist
- wenn die Wohnung zwangsgeräumt werden soll
- bei Trennung oder Scheidung
- bei schwierigen nicht zu klärenden Auseinandersetzungen zwischen den Bewohnern
- bei Aufnahme einer Arbeit in einem anderen Ort
- oder aus sonstigen schwierigen Umständen.

Liegen diese Gründe vor, ist ein Umzug erforderlich und die Kosten eines Umzuges werden getragen.

Liegt eine Zustimmung vor, so wird neben den Umzugskosten auch die neue angemessene Miete vom Jobcenter gezahlt. Bei einem Umzug in eine andere Wohnortgemeinde mit einer höheren Mietobergrenze werden auch die höheren Mietkosten übernommen.

(2) Bei einem Umzug, zu dem das Jobcenter keine Zustimmung erteilt hat, weil z. B. kein Umzugsgrund vorliegt oder die neue Wohnung zu teuer ist, wird die neue Miete nur bis zur Höhe der alten Miete gezahlt. Die Differenz zur alten Wohnung muss dann selber getragen werden.

BEISPIEL: Das Jobcenter hat eine angemessene Miete von 400,00 € für die alte Wohnung gezahlt. Die neue Wohnung kostet aber 500,00 €. Ohne Zustimmung werden für die neue Wohnung nur 400,00 € bezahlt.

Hinweis:

Bei einem Umzug in einen anderen Ort oder in ein anderes Bundesland ohne Zustimmung des Jobcenters ist die jeweilige Mietobergrenze des neuen Ortes entscheidend. Das Jobcenter will nur verhindern, dass innerhalb eines Ortes unnötig die Wohnungen gewechselt werden.

(3) Unter 25-jährige, die aus ihrem Elternhaus ausziehen wollen, müssen eine Zustimmung zu einem Umzug einholen. Erteilt die Behörde keine Zustimmung, so werden überhaupt keine Kosten übernommen.

Tipp:

Die Behörde gewährt ALG-II-Empfängern bei Bezug einer neuen Wohnung eventuell eine Erstausstattungsbeihilfe für Haushaltsgegenstände, die für die neue Wohnung zwingend benötigt werden

Rechtsgrundlage:
§ 22 SGB II

Gerichtsentscheidungen:
www.sozialgerichtsbarkeit.de:
Bundessozialgericht, Urteil vom 1. 6. 2010, Az. B 4 AS 60/09 R
Bundessozialgericht, Urteil vom 19. 3. 2008, Az. B 11b AS 31/06 R

Weitere Hinweise:
www.tacheles-sozialhilfe.de:
Bundesweite Richtlinien/KdU-Richtlinien, KdU-Empfehlungen, Landesrechtliche Bestimmungen zur Angemessenheit von Unterkunftskosten
→*Miete;* →*Kostensenkung;* →*Erstausstattung*

▶ Untätigkeitsklage

Wenn das Jobcenter über einen Antrag oder einen Widerspruch nicht entscheidet, besteht die Möglichkeit, eine sogenannte Untätigkeitsklage zu erheben. Sie hat das Ziel, eine Behörde zu verpflichten, einen Bescheid bzw. Widerspruchsbescheid zu erlassen.

Voraussetzung ist, dass die Behörde in angemessener Frist und ohne hinreichenden Grund nicht entschieden hat. Die Wartefrist beträgt sechs Monate nach Antragstellung, bzw. drei Monate nach Einlegung des Widerspruchs.

Tipp:

Da der Leistungsberechtigte nicht weiß, aus welchen Gründen das Jobcenter nicht entscheidet, empfiehlt es sich, das Jobcenter vor der Klage zur Auskunft über den Stand der Bearbeitung aufzufordern und die Untätigkeitsklage anzudrohen, wenn in angemessener Frist (zwei Wochen) keine Reaktion erfolgt. Unterbleibt diese, hat das Jobcenter die Klageerhebung zu vertreten und wird ggf. die Kosten tragen müssen.

Sobald das Jobcenter entschieden hat, erledigt sich die Untätigkeitsklage. Sie dient also nur dazu, eine schnellere Bearbeitung der Angelegenheit durch das Jobcenter zu erreichen.

Rechtsgrundlage:
§ 88 Abs. 2 SGG

Weitere Hinweise: →*Eilverfahren;* →*Klage;* →*Gerichtskosten;* →*Prozesskostenhilfe;* →*Anwaltskosten*

▶ Unterbringung

→*Stationäre Unterbringung*

▶ Unterhalt

Da das ALG-II nachrangig ist, muss der Leistungsberechtigte versuchen, zunächst seinen Lebensunterhalt aus eigenen Mitteln zu decken. Zu den Eigenmitteln zählen auch Unterhaltsansprüche.

Das Gesetz kennt folgende Unterhaltsansprüche:

- Ehegattenunterhalt (§§ 1360 ff. BGB), bei Getrenntleben (§§ 1361 ff. BGB) und bei Scheidung (§§ 1569 ff. BGB)
- Unterhalt des Lebenspartners (§ 5 LPartG), bei Getrenntleben (§ 12 LPartG) und bei Aufhebung der Partnerschaft (§ 16 LPartG)
- Verwandtenunterhalt (§§ 1601 ff. BGB) und
- Unterhaltsansprüche von Mutter bzw. Vater eines nichtehelichen Kindes (§ 1615 l BGB).

Die o. g. Unterhaltsansprüche setzen immer voraus, dass der Berechtigte einen Unterhaltsbedarf hat, keine ausreichenden eigenen Mittel zur Bedarfsdeckung zur Verfügung stehen (= Bedürftigkeit) und der Unterhaltsverpflichtete leistungsfähig ist, d. h. er muss in der Lage sein, den offenen Bedarf (teilweise) zu decken. Sonst bestehen Unterhaltsansprüche gar nicht.

Wenn und soweit Unterhalt gezahlt wird, ist die Zahlung von ALG-II nicht erforderlich.

Sollte die Zahlung von ALG-II erforderlich sein, weil Unterhalt z. B. nicht rechtzeitig gezahlt wird, gehen die Unterhaltsansprüche des Leistungsberechtigten bis zur Höhe erbrachter Hilfeleistungen auf das Jobcenter über, es sei denn, der bürgerlich-rechtliche Unterhaltsanspruch ist ausgeschlossen.

Dies ist zunächst der Fall, wenn der Unterhaltsberechtigte mit dem Unterhaltsverpflichteten in einer Bedarfsgemeinschaft lebt, weil die gegenseitigen finanziellen Verpflichtungen dann bereits bei der Ermittlung der Grundsicherungsleistung berücksichtigt sind.

Es gibt einen weiteren Übergangsausschluss, wenn der Unterhaltsberechtigte mit dem Unterhaltsverpflichteten verwandt ist und den Unterhaltsanspruch nicht geltend macht, d. h. ihn weder zur Zahlung aufgefordert noch Auskunft über die Einkommens- und Vermögensverhältnisse verlangt hat. Das gilt allerdings nicht bei Unterhaltsansprüchen von Minderjährigen bzw. von Personen unter 25 Jahren vor Abschluss ihrer Erstausbildung gegen ihre Eltern. Diese Ansprüche gehen unabhängig von der Zustimmung durch den Unterhaltsberechtigten auf das Jobcenter über.

Einen Ausschluss gibt es auch noch, wenn die unterhaltsberechtigte Person in einem Kindschaftsverhältnis zu dem Verpflichteten steht und schwanger ist oder ihr leibliches Kind bis zur Vollendung seines sechsten Lebensjahres betreut. Unter Betreuung versteht man Beaufsichtigung, Erziehung und Pflege des Kindes, die nicht notwendig allein durch Mutter oder Vater erbracht werden muss. Die Betreuungsperson muss aber die Hauptverantwortung tragen.

Ausgeschlossen sind Anspruchsübergänge zudem bei laufender Unterhaltszahlung monatlich im Voraus. In solchen Fällen wird der Unerhalt nämlich gleich als Einkommen bei der Ermittlung der Höhe der Grundsicherungsleistung berücksichtigt.

Hinweis:

Zu beachten ist auch, dass ein Anspruchsübergang des Unterhaltsanspruches auf das Jobcenter unterbleibt, wenn der Verpflichtete dadurch seinerseits bedürftig im Sinne des SGB II würde. Ein Anspruchsübergang setzt daher voraus, dass der Unterhaltsverpflichtete den nach bürgerlichem Recht geschuldeten Unterhalt aus Einkommen und Vermögen zahlen könnte.

Um dies festzustellen, wird eine Vergleichsberechnung vorgenommen. Der fiktive Bedarf des Unterhaltsverpflichteten nach dem SGB II wird ermittelt und festgestellt, in welchem Umfang er nach dem SGB II sein Einkommen und Vermögen einzusetzen hätte. Nur übersteigende Mittel stehen zum Unterhalt zur Verfügung und können auf das Jobcenter übergehen. Es kann daher vorkommen, dass die Leistungsfähigkeit des Unterhaltsverpflichteten nach dem SGB II geringer ist als nach bürgerlichem Recht.

Das Jobcenter macht die Ansprüche häufig nicht selber geltend, sondern versucht, dies auf den Leistungsberechtigten abzuwälzen. Zu diesem Zweck können die übergegangenen und noch übergehenden Ansprüche zur gerichtlichen Geltendmachung an den Leistungsberechtigten rückübertragen werden.

Tipp:

Wenn der Leistungsberechtigte nicht gewillt ist, den Anspruch selber durchzusetzen, scheidet die Rückübertragung jedoch aus. Die weitere Leistungserbringung darf in solchen Fällen nicht an die Bereitschaft zur Durchsetzung der Unterhaltsansprüche geknüpft werden.

Die durch die Rechtsverfolgung nach Rückübertragung entstehenden Kosten sind vom Jobcenter zu übernehmen. Prozesskostenhilfe kann der Leistungsberechtigte hierfür nicht mehr erhalten. Vielmehr hat er gegen das Jobcenter einen Anspruch auf Prozesskostenvorschuss und kann die gerichtliche Geltendmachung rückübertragener Ansprüche bis zu dessen Zahlung verweigern.

Soweit in einem gerichtlichen Verfahren auch nicht übergegangene Ansprüche geltend gemacht werden („Mischfälle“), besteht für diese ggf. weiterhin ein Anspruch auf Prozesskostenhilfe.

Rechtsgrundlage:
§ 33 SGB II

Gerichtsentscheidungen:
www.juris.bundesgerichtshof.de:
Bundesgerichtshof, Beschluss vom 2. 4. 2008, Az. XII ZB 266/03

Weitere Hinweise:
www.arbeitsagentur.de:
Veröffentlichungen/Weisungen/Arbeitslosengeld II/Fachliche Hinweise zu § 33 SGB II

→*Verwandte (Unterhaltspflicht);* →*Alleinerziehende;* →*Bedarfsgemeinschaft;* →*Rechtsberatung*

▶ Untervermietung

Eine Untervermietung liegt vor, wenn ein Mieter oder Eigentümer einer Wohnung oder eines Eigenheims Räume innerhalb des Mietobjektes / der Immobilie „weitervermietet“.

Die Untervermietung von Wohnraum ist für Leistungsberechtigte in zweierlei Hinsicht von Bedeutung.

Zum einen bietet die Untervermietung von Wohnraum eine Möglichkeit, die Mietkosten der eigenen Wohnung zu senken, wenn diese unangemessen hoch sind und der Leistungsberechtigte vom Jobcenter aufgefordert wurde, die Kosten für Unterkunft und Heizung zu senken.

Zum anderen stellen die Mieteinnahmen aber aus der Untervermietung Einkommen des Leistungsberechtigten dar, die sich anspruchsmindernd auf das ALG-II auswirken.

Allerdings mindern die Mieteinnahmen zunächst die tatsächlichen Aufwendungen der Unterkunft und werden nur dann zusätzlich als Einkommen berücksichtigt, wenn sie höher sind als die tatsächlichen Aufwendungen. Dies dürfte eher selten vorkommen.

Hinweis:

Der Vermieter muss der Untervermietung zustimmen, wenn beim Mieter nach Mietvertragsabschluss ein berechtigtes Interesse an einer Untervermietung entstanden ist. Hierfür reichen vernünftige Gründe aus, die den Wunsch nach einer – teilweisen – Untervermietung der Wohnung nachvollziehbar erscheinen lassen. Der Eintritt der Hilfebedürftigkeit nach Anmieten der Wohnung, ist ein solcher Grund.
Die Zustimmung darf allerdings versagt werden, wenn der Untermieter hierzu begründeten Anlass gibt, der Wohnraum übermäßig belegt wäre oder dem Vermieter die Überlassung aus sonstigen Gründen nicht zugemutet werden kann.

Rechtsgrundlage:
§§ 11, 22 SGB II; § 553 BGB

Gerichtsentscheidungen:
www.juris.bundesgerichtshof.de:
Bundesgerichtshof, Urteil vom 23. 11. 2005, Az. VIII ZR 4/05

Weitere Hinweise: →*Miete;* →*Kostensenkung;* →*Einkommen/Einkommensanrechnung;* →*Wohngemeinschaft*

▶ Urlaub

Der Leistungsberechtigte muss sich im Rahmen seiner Mitwirkungspflicht für die Vermittlung in eine Arbeit bereithalten. Er muss für das Jobcenter an seinem Wohnsitz erreichbar sein und zwar täglich. Er kann daher nicht einfach für längere Zeit wegfahren.

Es gibt aber die Möglichkeit bis zu drei Wochen pro Jahr ortsabwesend zu sein. Allerdings muss das zuständige Jobcenter der Ortsabwesenheit zuvor zustimmen. Voraussetzung hierfür ist, dass die Eingliederung in Arbeit durch die Abwesenheit nicht gefährdet ist.

Ein Anspruch auf zusätzliches Urlaubsgeld existiert allerdings im SGB II nicht.

Ein Urlaub über drei Wochen hinaus ist auch möglich. Allerdings werden die ALG-II-Leistungen nur bis zu drei Wochen weitergezahlt. Danach verliert man den Anspruch auf das ALG-II.

Anderes bzw. Besonderes gilt für Leistungsberechtigte, die zusätzlich zu einem eigenen, geringen Einkommen ALG-II beziehen (Aufstocker) (1) oder bei Leistungsberechtigten, die einem Ein-Euro-Job nachgehen (2).

(1) Wenn man arbeitet und lediglich „ergänzend" ALG-II bezieht, hat man Anspruch auf Urlaub entsprechend den arbeitsvertraglichen Festlegungen.

(2) Wenn Leistungsberechtigte zusätzlich einen sog. Ein-Euro-Job ausüben, haben sie Anspruch auf Urlaub nach dem Bundesurlaubsgesetz. Das bedeutet: 24 Werktage im Jahr, wobei die Samstage mitgerechnet werden.

Während der Urlaubszeit erhalten die Leistungsberechtigten nur den üblichen Regelbedarf, die sog. Mehraufwandsentschädigung für den Ein-Euro-Job entfällt während dieser Zeit.

Hinweis:

Wer ohne Zustimmung in den Urlaub fährt, muss unter Umständen das ALG-II sowie Beiträge zur Kranken- und Pflegeversicherung zurückzahlen.

Rechtsgrundlage:
§ 7 Abs. 4 a SGB II; Erreichbarkeitsanordnung

Weitere Hinweise:
www.arbeitsagentur.de:
Veröffentlichungen/weisungen/Arbeitslosengeld II/Fachliche Hinweise zu § 7 SGB II

→*Erreichbarkeit;* →*Meldepflicht;* →*Ortsabwesenheit;* →*Aufstocker;* →*Ein-Euro-Job*

V

▶ Vereinsmitgliedschaften und -beiträge

Für die Mitgliedschaft in Vereinen werden die Kosten für ALG-II-Bezieher grundsätzlich nicht übernommen. Diese müssen aus der Regelleistung ggf. beglichen werden.

Ein gesetzgeberisches Ziel der SGB II-Reform 2011 war es jedoch, Kindern und Jugendlichen die Teilhabe am sozialen und kulturellen Leben zu ermöglichen, damit sie sich in Gemeinschaftsstrukturen integrieren und Kontakt zu Gleichaltrigen aufbauen können.

Dafür wurden besondere Mittel zur Verfügung gestellt, die für unterschiedliche Aktivitäten eingesetzt werden können.

In Betracht kommen

- Mitgliedsbeiträge für Vereine in den Bereichen Sport, Kultur, Spiele usw.
- Tanz-, Musik-, Malereiunterricht
- Teilnahme an Freizeiten
- Teilnahme an angeleiteten Aktivitäten, wie z. B. Museumsbesuchen.

Anspruch auf Teilhabeleistungen haben nur Kinder und Jugendliche unter 18 Jahren. Erforderlich ist zudem immer ein gesonderter Antrag.

Es werden maximal 10,00 € monatlich geleistet, jedoch nicht als Bargeld. Die Kinder erhalten Gutscheine oder die Leistungsanbieter, die von den Jobcentern zugelassen sein müssen, werden vom Jobcenter direkt vergütet.

Tipp:

Das Guthaben kann angesammelt werden. Es verfällt erst sechs Monate nach Ende des Bewilligungszeitraums.

Rechtsgrundlage:

§§ 28 Abs. 7, 29 Abs. 1 SGB II

Weitere Hinweise: →*Bildungsgutscheine/Teilhabegutscheine*

▶ Verfahrenskosten

→*Kosten des Verfahrens*

▶ Verletztengeld

Das Verletztengeld ist eine Entgeltersatzleistung, die von der gesetzlichen Unfallversicherung bei Vorliegen eines Arbeitsunfalls oder einer Berufskrankheit gezahlt werden kann, wenn zusätzliche Voraussetzungen gegeben sind. Es entspricht in etwa dem Krankengeld und wird bei Leistungsberechtigten als Einkommen berücksichtigt.

Rechtsgrundlage:

§§ 45 ff. SGB VII

Weitere Hinweise: →*Anrechnung (von anderen Sozialleistungen)*; →*Einkommen/Einkommensanrechnung;* →*Schmerzensgeld*

▶ Verletztenrente

Eine Verletztenrente ist eine Rente aus der gesetzlichen Unfallversicherung, die jemand für die Minderung seiner Erwerbsfähigkeit als Folge eines Arbeits- oder Wegeunfalls oder einer Berufserkrankung erhält.

Die Verletztenrente ist als Einkommen beim ALG-II zu berücksichtigen. Sie zählt weder zu den privilegierten Renten (Grundrenten nach dem Bundesversorgungsgesetz oder nach entsprechender Anwendung des Bundesversorgungsgesetzes), die anrechnungsfrei bleiben, noch hat sie eine Zweckbestimmung, die einem anderem Zweck dient als das ALG-II.

Tipp:

Der Erhöhungsbetrag der Verletztenrente ist gemäß § 58 Satz 2 SGB VII anrechnungsfrei.

Rechtsgrundlage:
§§ 54 ff. SGB VII; §§ 11, 11 a SGB II

Gerichtsentscheidungen:
www.bundesverfassungsgericht.de:
Bundesverfassungsgericht, Beschlüsse vom 16. 3. 2011, Az. 1 BvR 591 und 593/08
www.sozialgerichtsbarkeit.de:
Bundessozialgericht, Urteil vom 5. 9. 2007, Az. B 11b AS 15/06 R

Weitere Hinweise: →*Rente*; →*Anrechnung (von anderen Sozialleistungen)*; →*Einkommen/Einkommensanrechnung*

▶ Vermögen/Vermögensanrechnung

Bei Antragstellern/Leistungsberechtigten, die über Vermögen verfügen, prüft das Jobcenter, ob überhaupt eine Hilfebedürftigkeit nach dem SGB II gegeben ist bzw. ob der jeweilige Antragsteller/Leistungsberechtigte erst einmal sein Vermögen zur Deckung des Lebensunterhaltes einzusetzen hat.

Generell gilt, dass Vermögen alles das ist, was vor Antragstellung schon vorhanden ist. Einkommen dagegen ist das, was nach Antragstellung zufließt.

Zum Vermögen zählen alle Guthaben und Gegenstände des Antragstellers und der in der Bedarfsgemeinschaft lebenden Personen, die einen bestimmten Geldwert haben:

Dazu gehören z. B.:

- Bargeld, Schecks, Sparkonten
- Sachgegenstände (Grundstücke, Häuser, Möbel, Schmuck etc.) sowie
- Wertpapiere (Geldforderungen, Wechsel, Aktien, Gesellschaftsanteile, Hypotheken, Grundschulden).

Auch wenn Gegenstände innerhalb der letzten zehn Jahre verschenkt worden sind, können sie bzw. der Rückforderungsanspruch zum Vermögen gehören.

Der Antragsteller/Leistungsberechtigte muss jedoch nicht immer sein ganzes Vermögen einsetzen bzw. verbrauchen; es gibt Vermögensfreigrenzen und Schonvermögen.

1. Vermögensfreigrenzen

Folgende Beträge/Werte können abgezogen werden:

a) Grundfreibetrag

Das generell anrechnungsfreie Vermögen ist altersabhängig und beträgt für Volljährige 150,00 € pro vollendetem Lebensjahr, mindestens jedoch 3.100,00 € und höchstens für

- vor dem 1. 1. 1958 Geborene 9.750,00 €
- nach dem 31. 12. 1957 und vor dem 1. 1. 1964 Geborene 9.900,00 €
- nach dem 31. 12. 1963 Geborene 10.050,00 €.

Personen, die bis zum 1. 1. 1948 geboren sind, haben einen Freibetrag von 520,00 € pro vollendetem Lebensjahr, höchstens 33.800,00 €.

Für minderjährige Kinder liegt der Freibetrag bei 3.100,00 €. Das Vermögen der Kinder muss ihnen aber genau zugeordnet werden können. Ein Sparbuch muss daher auf den Namen des Kindes laufen. Sonst wird es bei den Eltern angerechnet.

Die genannten Freibeträge gelten für jedes Mitglied der Bedarfsgemeinschaft. Freibeträge der Partner sind auf den jeweils anderen übertragbar. Freibeträge für ein Kind fallen allerdings nur dann an, wenn das Kind eigenes Vermögen hat. Unverbrauchte Freibeträge von Kindern sind nicht auf die Eltern zu übertragen.

b) Freibetrag für notwendige Anschaffungen

Hinzu kommt für jedes Mitglied der Bedarfsgemeinschaft ein zusätzlicher Freibetrag von 750,00 € für notwendige Anschaffungen. Diese Freibeträge sind ggf. auf die anderen übertragbar. Dies gilt auch für die „Anschaffungsfreibeträge" von Kindern.

Hat ein Mitglied der Bedarfsgemeinschaft Vermögen oberhalb seiner Freibeträge, muss er dieses dennoch nicht einsetzen, solange andere Mitglieder der Bedarfsgemeinschaft noch freie Freibeträge haben. Erst wenn alle Freibeträge ausgeschöpft sind, muss das Vermögen eingesetzt werden.

BEISPIEL: Die Bedarfsgemeinschaft im Jahr 2011 besteht aus Vater (40 Jahre), Mutter (35 Jahre) und Kind (15 Jahre). Vater hat 2.000,00 € Bargeld und 8.000,00 € Aktien. Mutter hat 500,00 € Bargeld und 3.000,00 € Tagesgeld und das Kind ein Sparbuch über 2.000,00 €.

	Vermögen	Grund-freibetrag	Anschaffungs-freibetrag	Restliches Vermögen	Übertragbarer Restfreibetrag
Vater	10.000,00 €	6.000,00 €	750,00 €	3.250,00 €	–
Mutter	3.500,00 €	5.250,00 €	750,00 €	–	2.500,00 €
Kind	2.000,00 €	3.100,00 €	750,00 €	–	750,00 €

Das restliche Vermögen des Vaters nach Abzug seiner Freibeträge entspricht genau den restlichen übertragbaren Freibeträgen der Mutter und des Kindes. Daher muss der Vater sein Vermögen nicht zum Lebensunterhalt der Bedarfsgemeinschaft einsetzen.

c) Geförderte Altersvorsorge

Altersvorsorgeguthaben in Höhe des nach Bundesrecht ausdrücklich als Altersvorsorge geförderten Vermögens einschließlich seiner Erträge und der geförderten laufenden Altersvorsorgebeiträge (Riester- und Rürup-Renten), bleiben anrechnungsfrei, soweit das Altersvorsorgevermögen nicht vorzeitig verwendet wird.

Diese Regelung gilt eigenständig für jedes Mitglied einer Bedarfsgemeinschaft. Insofern ist auch ein entsprechendes Altersvorsorgevermögen minderjähriger und nicht erwerbsfähiger Hilfebedürftiger hiervon umfasst.

d) Altersvorsorgefreibeträge

Zusätzlich gibt es weitere Freibeträge für die Altersvorsorge. Sie werden dem erwerbsfähigen Hilfebedürftigen und dessen Partner (der auch nicht erwerbsfähig sein kann) sowie erwerbsfähigen minderjährigen Kindern nach Vollendung des 15. Lebensjahres gewährt und betragen 750,00 € je vollendetem Lebensjahr.

Die Obergrenze ist nach Geburtsjahrgängen gestaffelt:

- 48.750,00 € für die Jahrgänge bis einschließlich 1957
- 49.500,00 € für die Jahrgänge 1958 bis 1963
- 50.250,00 € für die Jahrgänge ab 1964.

Der Freibetrag gilt für jede Form der Altersvorsorge. Voraussetzung ist allerdings, dass ihre Verwertung vor Eintritt in den Ruhestand vertraglich unwiderruflich ausgeschlossen ist. Auch ein Rückkauf/eine Kündigung oder eine Beleihung darf nicht möglich sein.

Tipp:

Es reicht aus, wenn die Verwertung vor dem 60. Lebensjahr ausgeschlossen ist.

Nach Erreichen der Altersgrenze (Fälligkeit der Versicherungsleistung) ist der geschützte Vermögensbetrag nach den Durchführungsanweisungen der Bundesagentur für Arbeit monatlich um 1/180 zu vermindern (180 Monate = 15 Jahre weiterer durchschnittlicher Lebenserwartung).

Typische Anlagebeispiele sind Lebensversicherungen oder private Rentenversicherungen, die der Altersvorsorge dienen. Lebens- oder Rentenversicherungen, die nicht mit einem Verwertbarkeitsausschluss versehen sind, werden abzüglich etwaiger Grundfreibeträge (soweit diese noch nicht anderweitig verbraucht sind) als verwertbares Vermögen angerechnet. Maßgeblich für die Anrechnungshöhe ist der Rückkaufswert. Als Rückkaufswert wird der Betrag bezeichnet, der bei einer Kündigung zurückgezahlt wird. Liegt der Rückkaufswert höher als die Grundfreibeträge von 150,00 € pro vollendetem Lebensjahr, muss die Versicherung verkauft oder beliehen werden.

Tipp:

Dies gilt jedoch nicht, wenn die Verwertung offensichtlich unwirtschaftlich ist. Die Unwirtschaftlichkeit wird angenommen, wenn der Rückkaufswert mehr als 10 % unter der Summe der eingezahlten Beiträge liegt.

2. Schonvermögen

Neben den Positionen, die vom Vermögen abzuziehen sind, gibt es auch diverse Vermögensgegenstände, die gar nicht erst bei der Ermittlung des Vermögens berücksichtigt werden. Hierzu gehören:

a) Angemessener Hausrat

Der angemessene Hausrat umfasst alle Einrichtungsgegenstände, also insbesondere Möbel und sonstige Gegenstände wie Fernseher, Radio, Stereoanlage, Kühlschrank, Waschmaschine, Bilder oder Bücher und Haushaltsgeräte, wie beispielsweise Küchengeräte oder Staubsauger.

Die Angemessenheit des Hausrats bestimmt sich nach den Lebensumständen während des ALG-II-Bezuges. Hausrat ist nicht mehr angemessen, wenn es sich um Luxus-Gegenstände handelt, die weit über das Übliche hinaus wertvoll sind, wie zum Beispiel Designermöbel oder sehr wertvolle Teppiche.

b) Fahrzeug/Auto

Jede in der Bedarfsgemeinschaft erwerbsfähige Person darf ein angemessenes Fahrzeug für einen Verkehrswert von bis zu 7.500,00 € nach Abzug von möglicherweise bestehenden Kreditverpflichtungen besitzen. Ein wertvolleres Fahrzeug kann in Ausnahmefällen, wie z. B. bei Vorliegen einer körperlichen Behinderung oder bei einer Großfamilie, gestattet werden.

c) Altersvorsorgevermögen bei Befreiung von der Rentenversicherungspflicht

Sofern eine Befreiung von der Versicherungspflicht in der gesetzlichen Rentenversicherung vorliegt, wie z. B. bei einigen Selbstständigen, sind angemessene Vermögenswerte, die der Altersvorsorge dienen, bei der Ermittlung des Vermögens nicht zu berücksichtigen. In der Regel wird davon auszugehen sein, dass auch hier bei Versicherungen die Verwertung vor Erreichen der Regelaltersgrenze ausgeschlossen werden muss.

d) Haus/Eigentumswohnung

Ein selbst genutztes Hausgrundstück von angemessener Größe oder eine entsprechende Eigentumswohnung sind als Schonvermögen geschützt.

Angemessen ist nach der Rechtsprechung des Bundessozialgerichts für Häuser eine Größe von 130 qm und für Eigentumswohnungen von 120 qm, wenn die Wohnung von vier Personen bewohnt wird. Für jede Person mehr oder weniger erhöht bzw. vermindert sich die Fläche um 20 qm (mindestens 80 qm).

Die genannten Größen sind allerdings nur Richtwerte. Maßgeblich sind die Lebensumstände im Einzelfall, wie z. B. Familienplanung oder voraussichtliche Dauer der Hilfebedürftigkeit.

e) Hausgrundstücksbeschaffungs- oder erhaltungsvermögen

Vermögen, das nachweislich zur baldigen Anschaffung oder Erhaltung eines angemessenen Hausgrundstücks bestimmt ist, sofern es zu Wohnzwecken behinderter oder pflegebedürftiger Menschen dienen soll, ist auch geschützt. Die Zweckbestimmung muss bewiesen werden.

f) Vermögenswerte zum Zwecke der Erwerbstätigkeit oder Berufsausbildung

Vermögensgegenstände, die zur Aufnahme oder Fortführung einer Berufsausbildung oder Erwerbstätigkeit unentbehrlich sind, gehören ebenfalls zum Schonvermögen.

g) Kleine Schrebergärten

Kleingärten nach dem Bundeskleingartengesetz einschließlich der Lauben sind ebenso anrechnungsfrei.

3. Verwertungsausnahmen

Vermögensgegenstände, die über den jeweiligen Angemessenheits- oder Freibetragsgrenzen liegen und auch nicht zum Schonvermögen zählen, müssen ausnahmsweise auch nicht verwertet werden, wenn eine offensichtliche Unwirtschaftlichkeit oder eine besondere Härte vorliegt.

a) Offensichtliche Unwirtschaftlichkeit

Offensichtliche Unwirtschaftlichkeit ist in der Regel anzunehmen, wenn der erzielte Gewinn aus einem Vermögensgegenstand mehr als 10 % unter der Summe der hierfür aufgebrachten Mittel liegt. Bei Grundstücken oder Eigentumswohnungen kann der Verlust jedoch auch höher ausfallen.

Zurzeit ungeklärt ist die Frage, wie lange und zu welchem Preis genau ein nicht angemessenes Grundstück oder eine nicht angemessene Eigentumswohnung zum freien Verkauf angeboten werden muss. Diese Frage kann z. B bei nicht verwertbaren aber unangemessenen Ferienhäusern oder Zweitwohnungen bedeutsam sein. Nach der derzeitigen Rechtsprechung sind tatsächlich nicht verwertbar Vermögensgegenstände, für die in absehbarer Zeit kein Käufer zu finden sein wird, etwa weil Gegenstände dieser Art nicht (mehr) marktgängig sind oder weil sie, wie Grundstücke infolge sinkender Immobilienpreise, über den Marktwert hinaus belastet sind. Eine generelle Unverwertbarkeit liegt vor, wenn völlig ungewiss ist, wann eine für die Verwertbarkeit notwendige Bedingung eintritt.

Aktien werden dagegen in der Regel immer für verwertbar gehalten.

b) Besondere Härte

Eine Pflicht zur Verwertung kann auch entfallen, wenn ein besonderer Härtefall vorliegt.

Eine besondere Härte setzt solche Umstände voraus, die ein deutlich größeres Opfer abverlangt als eine einfache Härte und mehr als die üblicherweise mit der Vermögensverwertung stets verbundenen Nachteile.

Nach den Weisungen der Bundesagentur für Arbeit kann sich eine besondere Härte sowohl aus den besonderen Lebensumständen des Hilfebedürftigen als auch aus der Herkunft des Vermögens ergeben, z. B. besondere Familien- und Erbstücke, Verkauf einer selbst bewohnten Eigentumswohnung von nicht angemessener Größe, Vermögensrückstellungen für eine würdige Beerdigung und Grabpflege oder Ersparnisse für die Altersvorsorge, die trotz lückenhafter Rentenversicherung kurz vor dem Rentenalter eingesetzt werden müssten.

Rechtsgrundlage:
§ 12 SGB II; § 7 ALG-II-Verordnung

Gerichtsentscheidungen:
www.sozialgerichtsbarkeit.de:
Bundessozialgericht, Urteil vom 6. 9. 2007, Az. B 14/7b AS 66/06 R
Bundessozialgericht, Urteil vom 10. 12. 2007, Az. B 14/76 AS 46/06 R

Weitere Hinweise:
www.arbeitsagentur.de:
Veröffentlichungen/Weisungen/Arbeitslosengeld II/Fachliche Hinweise zu § 11 SGB II
www.gegen-hartz.de (Suchwort: Vermögen)
→*Altersvorsorge;* →*Bedarfsgemeinschaft;* →*Eigenheim/Eigentumswohnung;* →*Grundstück*

► Versicherungen

Die Beiträge zu Versicherungen hat der Leistungsberechtigte aus der Regelleistung zu bestreiten. Hiervon ausgenommen sind gesetzliche Beiträge zu Kranken- oder Pflegeversicherungen, oder Beiträge zu entsprechenden privaten Versicherungen, die zusätzlich geleistet werden.

Eine bedarfserhöhende Berücksichtigung von Versicherungsbeiträgen und ihre Übernahme durch das Jobcenter kommen im Übrigen allenfalls über die Kosten der Unterkunft in Betracht. Wohneigentümer sind z. B. per Gesetz oder bindenden Beschluss der Wohnungseigentümer verpflichtet, bestimmte Versicherungen abzuschließen (Brand- und Feuerversicherungen, Gebäudehaftpflichtversicherungen). Bei Mietern kann es vorkommen, dass sie eine mietvertragliche Pflicht zum Abschluss von Hausrats- oder Haftpflichtversicherungen trifft.

Tipp:

In solchen Fällen kann man versuchen, dass die Versicherungsbeiträge bei den Kosten der Unterkunft mit berücksichtigt werden.

Etwas einfacher ist es, Versicherungsbeiträge zu berücksichtigen, wenn man neben einem geringen Einkommen ALG-II zusätzlich bzw. ergänzend bezahlt bekommt. Hiervon können die Leistungsberechtigten nämlich bestimmte Versicherungsbeiträge abziehen. Zudem können alle eine Pauschale in Höhe von 30,00 € monatlich für Versicherungsbeiträge abziehen, die nach Grund und Höhe angemessen sind. Vom Einkommen Minderjähriger wird die Pauschale allerdings nur abgezogen, wenn der oder die Minderjährige eine entsprechende Versicherung tatsächlich abgeschlossen hat.

Rechtsgrundlage:
§§ 11, 11a, 22 SGB II; § 6 Abs. 1 ALG-II-Verordnung

Gerichtsentscheidungen:
www.sozialgerichtsbarkeit.de:
Sozialgericht Düsseldorf, Urteil vom 9. 11. 2007, Az. S 23 AS 349/06
www.justiz.sachsen.de:
Sozialgericht Chemnitz, Urteil vom 11. 11. 2010, Az. S 35 AS 1612/10

Weitere Hinweise: →*Regelbedarf/Regelleistungen;* →*Eigenheim/Eigentumswohnung;* →*Einkommen/Einkommensanrechnung;* →*Altersvorsorge;* →*Lebensversicherung;* →*Selbstständigkeit*

▶ Vertretung

Grundsätzlich muss jede Person ihre Anträge selber stellen und Widerspruch oder Klage erheben. Es besteht allerdings die Möglichkeit, sich vertreten zu lassen. Man unterscheidet Fälle der gesetzlichen Stellvertretung, das sind zum Beispiel die Eltern für ihre minderjährigen Kinder, der Betreuer für den Betreuten, von der sog. gewillkürten Stellvertretung, bei der der Vertreter vom Vertretenen selber bevollmächtigt wird. Der typische Fall ist die Beauftragung eines Rechtsanwalts mit der Einlegung und Führung des Widerspruchverfahrens.

Für eine solche Vertretung gibt man dem Rechtsanwalt eine sog. Vollmacht.

Die Vollmacht sollte schriftlich erteilt werden, weil sie auf Verlangen vorgelegt werden muss. Sie wirkt grundsätzlich während des gesamten Verfahrens und endet mit dessen Beendigung. Sie kann zwar jederzeit vom Vollmachtgeber widerrufen werden, endet allerdings nicht durch den Tod des Vollmachtgebers oder durch die Beschränkung in seiner Handlungsfähigkeit. Wenn ein Bevollmächtigter eingesetzt ist, muss das Jobcenter sich grundsätzlich an ihn wenden.

Im Bereich des SGB II gibt es eine Sonderregelung. Danach wird gesetzlich vermutet, dass der erwerbsfähige Leistungsberechtigte bevollmächtigt ist, die anderen Mitglieder der Bedarfsgemeinschaft zu vertreten und Leistungen auch für sie entgegenzunehmen. Die Vermutung gilt im Verwaltungs- und Widerspruchsverfahren, solange es keine entgegenstehenden Anhaltspunkte gibt.

Tipp:

Wenn man nicht als Vertreter für die anderen Mitglieder der Bedarfsgemeinschaft auftreten will oder die anderen dies nicht wollen, sollte dies gegenüber dem Jobcenter angezeigt werden.

Seit dem 1. 4. 2011 ist zudem klargestellt, dass auch der umgangsberechtigte Elternteil befugt ist, SGB II-Leistungen an Kinder im Rahmen der Ausübung des Umgangsrechts zu beantragen und entgegenzunehmen, soweit das Kind dem Haushalt angehört.

Rechtsgrundlage:
§ 13 SGB X; § 38 SGB II

Weitere Hinweise: →*Antrag;* →*Widerspruch/Widerspruchsverfahren;* →*Bedarfsgemeinschaft;* →*Temporäre Bedarfsgemeinschaft*

▶ Verwaltungsakt

→*Bescheid*

▶ Verwandte (Unterhaltspflicht)

Verwandte sind Personen, die von einander oder gemeinsam von einem Dritten abstammen.

Verwandtschaften spielen im Bereich des SGB II vor allem aus unterhaltsrechtlicher Sicht eine Rolle. Verwandte in gerader Linie sind einander nämlich bei Vorliegen weiterer Voraussetzungen zum Unterhalt verpflichtet. Unterhaltsleistungen mindern ihrerseits den Bedarf eines Leistungsberechtigten. Er muss seine Unterhaltsansprüche daher geltend machen bzw. das Jobcenter macht das für ihn.

Außerdem ist eine Verwandtschaft bei Haushaltsgemeinschaften von Bedeutung. Leben Hilfebedürftige in einer Haushaltsgemeinschaft mit Verwandten oder Verschwägerten, wird nämlich gesetzlich vermutet, dass sie von ihnen Leistungen erhalten, soweit dies nach Einkommen oder Vermögen erwartet werden kann.

Weitere Hinweise: →*Unterhalt;* →*Haushaltsgemeinschaft;* →*Einstehens- und Verantwortungsgemeinschaft*

► Vollmacht

→*Vertretung*

► Vorläufige Leistungen

→*Vorschuss*

► Vorschuss

Da das ALG-II immer monatlich im Voraus gewährt und ausgezahlt wird, besteht grundsätzlich kein Bedarf für einen Vorschuss.

Allerdings kann es sein, dass das Jobcenter nach Eingang des Antrages eine gewisse Zeit zur Bearbeitung benötigt. Dann kann der Leistungsberechtigte einen Antrag auf eine Vorschussleistung stellen, um sich mit dem Notwendigsten zum Leben zu versorgen. Meist wird ein Leistungsberechtigter in solchen Fällen vom Jobcenter Bargeld erhalten oder einen Auszahlungsscheck.

Häufiger sind Fälle, in denen Leistungen nicht rechtzeitig berechnet werden können, z. B. weil schwankende Einkünfte bestehen. In solchen Fällen hat das Jobcenter die Möglichkeit, „vorläufige Leistungen" zu erbringen oder vorläufig zu entscheiden und die Berechnung im Nachhinein noch zu ändern und zu korrigieren.

Überzahlte Beträge sind in solchen Fällen zu erstatten. Das Jobcenter hat sogar die Möglichkeit, mit diesen Beträgen aufzurechnen und die laufenden Leistungen entsprechend zu kürzen. Allerdings ist dies begrenzt auf 10 % des für den Leistungsberechtigten maßgebenden Regelbedarfs.

Rechtsgrundlage:
§§ 42, 43 SGB I; § 328 SGB III; §§ 40, 43 SGB II

Weitere Hinweise: →*Abschlagszahlungen*; →*Aufrechnung*

W

▶ Warmwasserpauschale

Bisher zählten die Warmwasserkosten, die meistens in den monatlichen Heizkostenvorauszahlungen enthalten sind, nicht zu den übernahmefähigen Kosten. Dies hat sich nun geändert. Ab dem 1. 1. 2011 werden die Kosten für die Erwärmung des Warmwassers zumindest teilweise vom Jobcenter übernommen und zwar als sog. Mehrbedarf.

Wenn Warmwasser nicht über einen elektrischen Boiler (Durchlauferhitzer), sondern über die Heizungsanlage erzeugt wird, gelten die Kosten als Nebenkosten der Wohnung oder des Eigenheimes. Wird das Wasser dezentral, d. h. örtlich innerhalb der Wohnung oder innerhalb des Eigenheimes erwärmt, so zahlt die Behörde einen prozentualen Aufschlag auf die Regelleistung als Mehrbedarf. Der Mehrbedarf beträgt für jede im Haushalt lebende leistungsberechtigte Person jeweils

- 2,3 % des für sie geltenden Regelbedarfs nach § 20 Abs. 2 Satz 1 oder Satz 2 Nr. 2, Abs. 3 oder 4 SGB II
- 1,4 % des für sie geltenden Regelbedarfs nach § 20 Abs. 2 Satz 2 Nr. 1 oder § 23 Nr. 1 SGB II bei Leistungsberechtigten im 15. Lebensjahr
- 1,2 % des Regelbedarfs nach § 23 Nr. 1 SGB II bei Leistungsberechtigten vom Beginn des siebten bis zur Vollendung des 14. Lebensjahres oder

- 0,8 % des Regelbedarfs nach § 23 Nr. 1 SGB II bei Leistungsberechtigten bis zur Vollendung des sechsten Lebensjahres

soweit nicht im Einzelfall ein abweichender Bedarf besteht oder ein Teil des angemessenen Warmwasserbedarfs nach § 22 Abs. 1 SGB II anerkannt wird.

Regelbedarf	Pauschale
364,– €	8,– € (2,3 %)
328,– €	8,– € (2,3 %)
291,– €	7,– € (2,3 %)
287,– €	4,– € (1,4 %)
251,– €	3,– € (1,2 %)
215,– €	2,– € (0,8 %)

Rechtsgrundlage:
§§ 21 Abs. 7, 22 SGB II

Weitere Hinweise: →*Miete;* →*Heizkosten;* →*Betriebskosten*

▶ Waschmaschine

Grundsätzlich hat ein Leistungsberechtigter die Kosten für die Neuanschaffung einer Waschmaschine aus dem Regelsatz anzusparen. Nur als „Erstausstattung" werden die Kosten für eine Waschmaschine ggf. übernommen, weil sie nach allgemeiner Ansicht in der Regel zu den notwendigen Ausstattungsgegenständen gehört.

Tipp:

Leistungen für die Erstausstattung werden vom Jobcenter nicht nur für die tatsächlich erste Anschaffung erbracht. Sie können in Sonderfällen, wie z. B. nach einer Scheidung, auch später erforderlich und gewährt werden.

Rechtsgrundlage:
§ 24 SGB II

Gerichtsentscheidungen:
www.sozialgerichtsbarkeit:
Bundessozialgericht, Urteil vom 19. 9. 2008, Az. B 14 AS 64/07 R

Weitere Hinweise: →*Erstausstattung;* →*Mehrbedarf/Mehraufwendungen;* →*Härtefall;* →*Darlehen vom Jobcenter*

▶ Weiterbewilligung

→*Folgeantrag*

▶ Weiterbildung

→*Eingliederung (-maßnahmen/-leistungen/-zuschüsse)*; →*Eingliederungsvereinbarung*; →*Mitwirkungspflichten*

▶ Widerspruch/Widerspruchsverfahren

Ein Widerspruch verhindert, dass ein Verwaltungsakt (Bescheid) bindend wird. Mit ihm beginnt das sog. Rechtsbehelfsverfahren zur Überprüfung der Entscheidung des Jobcenters auf seine Rechtmäßigkeit und Zweckmäßigkeit hin. Er ist in der Regel notwendige Voraussetzung für eine Klage (= Vorverfahren) und hat sog. aufschiebende Wirkung.

Der Widerspruch ist vom Adressat des Verwaltungsaktes (dem ALG-II-Empfänger) zu erheben und richtet sich gegen Bescheide (Verwaltungsakte), nicht gegen Anhörungen, Gutachten, Belehrungen usw.

Er ist bei der Behörde, die den Verwaltungsakt erlassen hat, also beim Jobcenter, einzulegen. Es ist aber auch möglich, ihn bei einer anderen inländischen Behörde oder bei einem Versicherungsträger oder bei einer deutschen Konsularbehörde oder, soweit es sich um die Versicherung von Seeleuten handelt, auch bei einem deutschen Seemannsamt zu erheben.

Es besteht die Möglichkeit, den Widerspruch schriftlich oder zur Niederschrift der Geschäftsstelle zu erheben.

Hinweis:

Wichtig ist auf Fristen zu achten. Die Widerspruchsfrist beträgt einen Monat, nachdem der Bescheid bzw. Verwaltungsakt dem Beschwerten bekannt gegeben worden ist. Bei Bekanntgabe im Ausland beträgt die Frist drei Monate. Im Bescheid muss auf die Möglichkeit des Widerspruchs, die einzulegende Stelle und die Frist (sog. Rechtsbehelfsbelehrung) hingewiesen werden.

Tipp:

Fehlt eine Rechtsbehelfsbelehrung im Bescheid oder ist sie unrichtig, beträgt die Frist zur Einlegung des Widerspruchs ein Jahr.

Aus dem Widerspruch muss hervorgehen, gegen welchen Verwaltungsakt sich der Widerspruch richtet, wer ihn erlassen hat und wer den Widerspruch einlegt.

Im Fall einer Vertretung muss diese angezeigt und es sollte eine schriftliche Vollmacht im Original beigefügt werden. Außerdem sollte der Widerspruch begründet werden, damit das Jobcenter weiß, was beanstandet wird. Die Begründung kann aber nachgereicht werden.

Muster: Widerspruch gegen Bescheid

Max Mustermann
Adresse

Jobcenter Kiel
Adolf Westphal Str. 2
24143 Kiel

Datum

Ihr Zeichen: XYZ – ungelöst
Arbeitslosengeld II für Herrn Max Mustermann
Ihr Bescheid vom 3. Mai 2011

Sehr geehrte Damen und Herren,
gegen Ihren o. g. Bescheid lege ich hiermit Widerspruch ein. Der Widerspruch wird zunächst fristwahrend erhoben. Eine Begründung wird nachgereicht.

Mit freundlichen Grüßen
Unterschrift

Wird der Widerspruch vom Jobcenter ganz oder teilweise für begründet erachtet, so ist ihm abzuhelfen, d. h. es findet eine Korrektur bzw. Berichtigung statt. Anderenfalls ist er der Widerspruchsstelle zur Entscheidung vorzulegen.

Die Widerspruchsstelle entscheidet durch sog. Widerspruchsbescheid. Er ist schriftlich zu erlassen, zu begründen und den Beteiligten bekannt zu geben. Die Beteiligten sind hierbei auch über die

Zulässigkeit einer Klage, die einzuhaltende Frist und den Sitz des zuständigen Gerichts zu belehren (Rechtsbehelfsbelehrung).

Rechtsgrundlage:
§§ 66, 77, 78, 83, 84, 85 SGG

Weitere Hinweise: *→Fehlerhafter Bescheid (Verwaltungsakt); →Vertretung; →Aufschiebende Wirkung; →Kosten des Verfahrens; →Rechtsberatung; →Beratungshilfe; →Klage*

▶ Wohneigentum

Wohneigentum, d. h. ein Haus oder eine Eigentumswohnung, spielt für einen Leistungsberechtigten in zweierlei Hinsicht eine Rolle.

Wenn ein Leistungsberechtigter in seiner eigenen Wohnung oder seinem eigenen Haus wohnt, fallen Kosten an, die Kosten der Unterkunft im Sinne des SGB II darstellen und, soweit sie angemessen sind, vom Jobcenter übernommen werden. Dabei wird die Berechnung der Angemessenheit der Kosten wie bei der Miete vorgenommen. Insbesondere werden keine höheren Wohnflächen zugrunde gelegt, um die angemessene Miete zu ermitteln (strittig).

Darüber hinaus handelt es sich beim Immobilieneigentum um Vermögen, das ggf. eingesetzt werden muss, um die eigene Hilfebedürftigkeit zu überwinden. Dies gilt aber nicht für die selbstbewohnte Immobilie angemessener Größe. Sie zählt zum sog. Schonvermögen. Angemessen ist nach der Rechtsprechung des Bundessozialgerichts für Häuser eine Größe von 130 qm und für Eigentumswohnungen von 120 qm, wenn die Wohnung von vier Personen bewohnt wird. Für jede Person mehr oder weniger erhöht bzw. vermindert sich die Fläche um 20 qm (mindestens 80 qm).

Die genannten Größen sind allerdings nur Richtwerte. Maßgeblich sind die Lebensumstände im Einzelfall; wie z. B. Familienplanung oder voraussichtliche Dauer der Hilfebedürftigkeit.

Tipp:

Ist die Größe einer selbst genutzten Immobilie nicht angemessen, sollte man prüfen, ob Teile eigentumsrechtlich trennbar sind, z. B. durch Bildung von Wohnungseigentum. Die abgetrennten Teile könnten dann verkauft oder beliehen werden.

Rechtsgrundlage:
§§ 12, 22 SGB II

Gerichtsentscheidungen:
www.sozialgerichtsbarkeit.de:
Bundessozialgericht, Urteil vom 7. 11. 2006, Az. B 7b AS 2/05
Bundessozialgericht, Urteil vom 16. 5. 2007, Az. B 11b AS 37/06 R

Weitere Hinweise:
www.arbeitsagentur.de:
Veröffentlichungen/Weisungen/Arbeitslosengeld II/Fachliche Hinweise zu § 12 SGB II

→Eigenheim/Eigentumswohnung; →Grundstück; →Miete; →Vermögen/Vermögensanrechnung

► Wohngeld

Das Wohngeld ist wie das ALG-II eine Sozialleistung, die aus Steuermitteln finanziert wird. Im Sozialleistungsbereich gilt das Nachrangprinzip (Subsidiaritätsprinzip), d. h. die einzelnen Sozialleistungen können in einem gegenseitigen Ausschlussprinzip stehen. Es kann immer nur eine Sozialleistung bezogen werden. So kann neben dem ALG-II regelmäßig kein Wohngeld bezogen werden.

Leistungsberechtigte sind verpflichtet, ihren Hilfebedarf zu vemindern. Daher werden Leistungsberechtigte zum Teil darauf verwiesen, Anträge auf Wohngeld und/oder Kinder(geld)zuschlag zu stellen.

Tipp:

Manchmal liegen die Leistungen nach dem Wohngeldgesetz und dem Bundeskindergeldgesetz sogar über dem Betrag des ALG-II.

In der Vergangenheit kam es zum Problem, wenn ein Leistungsberechtigter aufgrund des Bezuges isolierten Wohngeldes in Bedarfsgemeinschaften zwar nicht mehr hilfebedürftig war, bei dem dann zu leistenden Wohngeld für den gesamten Haushalt jedoch hilfebedürftig blieb. Zudem gab es häufig erheblichen bürokratischen Aufwand durch kurzfristigen Wechsel vom ALG-II zum Wohngeld, z. B. bei schwankenden Einkünften.

Daher hat der Gesetzgeber seit dem 1. 4. 2011 geregelt, dass Anträge auf Wohngeld und Kinder(geld)zuschlag nur dann vorrangig gestellt werden müssen, wenn dadurch die Hilfebedürftigkeit aller Mitglieder der Bedarfsgemeinschaft für einen zusammenhängenden Zeitraum von mindestens drei Monaten beseitigt wird.

Hinweis:

Besteht eine Pflicht zur Beantragung vorrangiger Leistungen, kann auch das Jobcenter den Antrag stellen und sogar das Verfahren führen, wenn der Leistungsberechtigte trotz Aufforderung untätig bleibt.

Rechtsgrundlage:
§§ 5 Abs. 3, 12 a Satz 1 Nr. 2 SGB II

Weitere Hinweise:
www.bundestag.de:
Dokumente/Drucksachen/BT-Drucks. 17/3404 vom 26. 10. 2010: Entwurf eines Gesetzes zur Ermittlung von Regelbedarfen und zur Änderung des Zweiten und Zwölften Buches Sozialgesetzbuch

→*Subsidiaritätsprinzip;* →*Mitwirkungspflichten;* →*Kindergeld;* →*Kinderzuschlag;* →*Bedarfsgemeinschaft*

▶ Wohngemeinschaft

Wohnen Menschen nur zusammen, sind sich also nicht wie z. B. Eheleute besonders verpflichtet, und führen sie auch keinen gemeinsamen Haushalt, hat das für die Leistungen des SGB II keine Bedeutung.

Eine Wohngemeinschaft wird angenommen, wenn mehrere Personen in einer Wohnung wohnen und jede einzelne Person einen eigenen Raum bewohnt und für sich selbst wirtschaftet. Die gemeinsame Benutzung einer Küche oder das gemeinsame Nutzen eines Bades stört dabei nicht. Auch kommt es nicht vor allem darauf an, ob ein gemeinsamer Mietvertrag oder Untermietverträge abgeschlossen worden sind.

Mitglieder einer Wohngemeinschaft erhalten jeweils den Regelsatz eines Alleinstehenden, derzeit also 364,00 €.

Leistungsberechtigte, die in einer Wohngemeinschaft leben, können auch genau so hohe Unterkunftskosten beanspruchen, wie Leistungsempfänger, die alleine wohnen.

Es ist daher unzulässig, die angemessene Miete wegen des Bewohnens der Wohnung mit zwei Personen auf Basis von 60 m² zu ermitteln und den sich hieraus ergebenden Wert zu halbieren. Bei Alleinstehenden, die zur Untermiete bei einem anderen einziehen oder als Teil einer Wohngemeinschaft eine Wohnung gemeinsam anmieten, ist die Höhe der angemessenen Miete ebenso wie bei allein wohnenden Menschen auf Basis der Mietobergrenze für eine Person zu berechnen.

BEISPIEL: Zwei Personen bilden eine Wohngemeinschaft. Die Bruttokaltmiete einer 60 qm großen Wohnung beträgt 600,00 €. Die Mietobergrenze für einen Ein-Personenhaushalt soll in diesem Beispiel bei 300,00 € und für einen Zwei-Personenhaushalt bei 450,00 € liegen. Das Jobcenter muss bei jeder Person die Mietobergrenze für den Ein-Personenhaushalt beachten. Es darf also nicht die Mietobergrenze für einen Zwei-Personenhaushalt einfach auf zwei Personen (225,00 € pro Person) aufteilen. Die Behörde muss also jeweils 300,00 € zahlen.

Tipp:

Oft nehmen die Jobcenter eine Bedarfsgemeinschaft an, wenn mehrere Personen in einer Wohnung zusammen wohnen. Meist wird dann einem Leistungsberechtigten das gesamte ALG-II gestrichen, wenn der andere „Mitbewohner" ein ausreichendes Einkommen bezieht. Die Jobcenter gehen dann davon aus, dass eine Bedarfsgemeinschaft verheimlicht wird.

Ein Leistungsberechtigter, dem das passiert oder dem dies nur vom Jobcenter angekündigt wird, sollte sofort sich rechtlich beraten lassen, um ein Eilverfahren vor dem jeweils zuständigen Sozialgericht anzustrengen. Hier darf keine Zeit verloren gehen, weil er sonst mittellos und eventuell, wenn er die Miete nicht mehr bezahlen kann, auch bald wohnungslos sein kann.

Rechtsgrundlage:
§§ 7, 22 SGB II

Gerichtsentscheidungen:
www.sozialgerichtsbarkeit.de:
Bundessozialgericht, Urteil vom 18. 6. 2008, Az. B 14/116 AS 61/06 R
Landessozialgericht Berlin-Brandenburg, Urteil vom 9. 10. 2007, Az. L 28 AS 1059/07
Sozialgericht Aachen, Urteil vom 19. 2. 2008, Az. S 11 AS 136/07

Weitere Hinweise: →*Bedarfsgemeinschaft;* →*Haushaltsgemeinschaft;* →*Rechtsberatung;* →*Eilverfahren*

▶ Wohnkostenzuschuss

Diejenigen, die eine Ausbildung absolvieren, die im Rahmen der Berufsausbildungsbeihilfe (Auszubildende) oder nach dem BAföG (Schüler, Studierende) vom Grundsatz her förderfähig ist, erhalten keine oder nur eingeschränkt Leistungen zur Deckung ihres Lebensunterhalts vom Jobcenter. Insbesondere zahlt das Jobcenter den Regelbedarf und etwaige ausbildungsbezogene Kosten nicht.

Die Auszubildenden, Schüler und Studenten können allerdings Anspruch auf einen sog. Wohnkostenzuschuss haben.

In diesem Fall bekommen sie Leistungen zur Deckung der Kosten für Unterkunft und Heizung vom Jobcenter, soweit diese nicht durch die Leistungen der Ausbildungsförderung (BAföG oder Berufsausbildungsbeihilfe) oder anderes anrechenbares Einkommen oder einzusetzendes Vermögen gedeckt sind.

Tipp:

Bisher war der Anspruch vom tatsächlichen Bezug von Leistungen der Ausbildungsförderung abhängig. Ab 1.4. 2011 haben auch Auszubildende, Schüler und Studierende Anspruch auf Wohnkostenzuschuss, die nur wegen des Einkommens oder Vermögens (eigenes oder das der Eltern) der Höhe nach keinen Anspruch auf Ausbildungsförderung haben.

Keinen Zuschuss erhalten allerdings unter 25-jährige, wenn sie zuvor in der Absicht umgezogen sind, Leistungen nach dem SGB II zu beziehen. Darüber hinaus bekommen auch diejenigen nichts, die zuvor ohne erforderliche Zustimmung des Jobcenters aus der elterlichen Wohnung ausgezogen sind.

Rechtsgrundlage:
§ 27 Abs. 3 SGB II

Weitere Hinweise: →*Auszubildende;* →*Schüler;* →*Studenten/Studium;* →*Jugendliche und junge Erwachsene (unter 25-jährige);* →*Umzug*

▶ Wohnung

→*Miete*; →*Eigenheim/Eigentumswohnung*

▶ Wohnungskontrolle

→*Hausbesuch*

▶ Wohungslose

→*Obdachlose*; →*Aufenthaltsort;* →*Erreichbarkeit*

Z

▶ Zahlungslücken

Einem Leistungsberechtigten kann es passieren, dass er vom ALG-II-Bezug in den Bezug einer anderen Sozialleistung wechseln muss. Die häufigsten Fälle sind dabei der Übergang in die Altersrente oder die Aufnahme einer Ausbildung. Dabei konnte es zu Lücken in den Leistungen kommen, also zu Zeiten, in denen es keine Sozialleistungen gab.

Die Reformen zum 1. 4. 2011 haben hier etwas Entlastung gebracht.

Bisher endete der ALG-II-Anspruch mit Vollendung des jeweiligen Renteneintrittsalters, z. B. des 65. Lebensjahres. Allerdings bekommt man nicht gleich die Rente ausgezahlt. Der Rentenanspruch entsteht erst ab Beginn des Monats, der auf die Vollendung des Renteneintrittsalters folgt. Hinzu kommt, dass die Rente monatlich im Nachhinein ausgezahlt wird, während das ALG-II, monatlich im Voraus geleistet wird. Dies führte in der Vergangenheit zu erheblichen Problemen.

BEISPIEL: Herr Meier, der sein Renteneintrittsalter erreicht, hat am 7. 6. 2010 seinen 65. Geburtstag. Sein ALG-II-Anspruch endete bisher am 6. 6. 2010. Der Rentenanspruch entstand erst ab 1. 7. 2010. Gezahlt wurde die Rente erstmals zum 31. Juli 2010.

Um die Lücken zu mildern wurde das Ende des ALG-II-Anspruchs auf den Beginn der Altersrente verlängert. Heute enden ALG-II-Ansprüche nicht mehr mit Vollendung des Renteneintrittsalters, sondern erst mit Ablauf des Monats, in dem das maßgebende Renteneintrittsalter erreicht wird (im Beispiel also am 30. 6.). Solange erhält man ALG-II. Aber Achtung, dies gilt nur für die sog. Altersrenten, nicht für Erwerbsminderungsrenten.

Nach Ansicht der Gesetzgeber ist für die Zeit nach Erreichen der neuen Altersgrenze bis zur ersten Zahlung der Rente der Einsatz vorhandenen Altersvorsorgevermögens zumutbar. Leistungen für diese Zeit wurden nicht vorgesehen, weil man Doppelzahlungen befürchtete.

Tipp:

Soweit der Bedarf bis zur ersten Zahlung der Rente nicht gedeckt werden kann, kann ein Darlehen bei vorübergehender Notlage nach § 38 SGB XII beantragt werden.

Eine ähnliche Zahlungslücke kann für Leistungsberechtigte entstehen, die eine Ausbildung aufnehmen. Hilfebedürftige, die eine Ausbildung absolvieren, erhalten grundsätzlich kein ALG-II, sondern haben bei Vorliegen der entsprechenden Voraussetzungen einen Anspruch auf BAföG. BAföG-Leistungen werden aber erst sechs Wochen nach Antragstellung gezahlt. Für den ersten Monat kann der Leistungsberechtigte neuerdings beim Jobcenter Leistungen als Darlehen nach dem SGB II beantragen.

Rechtsgrundlage:

§§ 7a Satz 1, 27 Abs. 4 Satz 2 SGB II; § 38 SGB XII

Weitere Hinweise: →*Darlehen vom Jobcenter*; →*Vorschuss*

▶ Zentralheizung

→*Miete*; →*Heizkosten;* →*Warmwasserpauschale*

▶ Zinsen

Zinsen aus Kapitalerträgen, Sparbüchern etc. werden bei ALG-II-Beziehern als Einkommen angerechnet.

Rechtsgrundlage:
§ 11 SGB II

Weitere Hinweise: →*Einkommen/Einkommensanrechnung*

▶ Zumutbare Arbeit

→*Arbeitsangebote*

▶ Zusatzbeitrag Krankenversicherung

Der Zusatzbeitrag zur Krankenversicherung wird, wenn er von der Krankenkasse erhoben wird, nicht vom Jobcenter übernommen. Dieses geht davon aus, dass in solchen Fällen ggf. die Krankenkasse zu wechseln ist.

Tipp:

In Ausnahmefällen, wenn dies nicht möglich oder zumutbar ist, können nach Ansicht des Gesetzgebers auch Zusatzbeiträge übernommen werden.

Im Übrigen zahlt das Jobcenter in den Fällen, in denen allein durch diese Aufwendungen Hilfebedürftigkeit nach dem SGB II entsteht.

Rechtsgrundlage:
§ 26 Ab. 3 SGB II

Weitere Hinweise:
www.bundestag.de:
Dokumente/Drucksachen/BT-Drucks. 16/4247, S. 60
→*Krankenversicherung;* →*Mitwirkungspflichten;* →*Härtefall*

▶ Zusatzleistungen

→*Mehrbedarf/Mehraufwendungen;* →*Erstausstattung;* →*Härtefall;* →*Darlehen vom Jobcenter*

▶ Zuschlag nach dem Bezug von Arbeitslosengeld I

Früher haben Leistungsberechtigte, deren Anspruch auf Arbeitslosengeld I endete und die dann nach dem Anspruchsende darauf angewiesen waren, einen Antrag auf ALG-II zu stellen, für einen befristeten Zeitraum einen Zuschuss zum ALG-II bekommen, damit das „Abfallen auf Hartz-IV" in der ersten Zeit nicht zu hart war. Diesen Zuschuss gab es gestaffelt für das erste und zweite Jahr, nach dem Ende des Arbeitslosengeld I.

Dieser Zuschlag wurde mit den Reformen vom 1. 4. 2011 gestrichen, um Steuerausgaben einzusparen.

Rechtsgrundlage:
§ 24 SGB II a. F.

Weitere Hinweise: →*Arbeitslosengeld II/ALG-II*

▶ Zuschüsse für Arbeitgeber

→*Beschäftigungszuschuss*

▶ Zuverdienst

→*Einkommen/Einkommensanrechnung*; →*Aufstocker;* →*Ein-Euro-Job*

Buchanzeigen

Beruf und Soziales

Bescheid wissen ist wichtig

Der Start in den Beruf

Hugo-Becker
Der Test zur Berufswahl
Meine Motive, Vorlieben und Stärken.
Beck im dtv
1. Aufl. 2005. 250 S.
€ 9,50. dtv 50884

Der Test zeigt, wo Stärken, Schwächen und Vorlieben liegen und hilft so Fehler bei der Berufswahl zu vermeiden.

Nasemann
Richtig bewerben
Stellensuche, Bewerbungsunterlagen, Vorstellungsgespräch, Einstellungstests, Assessment Center. Ein Ratgeber.
Rechtsberater
6. Aufl. 2007. 164 S.
€ 8,–. dtv 50608

Dieser Ratgeber enthält zahlreiche praktische Hinweise zur Stellensuche, behandelt Form, Inhalt und Umfang der Bewerbung und beantwortet alle wichtigen Rechtsfragen zu Vorstellungsgespräch und Einstellungstest. Mit zahlreichen Musterformulierungen und Tipps von erfahrenen Personalchefs.

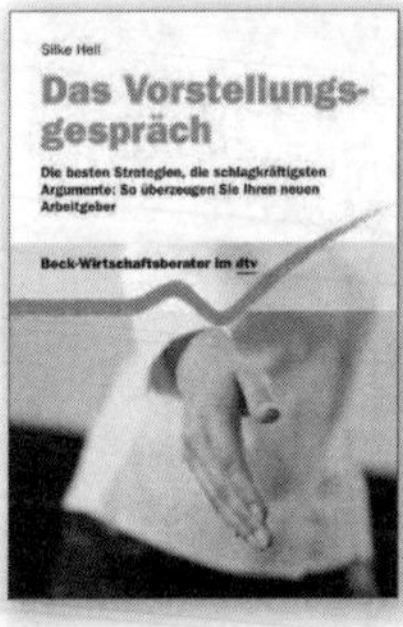

Frey
Die erfolgreiche Bewerbung
Wie Sie ganz individuell zu Ihrem Traumziel kommen.
Wirtschaftsberater Toptitel
1. Aufl. 2010. 165 S.
€ 9,90. dtv 50927

Dieser Ratgeber begleitet Sie durch alle Phasen der Bewerbung, von der Analyse Ihrer beruflichen Situation bis zum Vorstellungsverfahren.

Klütsch
Bewerben für Hochschulabsolventen
Die individuelle Bewerbung als Ihr Schlüssel zum Erfolg.
Wirtschaftsberater Toptitel
1. Aufl. 2011. 116 S.
€ 11,90. dtv 50926

Hell
Das Vorstellungsgespräch
Die besten Strategien, die schlagkräftigsten Argumente: So überzeugen Sie Ihren neuen Arbeitgeber.
Wirtschaftsberater Toptitel
1. Aufl. 2010. 332 S.
€ 12,90. dtv 50920

Checklisten, Übungen, Tests und Praxisbeispiele.

Arbeitsrecht

ArbG · Arbeitsgesetze
Textausgabe Toptitel
79. Aufl. 2011. 912 S. Neu
€ 8,90. dtv 5006

Mit den wichtigsten Bestimmungen zum Arbeitsverhältnis, KündigungsR, ArbeitsschutzR, BerufsbildungsR, TarifR, BetriebsverfassungsR, GleichbehandlungsR und VerfahrensR.

EU-Arbeitsrecht
Textausgabe
4. Aufl. 2011. 600 S. Neu
€ 15,90. dtv 5751

Richtlinien und Verordnungen der Europäischen Union dominieren in zunehmendem Maße das nationale Arbeitsrecht. Dieser Band enthält alle einschlägigen Vorschriften mit Querverweisen auf die Textausgabe »ArbG«, dtv 5006.

Schaub/Koch
Arbeitsrecht von A–Z
Rund 650 Stichwörter zum aktuellen Recht.
Rechtsberater Toptitel
18. Aufl. 2009. 866 S.
€ 19,90. dtv 5041

Allgemeines Gleichbehandlungsgesetz, Aussperrung, Befristung von Arbeitsverträgen, Betriebsrat, Elternzeit, Gewerkschaften, Jugendarbeitsschutz, Kündigung, Mitbestimmung, Pflegezeit, Ruhegeld, Streik, Tarifvertrag, Teilzeitarbeit, Zeugnis u.a.m.

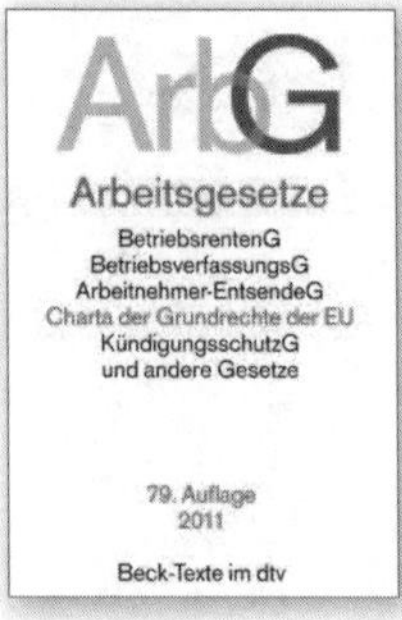

Hromadka
Arbeitsrecht für Vorgesetzte
Rechte und Pflichten bei der Mitarbeiterführung.
Rechtsberater Toptitel
2. Aufl. 2009. 425 S.
€ 15,90. dtv 50648

Der umfassende Leitfaden für den Arbeitsalltag.

Notter/Obenaus/Ruf
Arbeitsrecht in Frage und Antwort
Bewertung, Vertrag, Krankheit, Entgeltfortzahlung, Urlaub, Kündigungsschutz, Abfindung, Zeugnis.
Rechtsberater
2. Aufl. 2009. 355 S.
€ 9,90. dtv 50629

Fragen und Antworten rund um das Arbeitsverhältnis.

Schaub/Rühle
Guter Rat im Arbeitsrecht
Für Arbeitgeber und Arbeitnehmer.
Rechtsberater
3. Aufl. 2003. 889 S.
€ 14,–. dtv 5600

Eine praxisnahe Übersicht über das gesamte Arbeitsrecht mit zahlreichen Mustern und Beispielsfällen.

Gragert
Arbeitsrechtliche Gleichbehandlung
Das Antidiskriminierungsrecht im Arbeitsalltag.
Rechtsberater
1. Aufl. 2007. 155 S.
€ 9,–. dtv 50655

SGB III · Arbeitsförderung
Textausgabe
14. Aufl. 2011. 552 S.
€ 14,90. dtv 5597

Mit SGB II (Hartz IV), Arbeitslosengeld II VO, AltersteilzeitG, BeschäftigungsVO und weiteren wichtigen Vorschriften.

Schaub/Kreft
Der Betriebsrat
Wahlen · Organisation · Rechte · Pflichten.
Rechtsberater
8. Aufl. 2006. 636 S.
€ 18,–. dtv 5202

Wahl und Organisation des Betriebsrats, Mitbestimmung in sozialen und personellen Angelegenheiten, Beteiligung des Betriebsrats in wirtschaftlichen Angelegenheiten, Verfahren nach dem BetrVG, neueste höchstrichterliche Rechtsprechung.

Schaub
Rechte und Pflichten als Arbeitnehmer
Wegweiser durch Gesetze, Verträge und Veinbarungen.
Rechtsberater
9. Aufl. 2007. 617 S.
€ 16,–. dtv 5229

Anbahnung und Abschluss des Arbeitsvertrages sowie seine Beendigung, Rechte und Pflichten, der Einfluss des Betriebsrats, Betriebsnachfolge, Sonderrechte.

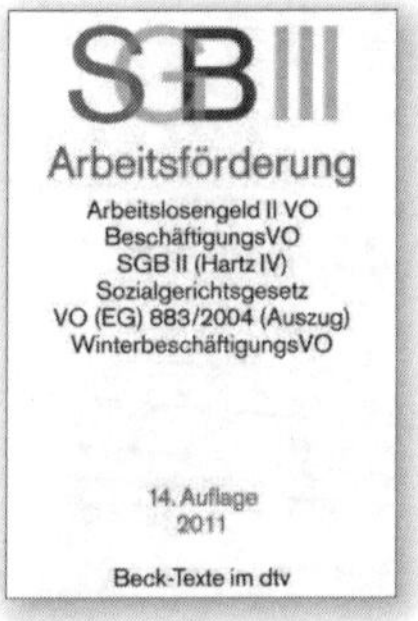

Lenßen
Ihr Recht: Arbeit und Kündigung
Beck im dtv
1. Aufl. 2009. 159 S.
€ 6,90. dtv 50454

Die kompakte und verständliche Einführung ins Arbeitsrecht – damit Sie Ihre Rechte kennen.

Schulz
Kündigungsschutz im Arbeitsrecht von A–Z
Schnelle Hilfe durch rund 400 aktuelle Stichwörter.
Rechtsberater
4. Aufl. 2012. Rd. 300 S. **Neu**
Ca. € 15,90. dtv 5070
In Vorbereitung für Februar 2012

Alle wesentlichen Fragen zum Thema »Kündigung und Kündigungsschutz« finden Sie hier beantwortet.

Böhme
Mein Recht bei Kündigung
Wie Arbeitnehmer richtig reagieren und eigene Interessen schützen.
Rechtsberater
1. Aufl. 2008. 163 S.
€ 9,50. dtv 50668

Mit konkreten Beispielen und systematischer Behandlung möglicher Kündigungsgründe.

Wetter
Mein gutes Recht im Job
Diskriminierung, Mobbing, Urlaub, Mutterschutz, Elternzeit, Betriebsänderung, Kündigung.
Rechtsberater
3. Aufl. 2009. 155 S.
€ 9,90. dtv 50606

Ihre Rechte bei Abmahnung und Kündigung, Mobbing und vielen weiteren Problemen am Arbeitsplatz.

Wetter
Der richtige Arbeitsvertrag
Rechtsfragen bei Vertragsabschluss und späteren Änderungen.
Rechtsberater
4. Aufl. 2008. 115 S.
€ 7,50. dtv 50607

Mit Vertragsmustern und weiteren Tipps im Anhang.

Schulz
Alles über Arbeitszeugnisse
Form und Inhalt · Zeugnissprache. Mit Beispielen und Zeugnismustern.
Rechtsberater
8. Aufl. 2009. 185 S.
€ 11,90. dtv 5280

Arbeitszeugnisse beeinflussen maßgeblich die Entscheidung über Erfolg oder Misserfolg einer Bewerbung. Der Ratgeber behandelt nicht nur Rechtsfragen, sondern gibt auch Einblick in die »Geheimsprachen« und die Möglichkeiten zu ihrer Entschlüsselung.

Frey/Wörl
Arbeitszeugnisse
»Vollstens zufrieden?« – Was Sie wissen müssen und verstehen sollten.
Wirtschaftsberater
1. Aufl. 2009. 149 S.
€ 9,90. dtv 50918

Inhalte und Formulierungen, »Geheimcodes«, Tücken, Rechtsgrundlagen.

Hansen/Kanstinger
Zeitarbeit von A–Z
Fachbegriffe · Zusammenhänge · Checklisten.
Wirtschaftsberater
1. Aufl. 2001. 152 S.
€ 8,50. dtv 50850

Böhme
Ratgeber Zeitarbeit
Was Arbeitnehmer wissen sollten.
Rechtsberater
1. Aufl. 2009. 163 S.
€ 9,90. dtv 50678

Informationen zu allen wichtigen Fragen des Arbeitsrechts: Vertragsbeziehungen, Vertragsgestaltungen, Kündigung und Kündigungsschutz, Arbeitsschutz und Arbeitnehmererfindungen, Teilzeitarbeit und geringfügige Beschäftigung, Gehalt, Urlaub und Krankheit.

Plander
Ratgeber Studentenjobs
Arbeitsrecht · Sozialversicherung · Steuern.
Rechtsberater
1. Aufl. 2007. 256 S.
€ 12,50. dtv 50667

Praxisnah sind z.B. Verdienstgrenzen, Lohnfortzahlung oder Urlaubsansprüche erläutert.

BeamtR · Beamtenrecht
BundesbeamtenG, BeamtenstatusG, BundesbesoldungsG, BeamtenversorgungsG, BundesdisziplinarG, Beihilfevorschriften und weitere Vorschriften des Beamtenrechts.
Textausgabe Toptitel
26. Aufl. 2011. 572 S.
€ 10,90. dtv 5529

BAT · Tarifrecht West/Ost
Öffentlicher Dienst · Bundesländer.
Manteltarifverträge, Vergütungstarifverträge, Versorgungstarifverträge, Zuwendungstarifverträge, Auszubildendentarifverträge.
Textausgabe
1. Aufl. 2006. 514 S.
€ 12,50. dtv 5770

EingruppR · Eingruppierungsrecht
Öffentlicher Dienst.
Tarifliche und außertarifliche Eingruppierungs-Richtlinien.
Textausgabe
1. Aufl. 2006. 785 S.
€ 13,50. dtv 5769

TVöD/TV-L · Tarifrecht öffentlicher Dienst Bund, Kommunen, Länder, TV-Ärzte
TVöD · TV-L · TVAöD · TVA-L · TV-Ärzte · TV-H.
Textausgabe Toptitel
4. Aufl. 2011. 1123 S.
€ 14,90. dtv 5768

Sozialleistungen

SGB II/SGB XII · Grundsicherung für Arbeitsuchende – Sozialhilfe
u.a. mit den neuen Vorschriften der Sozialhilfe (SGB XII) und der Grundsicherung für Arbeitsuchende (SGB II), einschließlich FortentwicklungsG.
Textausgabe Toptitel
7. Aufl. 2011. 731 S.
€ 8,90. dtv 5767

Brühl/Sauer
Mein Recht auf Sozialleistungen
Grundsicherung für Arbeitsuchende · Sozialhilfe · sonstige Sozialleistungen.
Rechtsberater
20. Aufl. 2007. 451 S.
€ 9,50. dtv 5243

Die zuverlässige Orientierungshilfe: Klar und strukturiert erklärt dieser Ratgeber, welche Ansprüche und Pflichten bei Arbeitslosengeld II, Sozialgeld und Sozialhilfe bestehen.